O Sujeito na Era Digital

O Sujeito na Era Digital

ENSAIOS SOBRE PSICANÁLISE, PANDEMIA E HISTÓRIA

2021

Leonardo Goldberg
Claudio Akimoto

70

O SUJEITO NA ERA DIGITAL
ENSAIOS SOBRE PSICANÁLISE, PANDEMIA E HISTÓRIA
© Almedina, 2021
AUTORES: Leonardo Goldberg e Claudio Akimoto

DIRETOR ALMEDINA BRASIL: Rodrigo Mentz
EDITOR DE CIÊNCIAS SOCIAIS E HUMANAS: Marco Pace
ASSISTENTES EDITORIAIS: Isabela Leite e Larissa Nogueira

REVISÃO: Marco Rigobelli
DIAGRAMAÇÃO: Almedina
DESIGN DE CAPA: Roberta Bassanetto

ISBN: 9786586618365
Junho, 2021

Dados Internacionais de Catalogação na Publicação (CIP)
(Câmara Brasileira do Livro, SP, Brasil)

Goldberg, Leonardo
O sujeito na era digital : ensaios sobre psicanálise, pandemia e história / Leonardo Goldberg, Claudio Akimoto. -- 1. ed. -- São Paulo : Edições 70, 2021.

ISBN 978-65-86618-36-5

1. Coronavírus (COVID-19) - Aspectos psicológicos 2. Psicanálise 3. Psicologia comportamental I. Akimoto, Claudio. II. Título.

21-62668   CDD-150

Índices para catálogo sistemático:

1. Psicologia 150

Aline Graziele Benitez - Bibliotecária - CRB-1/3129

Este livro segue as regras do novo Acordo Ortográfico da Língua Portuguesa (1990).

Todos os direitos reservados. Nenhuma parte deste livro, protegido por copyright, pode ser reproduzida, armazenada ou transmitida de alguma forma ou por algum meio, seja eletrônico ou mecânico, inclusive fotocópia, gravação ou qualquer sistema de armazenagem de informações, sem a permissão expressa e por escrito da editora.

EDITORA: Almedina Brasil
Rua José Maria Lisboa, 860, Conj.131 e 132, Jardim Paulista | 01423-001 São Paulo | Brasil
editora@almedina.com.br
www.almedina.com.br

APRESENTAÇÃO

O SUJEITO NA ERA DIGITAL:
ENSAIOS SOBRE PSICANÁLISE, PANDEMIA E HISTÓRIA

O livro que o leitor tem em mãos é fruto de um diálogo extenso e intenso que Leonardo Goldberg e Cláudio Akimoto empreenderam ao constatar uma espécie de lacuna no campo psicanalítico: a escassez de trabalhos capazes de fazer frente às mudanças trazidas pelas novas tecnologias digitais. A partir da interface entre os campos da Psicanálise e da tecnologia, o desafio era o de poder abordar tais questões sem certos "ranços" nostálgicos, conservadores e marcados por traços de obsolescência.

Em 2016, iniciaram juntos um grupo de pesquisa que se tornou o NEPSIDI (Núcleo de Estudos em Psicologia e Campo Digital), que junto a outros pesquisadores propôs incluir no IPUSP (Instituto de Psicologia da Universidade de São Paulo) um rigor teórico ao trabalhar temas que compõem o que nomeamos de Campo Digital: tecnologia, virtualidade, comunicação remota, cibernética etc. O enfoque dado ao conceito de campo digital visa destacar os processos de digitalização, que operam a partir de linguagens binárias: 0 ou 1. O percurso teórico de ambos os autores fora marcado por essa preocupação e por tentar estabelecer aproximações, diferenças, intersecções e diálogos entre o campo psicanalítico e o digital. Nos seminários realizados na Universidade de São Paulo (USP), os autores sempre fizeram questão de abrir campos de diálogo com pesquisadores da Psicologia, da Comunicação e de outras disciplinas, apresentando os resultados de tais diálogos em seminários abertos para a Universidade. O livro é fruto desses diálogos.

Consequência de tal convergência temática fora também a discussão de como podemos pensar em tais efeitos, o das mobilidades que contemplam as inovações tecnológicas e o das imobilidades que são marcadas por elementos estruturais, estruturantes, universais, e como tal concatenação epistemológica deságua em uma preocupação histórica. Portanto, o leitor perceberá que há uma confluência temática dialógica entre os capítulos, divididos entre os autores. Soma-se a tal diálogo, o prefácio escrito por Christian Dunker, que contribui de forma substancial para a discussão, adicionando reflexões que vão da consciência cibernética aos efeitos do digital no sofrimento e na experiência cotidiana.

O leitor perceberá que os primeiros capítulos tratam sobretudo da contemporaneidade tecnológica e suas relações com a psicanálise, a pandemia e a história. Em um segundo momento, os capítulos concernem às relações entre a vida e a morte, diferenciações entre o humano e o mundo robótico e em relação à finitude e à morte, também enquanto preocupação universal e estruturante em nossa lida com a técnica. No terceiro momento, em nosso momento de concluir, o leitor se deparará com textos que refletem sobre como podemos pensar a escrita da história a partir de tais levantamentos. Ou seja, qual a consequência no campo psicanalítico e na cultura de pensarmos na tríade historiografia, tecnologia e luto.

Os capítulos estão divididos em ensaios autorais, ora de um autor, ora de outro, estabelecendo pares que dialogam entre si. O capítulo sobre atendimento remoto, "Algumas considerações sobre variações da prática analítica: a sessão *online* e por telefone" é uma exceção de tal composição e fruto de uma escrita a dois. Efeito dos encontros realizados na USP e da intensificação do tema diante da irrupção da Pandemia de 2020, tal capítulo é, de certa forma, a espinha dorsal da proposta de diálogo presente em toda a obra.

Sem mais delongas, a ideia é trazer à campo mais aberturas que fechamentos, e espera-se que o livro possa traçar as primeiras balizas, para constituição de um campo de debate sobre tema, no âmbito psicanalítico. Desse modo, o leitor não contará com uma introdução extenuante, tampouco com um capítulo de conclusões. Pode-se escolher flanar sobre a obra e iniciar a leitura a partir do ponto em que desejar. Tal cartografia inclui também o prefácio de Christian Dunker, que nos brinda com o caráter horizontal, mas erudito que lhe é próprio. O conjunto objetiva a árdua tarefa de começar a delimitar as fronteiras de um campo, dar borda à ideia de Campo Digital enquanto objeto de pesquisa e reflexão em Psicanálise, e por extensão, nas Psicologias.

Ao leitor: bom passeio.

PREFÁCIO
PSICANÁLISE DA VIDA DIGITAL

CHRISTIAN DUNKER

1. INTRODUÇÃO

Freud dizia que a psicanálise se colocava em série com a revolução de Copérnico, que mostrou que a terra não era o centro do universo e com a revolução de Darwin que mostrou que os seres humanos não são o centro das espécies. Ele mesmo inseria a psicanálise em uma terceira revolução, aquela que mostrava como não éramos nem mesmo o centro de nós mesmos. Cento e vinte anos depois de Freud e quarenta anos depois de Lacan, a ideia de que não somos senhores em nossa própria morada se vê tensionada com três outras revoluções, cuja extensão e impacto ainda estamos apreciando:

a. A revolução do desejo, que para alguns pode ser datada em maio de 1968, que redefiniu papéis e modalidades completamente novas de sexualidade, de família, de criação de filhos e de transmissão cultural de ideais;

b. A revolução (ou contrarrevolução) interna ao capitalismo, que a partir de 1970, instalou uma nova maneira de produzir e de vincular-se ao trabalho. De modo mais flexível ou precário, o neoliberalismo instituiu o avaliacionismo e o produtivismo como função soberana de nossas gramáticas de reconhecimento, tornando o processo moderno de individualização sobreposto à incorporação da subjetividade estruturada como uma empresa. Esta segunda revolução mudou o lugar social do sofrimento no trabalho, não mais algo a ser genericamente evitado, na razão direta do valor associado com o trabalhador, mas o sofrimento tornou-se parte do capital, sendo administrado por técnicas gerenciais e de gestão, cada vez mais atentas a quanto o sofrimento nos dá um ótimo de retorno de produtividade.

c. A revolução digital, que para os nascidos a partir de 1995 nos introduziu uma nova linguagem. Esta linguagem não está apenas nos códigos dos programas, mas na maneira como passamos a escrever mais que falar, a modular e construir padrões de imagem como se fossemos personagens, a participar de forma múltipla de diálogos e discursos inéditos, do ponto de vista do contato antropológico com outras culturas, a acelerar nossos padrões de resposta e antecipação imaginária de sentido, na relação direta da redução do tamanho do mundo e expansão proporcional do tamanho do eu. As técnicas de modulação da paisagem mental e controle de nossas interações são mediadas por incógnitos algoritmos que, rapidamente, incorporaram nossa forma de trabalhar e de desejar.

Portanto, estamos ainda no começo da apreciação do impacto destas pequenas revoluções nos modos de produção de sujeitos, nas suas correlatas modalidades de patologias sociais e consequentemente nas estratégias de cura, mitigação e aceitação do sofrimento. A psicanálise é afetada nestas três dimensões e vem se transformando conforme a recepção, mais crítica, negacionista ou instrumental destas três inflexões sobre sua teoria, sobre seu método de investigação e sobre seu método de tratamento.

No que se segue abordarei de forma preliminar o conjunto dos problemas assim legados por este cenário.

2. CONSCIÊNCIA CIBERNÉTICA: SIMULAÇÃO E RECONHECIMENTO

Estima-se que em um futuro tangível a maior parte dos dados, hoje acumulados sob forma de linguagem digital não estruturada, adquiram uma nova organização baseada no acúmulo inteligente de relações e inter-relações. Isso significa capacidade de reconhecimento, de problemas e soluções, baseada em escolhas anteriormente individualizadas e transformadas em padrões. Se hoje as redes sociais possuem algoritmos para distribuir informações, dali em diante cada um terá seu próprio algoritmo. Mas será que isso é condição suficiente para falarmos em uma verdadeira consciência cibernética? Afinal, posso não ter consciência de qual é o "meu algoritmo" e, ainda assim, ser governado por ele. Ter consciência não é o mesmo que ter consciência da consciência.

Ao contrário do que muitos pensam, o grande problema para a filosofia da mente ou para a maior parte das neurociências e mesmo para a psicanálise, não é saber como funciona o inconsciente, em suas várias acepções, mas como entender como funciona a consciência. A consciência não é apenas o efeito de comparação entre passado e presente, pois ela exige duas outras operações difíceis de simular: a distinção entre realidade e ilusão e a antecipação de intenções do outro, por exemplo, o reconhecimento de mentiras, sentidos indiretos e latentes.

Estes são também os dois problemas chaves do conceito psicanalítico de identificação. Em Freud podemos falar da identificação como o mais antigo laço de afeto com o outro, mas também como uma forma de substituir o desejo pelo objeto e o objeto pelo desejo. A identificação como regressão a traços de satisfação, mediada pela fantasia, dá origem aos sintomas. E a fantasia é o nosso sistema de simulação particular da realidade.

As diferentes teorias que procuram explicar o fenômeno da consciência sempre se depararam com estes dois desafios. O primeiro é que a consciência envolve qualidades, e é difícil explicar como a propriedade da qualidade emerge a partir de processos físicos, determinados pela quantidade. Por exemplo, o mundo é supostamente o mesmo para todas as espécies, mas nós humanos o percebemos multicolorido, ao contrário dos cães que o enxergam azul, amarelo e cinza, com curvas sonoras menos amplas do que para um morcego e dotado de cheiros que só um felino pode perceber. Percebemos o mundo dentro de um espectro de qualidades, por isso ele se apresenta como uma unidade e não como a soma de informações. Tendemos a produzir esta unidade, mesmo quando esta não é dada na realidade.

O segundo problema é entender a relação da consciência com a experiência recursiva do tempo. Por exemplo, considere que alguém pode ser "ao mesmo tempo" aquela criança que um dia teve cinco ou dez anos, este que tem 53 e aquele outro que, com sorte, terá sessenta ou setenta anos. Há uma unidade formada por alterações mútuas entre o futuro e o passado a cada momento presente. Por isso Husserl definiu a consciência como "fluxo temporal de significações" e Freud levantou a hipótese de que a consciência é "autopercepção frequencial do tempo". A consciência envolve o reconhecimento de signos, coisas e pessoas, mas também de "outras" consciências. A segunda propriedade emergente da consciência é o tempo "vivido" e compartilhado, não apenas unidimensional, retilíneo e irreversível.

Podemos nos apoiar na história da arte cibernética ou computacional[1] para verificar que desde seu início, nos anos 1960, ela esteve marcada por duas perspectivas diversas que exploram estes dois aspectos do problema da consciência: simulação e reconhecimento. Na exposição londrina de 1968, "*Cybernetic and Serendipity*" estas duas tendências reuniram-se na noção de "propriedade emergente", ou seja, qualidades que surgem, repentinamente no interior de um sistema, de tal forma que ele se transforma. *Serendipity*, é uma palavra sem equivalente perfeito em português, que indica algo como "feliz descoberta ao acaso"[2],

---

[1] POOPER, Frank.
[2] Atributo dos Príncipes de Sri Lanka, ou Serendip, segundo o escritor do século XVI, Horance Walpole em "The Three Princes of Serendip".

o resultado inesperado para um determinado encontro. A simulação, ou seja, a capacidade cibernética de mimetizar processos randômicos, extraindo deles alguma ordem ou sentido, parece dizer "quanto mais, mais" (como nos algoritmos das redes sociais). Por outro lado, há a força de reconhecimento de diferenças que alteram os padrões constituídos e que são capazes de inaugurar uma nova série de interação, ou seja, "quero outra coisa". Por isso um dos desafios mais fortes para a estruturação de dados é a análise de padrões faciais e de voz, pois eles envolvem combinações entre a emergência de diferenças imprevisíveis e padrões algorítmicos de repetição.

Estes dois problemas se alternam na série futurista *Black Mirror*. Temos os episódios que exploram os limites de experiências determinadas por simulação, como por exemplo o marido morto que é substituído por um clone, o soldado que é forçado a ver pessoas como baratas em função de um implante cerebral ou o jovem que fica preso em um teste de realidade virtual. Mas há também os episódios nos quais se explora a emergência produtiva da indeterminação, como por exemplo, dois amigos que se tornam amantes imprevistos no interior de um videogame de lutas, o marido ciumento que não consegue se livrar do efeito de memórias registradas por meio de um chip cerebral, a decisão de uma mulher quanto a com quem passar seu futuro *post-mortem*. Os limites da simulação exercitam o limiar entre realidade e ficção, os limites do reconhecimento nos levam a explorar nossa potência de decisão em ambientes cada vez mais indeterminados.

Talvez por estas duas exigências, de determinação e de indeterminação, serem em alguma medida contrárias entre si, é que nossa relação com o mundo da tecnologia seja historicamente sempre ambígua. Queremos aperfeiçoar o que temos, fazer as coisas mais rápido, com mais segurança e mais facilidade. Queremos acelerar o que já temos, imaginando mundos futuros que são espelhos resolutivos dos problemas que hoje conseguimos formular. Mas quando pensamos o futuro da técnica assim, esquecemos que ao acelerar a simulação da realidade, nós também acentuamos o que ela tem de desagradável e com isso transformamos a consciência que se relaciona com esta realidade, criando novos e imprevistos problemas.

Para quem acha que esta discussão é abstrata demais, considere o problema simples que é escolher uma escola para seu filho ou como lidar com a sua velhice. São exercícios práticos e reais de futurologia que envolvem como você é capaz de simular realidades e que espaço você guarda para a indeterminação dentro dos seus sonhos... antes que eles virem pesadelos.

3. A INTERNET DAS COISAS E A INTERNET DAS PESSOAS

A *internet das coisas* (IOT) permite que objetos e aparelhos encontrem relações funcionais, padrões de antecipação, autorregulação e controle *on-line*. A partir da manipulação de uma torradeira à distância, desenvolvida nos anos 1970, com auxílio de mecanismos robóticos, passou-se para a noção de *casa inteligente* e de *cidade inteligente*. Controle de estoques e logística, segurança e biomedicina, circulação de pessoas, operações de compra e venda, alteraram o patamar de eficiência das interações.

Hoje, não entendemos mais o problema da consciência em termos da oposição entre máquina e homem. Aprendemos que a definição do que seria humano é frequentemente sobredeterminada pelas máquinas que dispomos para nos autodescrever. O livro em branco no século XVI, o relógio no século XVII, o motor no século XVIII, os autômatos do século XIX, os sistemas eletrônicos século XX e os computadores quânticos do século XXI, a cada revolução técnica, um novo ser humano. Neste processo a arte teve papel decisivo ao mostrar, historicamente, que o protótipo de toda artificialidade é também o modelo maior de redescrição do que chamamos humano. Recursivamente a arte também se transforma pela incorporação das máquinas de seu tempo: os dispositivos de perspectiva, a câmera escura, a fotografia e o cinema, as instalações e realidades artificiais.

Não seria difícil considerar a existência de roupas inteligentes, de aparelhos conexos ao corpo que melhoram sua performance ou que garantem sua funcionalidade, por exemplo, administrando dosagens exatas de medicação à distância, informando *on line* variações dos estados de corpo aos dispositivos de saúde ou ao "algoritmo de conforto psíquico" ou de que cada qual pode programar para si. Monitorando permanentemente os dados vitais de alguém, muitas intercorrências médicas poderiam ser controladas, com custo menor e maior acuracidade, em nível de profilaxia sem precedentes. Neste sentido, a internet da "regulação da paisagem mental" poderia operar pela administração controlada de psicoativos responsáveis pela manutenção ou indução artificial de estados psíquicos cuja gramática seria previamente definida. Desta maneira nunca seríamos ofendidos por um filme, livro ou propaganda que contraria, inadvertidamente, imagens que consideramos indesejáveis. Mecanismos interpessoais de regulação, poderiam evitar as chamadas "paixões tristes" pela intensificação da tristeza, enviando estimulações automáticas para amigos, em disponibilidade para o "*match*" afetivo. A detecção de excessos impulsivos mobilizaria apaziguadores. Ódios disruptivos desencadeariam exposição controlada de mensagens pacificadoras. Um dispositivo armazenador de estratégias anteriormente bem sucedidas poderia prevenir a angústia ou a ansiedade, e serviria de simulador para o controle de nossa gerência de emoções como no filme "*Divertidamente*".

Considerando apenas o circuito dos afetos e o narcisismo, é possível que a subjetivação digital se torne um horizonte próximo, para os quais as redes sociais teriam sido apenas um laboratório preliminar. E se tudo o que descrevi acima já estiver acontecendo. Por meio dos algoritmos que mediam nossas relações nas redes sociais e nos nossos circuitos de consumo, tudo o que queremos, sem saber que queremos, (ou que não queremos, sem saber que não queremos), já nos está sendo ofertado. Neste caso estaríamos diante do problema que Kant chamou de paradoxo da vontade. Ou seja: sou livre para escolher o que quero, mas será que posso realmente escolher livremente mudar de querer? Cuja versão psicanalítica seria: será que sou capaz de saber o que quero naquilo que estou pedindo?

Se a resposta for afirmativa, seria preciso estruturar nossas experiências para além do rastro de memória que elas deixam atrás de si, sob forma de registros de consumo. Nossas decisões cognitivas e desejantes, estéticas e políticas, assim como outras afinidades eletivas não são acumuladas de modo inerte. Elas trabalham em silêncio, produzindo reacomodações e sonhos. Sobre elas aplicam-se algoritmos, que controlam regras de exposição e restrição de conteúdo, de relação frequencial e de interpelação. Por mais intrincados e abrangentes que sejam tais algoritmos, eles operam sob os ditos registros segundo uma regra geral: quanto mais, mais; quanto menos, menos. Baseando-se nesta espécie de meta-regra, começamos a perceber que certas alternativas nos são mostradas quando entramos em uma rede social ou quando retornamos a um site de compras. Se você pesquisa sobre testes de gravidez, logo em seguida poderá receber um anúncio de carrinhos de bebê. O funcionamento teológico e "milagroso" da paisagem virtual reduz a nitidez de outros caminhos e demais alternativas das quais somos desavisadamente excluídos. Quando seguimos nosso próprio padrão de consumo, os algoritmos nos devolvem nosso viés de confirmação do mundo e de nossas expectativas, filtradas pelo Outro digital.

Desta maneira nos tornamos necessariamente e cada vez mais "nós mesmos", recebendo de volta nosso próprio viés de autoconfirmação e admirando exponencialmente nossa própria identidade. Se isso ganha em funcionalidade adaptativa, traz consigo também uma nova patologia: a obrigação de ser cada vez mais você mesmo dentro de seu condomínio digital. Sair desta bolha não vai ser fácil, porque qualquer movimento feito na direção de furá-la, será imediatamente incorporado ao seu algoritmo e fará parte da nova "super-bolha". A solução deste problema passa pela consideração de outra teoria do espaço e de seu impacto na subjetividade, não apenas estar dentro ou estar fora, estar na bolha ou fora dela.

4. CUBISMO PRÁTICO DIGITAL

"O sujeito recebe sua própria mensagem de maneira invertida a partir do Outro." Esta era a fórmula desenvolvida pelo psicanalista francês Jacques Lacan quando utilizou pela primeira vez a teoria matemática dos grafos para pensar a subjetividade humana, nos anos 1950. O algoritmo empregado por Lacan, baseava-se na primeira geração da cibernética, popularizada por Wienner e Kahn, no contexto da teoria dos jogos. Extraindo certas propriedades matemáticas de séries aleatórias, que podiam simular intuitivamente o método psicanalítico da associação livre, Lacan formulou um novo conceito de sujeito e uma nova noção de inconsciente, dali em diante: "estruturado como uma linguagem". Depois disso ele aprofundou a lógica combinatória dos primeiros algoritmos, empregando modelos topológicos para descrever a inteligibilidade espacial do sujeito: a banda de Moebius para representar a divisão do sujeito, a Garrafa de Klein, para falar das relações entre fantasia e realidade, o toro para descrever nossas identificações, o plano projetivo para escrever o descompasso entre o que pedimos e o que queremos.

Curiosamente são estas estruturas que vemos recorrentemente empregadas na arte cibernética contemporânea e seus exercícios em torno de séries recursivas. Séries de auto-interpenetração, séries que se transformam pela integração de sua própria regra de composição, séries que produzem homologias formais da realidade. Pianos que compõe músicas a partir da forma randômica das nuvens, panos que se deformam como ondas do mar, séries sonoras acusmáticas nas quais a voz ou o som emerge, indeterminadamente, em relação ao corpo ou lugar ao qual pertence. Um bom exemplo disso pode ser encontrado na recente obra de Rejane Cantoni, montada do Itaú Cultural de São Paulo, onde alguém poderia andar por um túnel que projetava em suas bordas sombras ortogonais da própria silhueta, mas em um espaço curvo.

As superfícies topológicas lacanianas têm em comum o fato de não serem perfeitamente legíveis em um espaço de três dimensões, subvertendo assim nossa relação intuitiva com o mundo, com a linguagem e com o tempo. A nova estrutura de linguagem, que se anuncia com a internet das coisas, com a inteligência artificial, vai além da análise combinatória exaustiva das possibilidades de uma dada estrutura ou da recursividade das escolhas anteriores para prever escolhas futuras. Ela também não se limita a esconder seu próprio aspecto maquínico e artificial, por trás de vozes que operam conversações em simulação perfeita ou respostas em tempo real. O desafio fundamental desta nova forma de AI é incorporar as possibilidades do universo quântico: autovalores e autovetores, superposição de estados de um sistema.

O que temos aqui é um outro tipo de regra e um outro tipo de relação entre regras e exceções. Casos singulares e não só repetições genéricas. Anomalias e eventos únicos, não apenas regras de composição de séries. Isso envolve um problema que ultrapassa os dois termos usualmente mobilizados para abordar o problema da inteligência artificial em psicologia, ou seja: pensamento e linguagem. Para situações mais simples podemos imaginar que um é o espelho do outro e que usamos a linguagem para "traduzir" ou "expressar" nosso pensamento, assim usamos o pensamento para "interpretar" e "ler" a realidade. Normalmente associamos o pensamento com a causa formal, que ordena e classifica as coisas e a linguagem com a causa material, que ilustra e representa as coisas. No caso desta nova linguagem são as coisas que produzem forma e é o pensamento, ou nossos atos de reconhecimento, que lhes atribuem algum conteúdo. Para enfrentar tais problemas, a pesquisa sobre formas estéticas cibernéticas torna-se estratégica, pois elas exploram, metodicamente, tanto as metamorfoses entre padrões de inversão e reconhecimento de processos, como fenômenos de emergência de consciência recursiva.

Modos de Subjetivação são frequentemente definidos pela unidade entre uso da linguagem, trabalho do pensamento e orientações de desejo. É o que chamamos de forma de vida. Esta unidade pode ser, retrospectivamente, determinada como um corpo, uma casa, uma cidade, uma comunidade ou até mesmo a identidade de alguém. Podemos agrupar tais unidades em constelações mais ou menos estáveis, basicamente compostas pela estruturação de padrões de relação prevalentes, de modo diverso das nossas atuais e precárias classificações baseadas em perfis e disposições. Por exemplo, a teoria da personalidade pode dividir formas de vida segundo perspectivas prevalentes de relação com o mundo e com o outro, tais como: Extroversão, Abertura, Conscienciosidade, Neuroticismo e Agradabilidade (a popular teoria dos Big Five). Estes tipos são criados pela análise fatorial de reações e atitudes, colhidos do uso de atitudes e da reiteração de concepções históricas sobre a personalidade. De maneira análoga aos manuais de diagnóstico estatístico de transtornos mentais ela é convencionalista, ou seja, apenas descreve padrões regulares que reúnem signos, não inferindo deles nenhum princípio de causalidade ou etiologia.

O impacto potencial das novas tecnologias nos modos de subjetivação promete aposentar este tipo de abordagem, pois elas captarão não apenas tendências e perfis genéticos, mas o "DNA mental do sujeito". Portanto, o fator crucial deixará de ser a inteligibilidade do padrão de transformação na relação com o mundo, mas descrições de si mesmo como fator de autotransformação. Como se o diagnóstico alterasse a doença. Como se o ato de reconhecimento alterasse a natureza da coisa reconhecida.

Esta recursividade em segundo grau impacta dramaticamente a pesquisa sobre novas formas de subjetivação. Elas incorporam não apenas considerações de performances positivas, mas o fracasso e a detecção de incertezas. Quando andamos no interior do túnel com nossas projeções ortogonais, percebemos nossas próprias perspectivas sobre o túnel projetadas à frente ou ao lado. Como se estivéssemos vivendo uma experiência de cubismo prático, na qual as diferentes perspectivas de nós mesmos são compostas como uma unidade que contém a imersão de um ponto de auto-representação. Se isso for correto, deixaremos para trás o modelo de entendimento do sujeito baseado na oposição, realista ou impressionista, entre interior e exterior, dentro e fora e passaremos a um modelo que se aproxima do que Lacan chamou de Garrafa de Klein, onde o interno e o externo possuem pontos de indeterminação e interpenetração.

5. NARCISISMO DIGITAL E SEUS ALGORITMOS

Recentemente, o *Instagram* anunciou que o número de curtidas em cada postagem não estará mais disponível para os usuários. Ainda é possível descobrir quantas pessoas curtiram uma publicação contando manualmente os nomes dos que se envolveram. Parece a mesma coisa, mas não é. Existe uma relação intrínseca entre o narcisismo digital e velocidade de interpretação da imagem. A contabilidade estimula a comparação entre pessoas, transferindo uma hierarquia de relevância e confiabilidade para o conteúdo e trazendo potenciais prejuízos psicológicos, aos que se obsessionam com a busca de curtidas.

Lembremos que o narcisismo é uma estrutura fundamental para todas nossas experiências de reconhecimento social e intersubjetivo. Alguém desprovido de narcisismo seria alguém incapaz de reconhecer o outro como semelhante e igualmente capaz de afetos, interesses e sofrimentos. Alguém com uma pane narcísica deste tipo seria incapaz de reconhecer até mesmo seus próprios sentimentos. A imagem popular do narcisista como alguém voltado só para si, incapaz de reconhecer desejos e valores diferentes dos seus, é muito parcial.

O narcisismo tem uma estrutura de palco: um ator contracena com alguém, para uma plateia. Às vezes o ator, coincide com o personagem e o diretor da peça. Dentro disso podemos encontrar muitas combinações: estar na plateia de si mesmo imaginando-se um protagonista. Sentir-se o coadjuvante que quer tomar o lugar do protagonista. Perceber-se como impostor do protagonista. Descer sistematicamente para a posição de plateia ou do sádico crítico de nosso teatro particular. Podemos estar cronicamente diminuídos em nossa estima, sempre no anonimato da plateia, ou, transparentes e invisíveis, nunca convidados para o espetáculo. Alguns estão realizados apenas por participar da peça, ainda que como coadjuvantes, outros ressentem-se porque seu estrelado ainda não chegou. Certos narcisos decidem que serão grandes vilões. Há até mesmo aqueles que escolhem o personagem mais humilde, considerando que o verdadeiro espetáculo está acontecendo em outro lugar, por exemplo, no teatro celestial, ou em outra época, por exemplo, no vindouro futuro. Podemos sentir, persistentemente, que nosso corpo, nossa forma de amar ou de consumir está inadequada ao personagem que queremos ou devemos, desempenhar.

Todas as montagens narcísicas acima são fonte de sofrimento potencial, mas nem todas elas reduzem-se ao exibicionista latifundiário, empreendendo sua fazenda de *likes*. A linguagem digital, com sua métrica de curtidas, altera profundamente nossas gramáticas narcísicas porque amplia o acesso ao palco simbólico, estimula a variação de personagens imaginários e precifica o valor real da influência (ainda que a quantidade de *likes* não seja sempre um bom parâmetro para a efetivação de vendas). Barthes dizia que no interior de uma narrativa existem palavras "nós" e palavras "rede" de tal forma que, no espaço digital, cada qual se mede pela extensão e qualidade dos nós e das redes que formam seu algoritmo narcísico. Nesta situação não basta agredir-se ou praguejar contra o sistema. Uma vida isenta de narcisismo seria como tentar arrancar todas as máscaras em busca de nossa face real, autêntica e essencial, o que nos levaria apenas ao estado de carne viva ardente, diante do espelho digital.

Dar mais trabalho aos usuários para identificar o número de curtidas nas redes sociais é como fazer a gente assistir a partida sem saber se o estádio está lotado ou se estamos sozinhos apreciando o espetáculo. Talvez isso nos faça oferecer um tempo a mais para o que estamos realmente vendo e ouvindo; para a qualidade da peça e menos peso para a fama dos atores, para o sucesso de crítica ou bilheteria. Talvez isso permita estarmos um pouco mais advertidos diante das novas ilusões narcísicas trazidas pela linguagem digital.

6. AMORES DIGITAIS

Os hotéis internacionais em Israel apresentam, caracteristicamente, um vasto saguão de entrada com muitas mesas e cadeiras para dois ou quatro lugares. No começo achei aquilo pouco funcional, pois não servia nem como cafeteria muito menos como restaurante, mas como uma sala de estar ampliada. Gradualmente comecei a perceber que as mesas estavam quase sempre ocupadas, por casais, vestidos de modo ortodoxo. Fiquei observando os encontros e logo ficou claro que aquele antigo costume, mediado por profissionais casamenteiros, aliás tão divertidamente descritos por Freud em livros como "*Chistes e suas Relações com o Inconsciente*" ou "*Interpretação dos Sonhos*" estava no mais vigoroso uso e atualidade. Os jovens casais pareciam se divertir, ainda que sóbrios, tipicamente com uma garrafa de água mineral de soslaio. Não aparentavam o menor traço de vergonha ou embaraço com a situação. Alguém me disse depois que as práticas variam, mas que a mulher tem direito a um número reativamente finito de recusas, depois dos quais sua prerrogativa de escolha pode cair. O incrível aqui não é que a prática exista ainda hoje, mas que ela pode dar certo, no limite tênue e improvável do que podemos empregar esta expressão para casamentos.

Comparei aquele ritual com o similar nacional, que acompanho cotidianamente no Brasil. No começo achei inconcebível que ainda hoje tantos casais se formassem com tantas mediações, regras e ritos. A coisa toda lembra os casamentos arranjados pelas famílias, com seus interesses, o que remonta aos tempos pré-históricos, antes de termos inventado esta maravilha chamada *escolher alguém livremente baseado neste supremo valor chamado amor.*

Mas a comparação não saiu tão devastadora quanto eu previa. Pensei naqueles solitários contumazes que não conseguem ir a um cinema desacompanhados porque sentem-se em assédio moral imaginário permanente por aquela voz que diz e aquele dedo que aponta: *seu fracassado amoroso*. Pensei que eles poderiam contratar os serviços de um casamenteiro judaico. Mas logo vi que isso seria uma espécie de comprovação humilhante de que eles estão fora da curva de como "*as coisas devem ser*".

Lembrei de quantos pacientes parecem ter na cabeça uma narrativa condicional quanto a forma como o amor acontece. Lembrei dos textos de Freud sobre a psicologia da vida amorosa e de como produzimos condições, negativas e positivas, para a escolha de nosso objeto de amor. Entre elas é comum encontrar uma espécie de horror à própria ideia de que devemos agir ativamente para nos propiciarmos situações nas quais a contingência do amor pode acontecer. Aqui a palavra-chave costuma ser: *"natural"*. Natural como sempre foi, amigos de amigos em turmas e festas ou baladas e barzinhos. Um exame mais apurado costuma mostrar que este natural indica apenas a retenção de condições nas quais outros amores aconteceram, em outras épocas da vida as quais, por exemplo, os amigos não estavam casados, as baladas tocavam *rock progressivo* e inexistiam aplicativos.

Apesar do aumento exponencial deste tipo de tecnologia na aproximação entre casais, há ainda efeitos residuais da primeira geração de usuários deste tipo de rede social. No seu agora clássico *"TinderEllas"*[3], Lígia Figueiredo e Rosane de Souza, detectaram três estilos de uso destes aplicativos:

1. O *Curioso*, que conversa muito, mas fala pouco de si demora para se envolver, tal qual um antropólogo que está pesquisando uma outra cultura.
2. O *Recreativo*, que está em busca de diversão, que forma certos códigos e procedimentos para conectar-se a alguém ajustado para a ocasião.
3. O *Racional*, que está olhando para a tarefa em busca de uma escolha de longo prazo, com forte intimidade e investimento de parte a parte.

Cada perfil de uso combinaria-se com um tipo de apego, seguro ou inseguro, evitativo ou ansioso, que exprimiria, de forma compacta, a maneira como teríamos aprendido a amar quando de nossos primeiros amores, ou seja, com nossos pais e cuidadores. Descobrindo-se com mais clareza o que cada um quer (seu estilo

---

[3] FIGUEIREDO, L.B., SOUZA, R.M. *Tinder Ellas*. São Paulo: Ema Livros, 2017.

de uso), esclarecendo-se as condições e escolha (o tipo de apego) e estabelecendo-se com maior transparência do que se compõe o outro, seus traços e qualidades "dinheirais, sexuais e intelectuais", nada poderia escapar ao procedimento. Bastaria se dar o trabalho de repeti-lo até encontrar o *match*, *crush* e seguir viagem.

Mas não é isso está acontecendo. A quantidade de sequelados pelos desencontros digitais, dos cansados de tanta oferta enganosa, dos que simplesmente não suportam a situação tal qual ela se apresenta ainda é muito grande. Talvez esteja faltando ao procedimento alguns ingredientes da velha sabedoria judaica.

No episódio *"Hang the DJ"*[4], da série Black Mirror, um programa determina o encontro entre casais assim como o tempo que eles permanecerão juntos. Amy e Frank ficam apenas doze horas, dormem juntos, mas não transam neste primeiro fugaz encontro. Nada de surpreendente e notável acontece neste primeiro encontro, a não ser o fato de que nele "algo" realmente aconteceu. Depois disso ambos têm relacionamentos mais longo e curtos, mais ou menos desastrosos, até que o Programa os recoloca juntos novamente. Desta vez eles agem de modo contra intuitivo decidem juntos não olhar o tempo de duração que este encontro terá. Ora, esta decisão de *não saber*, parecer ser essencial para que amor aconteça. Talvez o que os aplicativos carreguem como falsa demanda reside na ideia de que saber mais sempre aumenta nossa perspectiva de decisão. Às vezes saber menos, sobre o que se quer, sobre quem se é e sobre o que queremos do outro, abre o vão necessário para que o amor aconteça em sua lógica de encontro e de transformação. Logo no primeiro encontro entre Frank e Amy acontece algo quase imperceptível para o espectador, mas crucial para tudo o que se seguirá: eles descumprem juntos uma regra. Isso se repetirá na decisão de não saber e também no que sucede a trama (o *spoiler* para aqui e você vai ficar sem saber como acaba).

---

[4] Wikipédia. Disponível em: <https://pt.wikipedia.org/wiki/Hang_the_DJ_(Black_Mirror)>. Acesso em: 08 mar. 2021.

Isso ajudaria a entender porque tantas pessoas têm ódio mortal dos aplicativos, como se eles vendessem uma falsa promessa, que na verdade estaria mais na nossa interpretação e uso sobre o que eles oferecem, ou seja, como método de encontro eles trazem este efeito iatrogênico de nos fazerem acreditar que saber mais e mais rápido é melhor. Isso nos leva a formulação de tipos e enquadramentos muito rápidos sobre o outro, sobre nós naquela situação e a pressão urgente para decidir e não "perder mais tempo". Uma leve pressão, como a exercida pela regra casamenteira de que você pode escolher, mas depois de certo número de tentativas sua liberdade pode cair, me parece essencial para aqueles que ainda acham que encontrar alguém é como andar pelas vitrines do *shopping center* ou expor-se como pedaço de carne no açougue.

Em síntese o amor digital não tem que ver com contrato, não tem que ver com livre escolha de mercadorias, não tem que ver com gostos semelhantes, nem com "tipos" ou "traços" humanos que se completam.

6. FORMAS DE VIDA E SOFRIMENTO NO BRASIL DIGITAL

Há muitas maneiras de ler transformações sociais que enfatizem os grandes monumentos biográficos, culturais ou jurídicos, as mutações no processo produtivo ou as mudanças em termos de diversidade de valores ou reconhecimento de hábitos. Uma abordagem crítica deve compreender tanto estruturas simbólicas, quanto a ação social ou ainda a funcionalidade institucional. Na perspectiva do Laboratório de Teoria Social, Filosofia e Psicanálise da USP entendemos que a leitura crítica de processos transformativos se beneficia do conceito de forma de vida, entendido como solução para conflitos postos, em termos de linguagem, trabalho e desejo[5]. Uma forma de vida não se define

---

[5] DUNKER, C.I.L. *Mal-Estar, Sofrimento e Sintoma*. São Paulo: Boitempo, 2015.

apenas pela sua permanência e reprodução, como sistema de autorregulação e relação com o mundo, mas pela maneira como ela lida com os padrões de diversidade que ela mesma produz[6]. Descrever uma forma de vida é reconstituir sua gramática de reconhecimento, a forma específica de produção e reprodução de valor, assim como as modalidades de circulação de desejos. Por isso uma forma de vida não tem uma identidade em seu centro, que a definiria como expansão ou realização de sua essência, mas ela deve ser examinada a partir de suas transições ou passagens, de como ela lida com as variedades que ela mesma produziu. Por isso a melhor imagem para representar uma forma de vida não é um círculo com um ponto no meio, mas uma elipse com dois focos que se alternam, como nas órbitas dos planetas. O centro de uma forma de vida será mais provavelmente vazio. Daí que nosso método compreenda a análise desta experiência de vazio, como modalidades de mal-estar, envolvendo o exame da sucessão histórica das patologias do social, entendidas como formas de sofrimento entranhadas aos sintomas.

Para a psicanálise, os sintomas não são apenas acréscimos indesejáveis que devem ser retirados para aumentar a funcionalidade e eficácia de uma forma de vida. Nos sintomas está contida uma espécie de resistência social, uma palavra que não pode ser dita nem escutada por outras vias, um fragmento de verdade que o sistema que envolve aquela forma de vida, e muitas vezes ela própria não pode reconhecer. Descrever mudanças em modalidades de sofrimento, com seus afetos dominantes e como suas narrativas de referência torna-se assim um método para fazer uma leitura social crítica.

---

[6] SAFATLE, V. *Circuitos do Afeto*. Belo Horizonte: Autêntica, 2016.

7. PERDA DE EXPERIÊNCIA

Costuma-se descrever os nativos digitais, nascidos após 1995, como uma geração orientada para o compartilhamento, com aversão relativa pelas gramáticas institucionais construídas para o mundo do trabalho, do desejo e da linguagem. Observemos que estes foram as três ondas que redefiniram sucessivamente a forma de vida digital. No início tratava-se de uma nova forma de linguagem, de importância estratégica para a pesquisa científica e para a comunicação militar. É o tempo dos grandes projetos de digitalização do patrimônio cultural, depositados em bibliotecas e museus. Depois vieram as gramáticas desejantes, trazendo consigo novas configurações de erotismo, de agrupamento e de compartilhamento de experiências em rede. É o momento da emergência das redes sociais e dos dispositivos de compartilhamento de imagens e narrativas pessoais. Em seguida chegamos ao tempo no qual a economia produtiva e o consumo passam a realmente se integrar a essa forma de vida, tornando massivo o trabalho à distância ou intermitente por meio de aplicativos laborais.

O impacto dessa experiência global no Brasil deve ser ponderado contra dois outros processos decisivos. A digitalização se fez acompanhar da efetivação de programas de governo (Fernando Henrique Cardoso e Lula – Dilma Roussef) que ampliaram muito a mobilidade social, a disponibilidade de acesso a bens simbólicos, ainda que com baixa redução da desigualdade social. O Brasil tornou-se permeável, cultural e economicamente, a um novo tipo de relação com o mundo e consigo mesmo. A cultura do auto-empreendedor, expressão da progressão neoliberal, cresceu paradoxalmente ao lado do incremento de políticas estatais de inclusão, de combate a fome e de seguridade social. A chamada orientação para o consumo das famílias, ainda que vulnerável do ponto de vista da sua continuidade, produziu um novo e inédito acesso a modalidades de consumo, de bens materiais e simbólicos, para muitos novos habitantes de novas posições sociais. A ralé deixa a miséria e torna-se pobre, os pobres tornam-se classe trabalhadora e os ricos tornam-se muito mais ricos, resultando em pequena redução da desigualdade e confirmação do patrimonialismo[7].

O segundo processo contemporâneo da emergência da forma de vida digital é de natureza institucional. Até os anos 2000, o Brasil havia desenvolvido uma forma de vida baseada na invisibilização de populações crescentemente sentidas como perigosas e no confinamento em espaços de moradia seletiva ou de circulação restrita. Muros, simbólicos e de concreto, guarneciam a diversidade fortalecendo padrões de classe, raça e gênero ligados a modalidades de consumo conspícuo, ligados a uma personalidade sensível[8], regulados por um novo tipo de administração de normas e regulamentos, cujo figura de autoridade é o gestor ou síndico. O condomínio residencial, mas também o *Shopping Center*, assim como as favelas e as prisões definiram uma forma de vida onde a identidade por um lado e o medo social da diferença, por outro, criavam uma nova maneira de lidar com a aparência. Para as classes baixas emergentes o consumo de produtos de beleza, a frequência a cursos de línguas ou o acesso a academias de ginástica, faz acompanhar de um ingresso acessível ao ensino universitário, ainda que de qualidade discutível.

Estes três processos: a *acessibilidade digital*, que reconecta discursivamente famílias antes separadas pela distância física, que cria uma geração com novos padrões relacionais, o *empreendedorismo* combinado com suporte social e a *vida em forma de condomínio*, combinados ente si acabam por estabelecer uma mutação em nossas formas hegemônicas de sofrimento. O epicentro dessa mudança pode ser atribuído a uma experiência problemática da nova identidade adquirida, ou da antiga identidade ameaçada. Por isso podemos dizer que o diagnóstico transversal para esta mudança acusa um sentimento comum de que certa experiência foi perdida, que ingressamos em um novo mundo que sentimos como inautêntico, postiço e decepcionante em relação ao mundo que nos foi prometido.

---

[7] SOUZA, J. *Os Batalhadores Brasileiros*. Belo Horizonte: UFMG, 2010.
[8] BOURDIEU, P. *A Distinção*. São Paulo. Edusp, 2006.

Isso pode ser atribuído à perda da unidade de nossa experiência social e subjetiva. O estado de segregação bem definido traz sofrimento, mas este vem acompanhado de narrativas de consolação que confirmam a impossibilidade de transformação. O mal-estar pode ser grande e aflitivo, mas ele não demanda mudança uma vez que as identidades estão muito bem confirmadas em seus lugares. Esses lugares duplicam e confirmam-se no universo institucional que acaba encarregando-se de reproduzi-los. Desta maneira muros e condomínios definiam um Brasil marcado pela figura do cartório, da ação entre amigos, dos favorecimentos ou da instrumentalização e seletividade na aplicação da lei ou na definição de políticas públicas. Observe-se que este diagnóstico aflige primariamente agrupamentos minoritários, que assiste a emergência de novas formas de religiosidade, como a teologia da prosperidade, quanto expressões artísticas como o funk e o *hip-hop*, identificações de gênero, como os coletivos feministas e os coletivos ligados a raça e etnia. O sofrimento de gênero, o sofrimento de raça, o sofrimento com o corpo, torna-se visível, redefinindo assim novas gramáticas para a identidade. Também entre os mais ricos a função distintiva do consumo parece alcançar um certo paroxismo. Identidades definidas pelo consumo alimentar, pela mobilidade, pela qualificação exclusiva do consumo tornam-se mais e mais importantes. A linguagem digital facultou ainda um fenômeno novo: a junção de micro-minorias, antes silenciadas pela ocupação institucional do espaço público, dá voz e expressão a ideias extremas, tanto em sentido progressista quanto conservador. A isso acrescenta-se o fato de que para uma enorme parcela de novos habitantes da democracia digital, a prática de opinar e discutir com pessoas que tem posições diferentes é abissalmente nova. Neste espaço ter uma opinião é candidatar-se a uma experiência de reconhecimento, ter uma opinião confirmada, legitimada ou apoiada é acumular capital cultural e capital social. Ter sua expressão moral, estética ou política desconfirmada é, inversamente, deparar-se com o temor de um retorno a invisibilidade.

Uma decepção que confirma e redobra a decepção de base com a realização de que a nova posição de base só aumenta o tamanho do mundo, sem reduzir o volume ocupado pelo eu. Esta deflação imaginária, às vezes tornadas ainda mais dolorosas, pelos contraexemplos de celebrização e sucesso digital, é uma fonte permanente e explosiva para o sofrimento de identidade. Este processo que se faz acompanhar pela mutação de nossos afetos políticos hegemônicos, do medo e da inveja para o ódio e o ressentimento.

Mas não devemos reduzir a deflação-inflação imaginária a um fenômeno narcísico que passará com a estagnação do público ou com o cansaço criado por padrões miméticos de falso reconhecimento. Há uma mutação simbólica importante que se infiltra neste ponto. Ela altera nosso sentimento e nossa interpretação do que significa possuir algo e consequentemente trocar algo. No nsso possessivismo condominial a posse é ostentação e a legitimidade é a força de lei que individualiza o portador de atributos. Sua essência dependerá dos padrões de transmissão, por exemplo, a herança, a proteção ou o empréstimo condicional. Este modo de sentir algo como seu, ainda que este algo seja sua imagem, suas palavras ou seus gestos, é modificado profundamente por uma experiência que repudia crescentemente a acumulação como patrimônio. Compartilhar, usar ou fruir são modos de apossamento que não trazem consigo o sofrimento associado com o patrimonialismo condominial. Ou seja, quando construo uma forma de vida ao modo de um monumento, com traços fixos e alto grau de apossamento eu ao mesmo tempo me fixo a este padrão de apresentação e consequentemente a forma como sou visto pelos outros, e, portanto, ao tipo de outro e a gramática de reconhecimento que assumimos como lei para nossas trocas desejantes. Esta fixação é sentida crescentemente como problemática. Portanto, na medida em que a identidade pode ser facilmente alterada, por meio de procedimentos de manipulação *cirúrgica* (pensemos aqui em intervenções bariátricas, próteses, implantes, mas também tatuagens e redesignações de gênero), *química* (pensemos aqui nas manipulações farmacológicas, legais e ilegais, de nosso ambiente psíquico) e *digital* (pensemos aqui nos perfis falsos, pseudônimos, avatares múltiplos), não conseguir realizar esta manipulação torna-se um problema de grandes proporções. Encontrar algum tipo de resistência ou de objeção ao princípio de que não se deve ter uma posição fixa e determinada, torna-se assim fonte de sofrimento. Por outro lado, a mutação constante e sem horizonte de conclusão entre as mais diversas modalidades de apresentação de si é também fonte de sofrimento. A máscara social do papel que devemos representar torna-se uma máscara de ferro que se infiltra em nossa face impedindo a revelação da carne que a subjaz.

8. EXCESSO DE EXPERIÊNCIAS IMPRODUTIVAS DE DETERMINAÇÃO

Uma forma de descrever este paradoxo na transformação de nossas formas de sofrer é dizer que passamos de uma situação em que atribuíamos e narrávamos nosso sofrimento segundo a hipótese de que ele é causado pelo excesso de experiências improdutivas de determinação. Ou seja, sofremos porque nossa identidade está demasiadamente regulada por experiência de determinação, ligadas à nossa origem familiar, a nossa formação cultural, aos nossos horizontes de satisfação e de identidade de gênero. Pode-se dizer que isso cria uma grande metáfora da fluidez ou da vida em estado líquido[9], vale dizer, sem forma determinada. Esta é a maneira tipicamente liberal de retratar o sofrimento. Ele é um obstáculo, um problema para nossa produtividade no trabalho. Aquele que adoece deve ser cuidado para retornar mais cedo possível para sua posição laboral. Aquele que possui desvantagens debilitantes ou vulnerabilidades sociais deve ser apoiado de tal forma a encontrar sua posição de equidade e competitividade. As desvantagens históricas devem ser compensadas por política compensatórias. Neste sentido o sofrimento é uma parte

---

[9] BAUMAN, Z. *Modernidade e Ambivalência*. Rio de Janeiro: Jorge Zahar, 2015.

negativa de nossa identidade, que deve ser encarado como parte do obstáculo a ser superado para nos tonarmos o que somos. Sofremos com o excesso de normas, de regras, de restrições que impedem a realização de nosso potencial desejante, expressivo e laboral. Tais regulações foram introduzidas para assegurar um ambiente de equidade e justiça, no entanto, passam a ser percebidas como um excesso, como uma limitação ao livre-mercado, à livre expressão de si e ao livre exercício do desejo.

A retórica do excesso torna-se assim um consenso diagnóstico. Trabalhamos demais, poluímos demais, consumimos demais, esperamos demais de nossos ideais, aceleramos nossas expectativas de desempenho a níveis inumanos. É nesta paisagem que a depressão se torna uma epidemia mundial. A segunda maior causa de afastamento do trabalho em menos de 10 anos, a fonte e origem da epidemia de suicídios no trabalho e entre jovens. A depressão é o sintoma que denuncia uma espécie de resistência a uma forma de vida baseada na intensificação da produção[10]. No entanto a experiência que envolve este excesso de produção é sentida, ela mesma como improdutiva. Uma vida baseada em métricas e resultados tende a menosprezar os processos e os caminhos pelas quais ela se realiza. Os meios que tornam uma vida feliz são os obstáculos que ela enfrenta e resolve, os conflitos que ela incorpora, as histórias que ela torna possíveis de serem contadas. A contradição, neste caso, é que uma vida baseada no excesso de produção e de resultados aparece, retrospectivamente, para seus atores e agentes, como desinteressante. Se o último capítulo é tudo o que vale, temos apenas uma história mais curta para contar e ela mesma torna-se reciclável e efêmera. Isso torna epidêmico o tédio, a apatia e o sentimento de irrelevância. Se tudo o que importa são os resultados, nossa gramática de reconhecimento acentua o fato de que somos substituíveis. Somos trocáveis por outrem que desempenhará, necessariamente, nosso papel de maneira mais eficaz e mais produtiva, em termos de acumulação de

---

[10] KEHL, M.R. *O Tempo e o Cão*. São Paulo Boitempo, 2015.

valor. No entanto, para aquele que se sente reciclado por gerações mais jovens que desempenham melhor e mais rápido o seu papel, o sentimento de que sofremos com o excesso de experiências improdutivas de determinação será tônico.

Identidades que devem acostumar-se à flexibilidade desejante, discursiva e laboral tendem a sofrer com o sentimento de esvaziamento de si. Aderidas a uma gramática que valoriza, sobretudo, a distinção e a singularidade elas tendem a não perceber o vazio relacional e o decréscimo de relações orgânicas coletivas com um problema. No entanto, quando se desviam da rota de aceleração narcísica resta-lhes a experiência de solidão e o déficit de intimidade[11].

A disciplina, o método de vida, a ordem escolhida para alcançar o sucesso tornam-se agora uma camisa de força que leva o cavaleiro a reconhecer-se como uma armadura vazia. Construindo um laço de fidelidade com a empresa na qual trabalha ele se sentirá traído quando esta o despende por contingências alheias ao seu desempenho individual. Do ponto de vista do consumo, este sujeito se orientará menos para a aquisição de objetos que são distintivos de sua posição social ou de sua fidelidade institucional e mais para a acumulação do que pode ser um antídoto ao seu sentimento de falta de propósito e de errância. Por isso as narrativas de marketing orientam-se para a valorização do consumo como experiência, como entrada em um mundo de acesso restrito, como produção de uma diferença relevante e autêntica do que para a mera consumação de uma diferença social marcada pela classe.

Contudo, ainda assim, a gramática de produção e de reconhecimento desta forma de subjetividade, característica das gerações nascidas antes de 1995, está orientada pela experiência simbólica da determinação. A força de vontade, a orientação para a realização dos desejos e a retórica do triunfo baseia-se no enigma sobre a quantidade e a qualidade da determinação necessária para

---

[11] DUNKER, C.I.L. *Reinvenção da Intimidade*. São Paulo: Ubu, 2017.

realizar objetivos, sonhos e desejos. Daí que a terapêutica fundamental esteja ligada à recuperação de determinação simbólica de nossos ideais, a restauração de nossa ligação com uma história que confere relevância e pertinência ao nosso desejo.

9. DÉFICIT DE EXPERIÊNCIAS PRODUTIVAS DE INDETERMINAÇÃO

A transição fundamental, em curso na geração Z, representada pelos nativos digitais, está ligada a um certo esgotamento desta maneira hegemônica de interpretar o sofrimento e de produzir experiências de felicidade. O investimento determinado e contínuo em uma carreira, uma profissão, um ciclo de estudos, não está mais seguramente garantido por uma posição final e segurança ou de realização. A ideia básica de que a determinação é a chave da realização em si é posta em questão, uma vez que existem outras contingências, que ultrapassam o esforço individual e que parecem cada vez mais claras aos participantes do jogo social. Atividades inteiras como a fotografia, a publicidade, assim como o operariado qualificado, como um torneiro mecânico ou um fresador, desaparecem. Carreiras muito bem planejadas são interrompidas por uma modificação no planejamento global de uma empresa, implicando, por exemplo, o transporte de uma planta de produção para uma região remota da Ásia ou a mera desativação do negócio face à financeirização da produção. Na medida em que as empresas não conseguem manter seu compromisso de fidelidade e segurança, baseada na contrapartida da excelência, os empregados começam a responder com uma atitude predatória. Os altos salários começam a ser ponderados contra melhores condições de trabalho. O ambiente de lazer e a flexibilidade tornam-se atrativos tão ou mais importantes na medida em que a remuneração deixa de ser um diferenciador claro e distinto. O sistema de bônus por produtividade, com suas obscuridades e contingências, começa a nublar a perspectiva que equilibra sacrifícios com vantagens. As vagas para empregos mais qualificados começam a depender cada vez mais de indicações, *networking* e de afinidades subjetivas, tornando a equação do sacrifício em relação ao valor do amanhã ainda mais incerta[12]. Diz-se que isso faz a função do superego — esta instância psíquica descrita por Freud como interiorização de regras e relações de autoridade, deixa de ser proibitiva e passa a ser prescritiva. Isso equivale a uma mudança de nossos ideais de realização da vertente da proibição, com relação ao prazer excessivo, para a prescrição do prazer adequado e intensificado.

No Brasil, o impacto desta indeterminação generalizada parece ter sido traduzido em termos de uma insatisfação com o cenário de mobilidade social e de corrupção institucional. Começa a ficar transparente que uma parte dessa indeterminação e insegurança sistêmica decorre da relação problemática entre público e privado, entre Estado e mercado.

Em meio a uma crise do sistema de determinações simbólicas, a identidade assume uma função compensatória. Tudo se passa como se na impossibilidade de prever ou de coordenar as modificações contingentes de minhas formas de linguagem, desejo e trabalho, devo cultivar, como valor fundamental, uma identidade fluída. Estar preparado para reiniciar a carreira ou para recomeçar casamentos duas ou três vezes ao longo da vida, torna-se uma perspectiva realista em meio a um cenário de aparições e desaparições de atividades profissionais e nichos de realização profissional provisórios. Também as relações desejantes devem acontecer no interior de uma espécie de bolha temporal na qual compromissos muito longos tornam-se problemáticos. A narrativa amorosa encurta-se deixando de expressar-se sob a forma de um longo romance com muitas viradas e obstáculos, e passa a se apresentar como uma sequência de pequenos contos desconexos e não necessariamente ordenados. Grandes narrativas de sofrimento, que ligam nossa infância com o complexo sistema de transmissão simbólico familiar, como as que se expressam pelo

---

[12] FONSECA, G. *O Valor do Amanhã*. Rio de Janeiro: Rocco, 2015.

conceito de neurose, são substituídas por sintomas específicos e relativamente desconexos entre si: depressão, pânico, anorexia, déficit de atenção, *cutting*, bipolaridade, adições. O fato de que tais transtornos aconteçam simultaneamente em uma mesma pessoa não é remetido à hipótese de que eles tenham uma causa comum, ou uma razão conexa entre si.

Encurtamento de narrativas, no amor, no trabalho e no discurso já foi considerado um dos traços distintivos da cultura pós-moderna. Assim também a congruência entre estilos e formas plásticas deixa de ser submetido a uma sequência definida podendo ocorrer em copresença.

Identidades fluidas são compatíveis com uma exigência mais geral de indeterminação. Contudo a indeterminação pode assumir várias faces: a do futuro aberto e não delimitado, livre portanto, mas também do futuro incerto e sem previsibilidade, perigoso, portanto. Torna-se uma questão crucial para um mundo que suspende a relação entre meios e fins e entre sujeitos e alteridades constitutivas, saber quais são as indeterminações produtivas, que criam novas formas de vida singulares e autorrealizadoras, e quais são as modalidades de indeterminação que são improdutivas, que geram apenas errância e incerteza sem acumular experiência ou valor para o conjunto de uma forma de vida. Muitas experiências de indeterminação são oferecidas, em formatos os mais variados: mais de 70 tipos de gêneros, inclusive o "não gênero", experiências psicodélicas são revividas dos anos 1960, tipos regressivos como *hipsters*[13], *indies*[14], *agro boys*[15], veganos[16],

---

[13] Pessoas que cultivam uma atitude de contra-cultura, incluindo gostos musicais exclusivos, misturando signos de pertinências culturais distintas ao modo de um caldeirão (*melting-pot*), possivelmente jovens brancos de classe média que procuravam imitar o estilo dos músicos de jazz nos anos pós-guerra.
[14] Diminutivo de *"Independent"*, pessoas que se apresentam como realizadores não institucionalizados e cultivam a originalidade e autenticidade.
[15] Jovens que praticam uma forma de vida baseada em baixo consumo, auto-subsistência e ligação com a natureza.
[16] Pessoas que não consomem alimentos de origem animal, por motivos estéticos, políticos ou morais.

alternas[17], playbas[18], geeks[19], *fitness, hikikomori*[20], *lekes zikas*[21], *otakos*[22], *junkies*[23], jovens *nem nems*[24], convivem com pais helicópteros, *hater*s e gêneros trans, binários e não binários.

Os *pós-ironicos* e os *pré-sinceros* são exemplos mais radicais de como é possível manter uma identidade baseada na recusa de uma posição identitária. Isso é diferente da atitude contestatória, como a geração X, que colocava-se contrária a uma ordem instituída. Para o tipo de contestação, tradicionalmente associada com a juventude, desde o romantismo do século XIX, até os jovens libertários franceses de 1968, supõe-se um movimento reativo contra a ordem instituída, mas que procura direta ou indiretamente criar uma nova ordem. Para a geração digital trata-se de uma indeterminação que não é mudança de determinações simbólicas, mas a suposição de que sua opinião e sua atitude são muito valiosas, e, portanto, a indeterminação, o adiamento de uma tomada de posição, torna-se um valor em si mesmo. Daí a importância da autodefinição e da autodeclaração como critérios de reconhecimento mais do que o desejo de ser reconhecido pelos critérios e pelos termos do outro.

Em meio a uma grande profusão de formas de vida definidas pela indeterminação torna-se crucial o reconhecimento de qual dentre elas constituem realmente experiência produtivas de inde-

---

[17] *Alternativos*; pessoas que praticam modos de vestir-se e alimentar-se que contrariam os consensos supostos e recomendados.

[18] *Playboys*, pessoas que se dedicam a estilos de consumo qualificado, ostentação de signos de luxo e de pertinência de classe.

[19] Aficcionados por séries e vídeo-games capazes de integrar em suas vidas crenças e práticas dos personagens que admiram, ao modo de *cos-plays* (imitadores que se vestem como personagens).

[20] Jovens japoneses que praticam uma forma de vida recolhida, sem muito contato com estrangeiros e alheios aos ideais dominantes.

[21] Jovens que cultivam o estilo funk na periferia das grandes metrópoles brasileiras.

[22] Jovens que se afinizam com estilos orientais de vida e de consumo.

[23] Consumidores de drogas.

[24] Jovens que não trabalham nem estudam ou tem qualquer delineamento auto--declarado para suas vidas.

terminação e quais são apenas negações assistemáticas das tradicionais determinações simbólicas de formas de vida tradicionais.

O sofrimento por déficit de experiências produtivas de indeterminação pode aparecer em modalidades indiscerníveis de estranhamento com o próprio corpo, com as expectativas sociais ou com seus papéis codificados. Papéis sociais fluidos, identidades flexíveis, promessas de renovação indefinida de carreiras, de modalidade de amor ou de desejo tornam-se assim prisioneiras de uma vida em permanente adiamento e indefinição. A expectativa de início de um percurso de engajamento, profissional, desejante ou discursivo torna-se assim não apenas uma preparação, mas uma forma de vida permanente. O prolongamento da adolescência, o retorno a práticas juvenis (adultescentes), assim como a terceira idade produtiva são formas de vida marcadas pelo adiamento de compromissos e apostas de médio prazo. Elas criam uma forma de vida que não é mais a recusa reativa de determinações simbólicas pré-constituídas, mas assunção ativa da indeterminação como meio de vida.

A ideia de que em outra paisagem, em outra cultura, ou subcultura, uma nova vida é possível, é uma das narrativas mais comuns do sofrimento por déficit de experiências produtivas de indeterminação. Começar de novo, começar em uma nova língua, em uma nova cultura é a promessa de que é possível despir-se das atribuições e descaminhos que inviabilizaram certa forma de vida. Tornar-se outro, como o bovarismo inspirado pela esposa que sonhava com um novo amor, generalizou-se como uma espécie de normalopatia.

A crise desta forma de sofrimento frequentemente é vivida como aparição inesperada de uma determinação simbólica ou real. Uma mulher que adia sua decisão sobre tornar-se ou não mãe pode ser surpreendida pela chegada de uma idade limite na qual a sua decisão e a renovação do estado de alternativas possíveis tornam-se irrealizáveis. Este momento é vivido com intensa e disruptiva angústia, não apenas como uma dificuldade conflitiva, mas como o fracasso de uma determinada forma de vida.

Saber onde estão tais experiências produtivas de indeterminação, e como produzi-las, artificial ou naturalmente, constituem os enigmas contemporâneos sobre a contingência de nossas identidades, o ponto no qual nossos corpos resistem à plasticidade indefinida de formas, o momento no qual nosso desejo resiste a se renovar, o momento no qual a indeterminação revela-se como liberdade positiva e real.

REFERÊNCIAS

FIGUEIREDO, L.B., SOUZA, R.M. *Tinder Ellas*. São Paulo: Ema Livros, 2017.
Wikipédia. Disponível em: <https://pt.wikipedia.org/wiki/Hang_the_DJ_(Black_Mirror)>. Acesso em: 08 mar. 2021.
DUNKER, C.I.L. *Mal-Estar, Sofrimento e Sintoma*. São Paulo: Boitempo, 2015.
SAFATLE, V. *Circuitos do Afeto*. Belo Horizonte: Autêntica, 2016.
SOUZA, J. *Os Batalhadores Brasileiros*. Belo Horizonte: UFMG, 2010.
BOURDIEU, P. *A Distinção*. São Paulo. Edusp, 2006.
BAUMAN, Z. *Modernidade e Ambivalência*. Rio de Janeiro: Jorge Zahar, 2015.
KEHL, M.R. *O Tempo e o Cão*. São Paulo Boitempo, 2015.
DUNKER, C.I.L. *Reinvenção da Intimidade*. São Paulo: Ubu, 2017.
FONSECA, G. *O Valor do Amanhã*. Rio de Janeiro: Rocco, 2015.

SUMÁRIO

1. O EFEITO PANDÊMICO: TEMPO, TECNOLOGIA E PSICANÁLISE . . 43

    Leonardo Goldberg

    1.1 Contexto pandêmico 50
    1.2 Contexto digital 61

2. O LUGAR DO SUJEITO NA ARQUITETURA DIGITAL 73

    Claudio Akimoto

    2.1 O lugar da tecnologia, no tempo e no espaço 77
    2.2 O sujeito e a mutação sensível 104

3. ALGUMAS CONSIDERAÇÕES SOBRE AS VARIAÇÕES DA PRÁTICA ANALÍTICA: A SESSÃO *ONLINE* E POR TELEFONE 129

    Leonardo Goldberg e Cláudio Kazuo Akimoto Júnior

    3.1 O *setting* 137
    3.2 O corpo entre a presença física e a garantia do analista. . . . 140
    3.3 A voz na clínica *online* 143
    3.4 Sobre a relação do sujeito e da técnica 150

4. TEMPO DE LUTO E RITO FÚNEBRE: SOBRE UMA TEORIA DO LUTO NA PSICANÁLISE 157

    Leonardo Goldberg

    4.1 Em Lacan.... 164

5. A INDIFERENCIAÇÃO, ENTRE O HUMANO E A MÁQUINA 171

Cláudio Akimoto

5.1 Da humanização da máquina.... 171
5.2 ... à robotização do Humano 196

6. HISTÓRIA E ARRUMAÇÃO DO TEMPO 233

Leonardo Goldberg

7. OS ALGORITMOS: DECISÃO SOBRE O DIZER. 247

Cláudio Akimoto

1. O EFEITO PANDÊMICO:
TEMPO, TECNOLOGIA E PSICANÁLISE

LEONARDO GOLDBERG

O presente conjunto de textos é efeito de uma desaceleração imposta pela Pandemia de 2020 que se converteu em uma aceleração pessoal com o objetivo de aprofundar temas importantes para pensarmos em tal momento. A supressão do cotidiano impôs uma reflexão da qual eu já me ocupava há muito. Desde meu doutorado, venho trabalhando com o tema da morte e do luto, adotando sempre dois prismas para pensar no assunto: de um lado, a questão estrutural e invariável, de como lidamos com a ideia de morte e como podemos realizar um luto razoável, enquanto seres humanos e falantes e o que precede e procede nosso tempo atual. Do outro, ao propor extrair da técnica disponível na atualidade, portanto, suas descontinuidades e variações, a reflexão deriva para pensarmos nos traços próprios que um tempo histórico forja para a lida com a morte e com o luto.

Atualmente, isso tensiona conceitos caros à comunicação, como o digital, o virtual e todo um aparato de dispositivos que mediam nossos diálogos hoje. Em outras palavras, se a História é uma história de epidemias, de cortes epistemológicos abruptos diante da nossa relação também com a natureza, e se isso é um dado invariável, o que varia – e, portanto, diz respeito ao tempo atual – é a possibilidade de mantermos a comunicação, os amores, e, em alguns casos, até o cotidiano laboral, através da comunicação sincrônica mediada pelo campo digital. O que as contingências da Pandemia colocam em jogo diz respeito justamente a uma temporalidade: o cotidiano "cai" e o campo digital assume, como uma órtese, os extratos possíveis da continuação de nossas trocas do dia a dia. Efeitos próprios da técnica nos dispositivos digitais: transformam o impossível em possível, e, diante da Pandemia, o possível em necessário. Os impossíveis do tempo, do assíncrono, das distancias e da geografia dão lugar à uma malha comunicacional que possibilita nossos encontros e desencontros *online*.

Na ocasião de minha pesquisa doutoral, a proposta era pensar no papel dos *websites de redes sociais* (WRS's) frente a ideia de morte e de luto. Isso exigiu certo percurso: delimitar o campo digital, mapear teorias de conhecimento sobre a morte e o luto e efetivamente conversar com enlutados. A pesquisa gerou reflexões importantes em quatro categorias: morte, luto, tempo e sociabilidade na era digital. Uma das mais curiosas descobertas fora sobre como podemos articular a função da escrita no rito fúnebre – parte constituinte do luto – o que, em época pandêmica, se destaca mais ainda. A impossibilidade, em muitos casos, de poder realizar o rito fúnebre, faz com que os enlutados recorram a outras formas de homenagear seus mortos.

O funeral, parte do rito que varia conforme a cultura e a religião, mas que é invariável em termos de necessidade, passou, a partir de medidas de contenção da transmissão do flagelo, a ser realizado de forma muito rápida. Às vezes, não realizado. Nesse caso, os familiares – sobretudo aqueles que possuem alguma comorbidade ou que são idosos – passaram a participar do rito através de vídeo, de transmissão via *streaming* e outras formas remotas. Também pululam nas redes sociais homenagens aos falecidos: geralmente pessoais, com elementos autobiográficos e direcionados ao morto ou à comunidade machucada. Em minha pesquisa[25], pude averiguar tais modalidades de homenagens. Em época pandêmica, porém, pela velocidade e dificuldades logísticas de lidar com o excesso de mortes, tais modalidades ficam ainda mais destacadas. Os enlutados não podem mais se

---

[25] Cf. GOLDBERG, Leonardo. *Das tumbas às redes sociais: um estudo sobre a morte e o luto na contemporaneidade*. São Paulo: Benjamin Editorial, 2019

deslocar ao cemitério, nem se encontrar para poder falar sobre os mortos, tampouco "aglomerar" em uma reunião para comungar tristezas e alegrias de uma vinda que findou. O rito fúnebre se deslocou de forma cortante para o campo digital: grupos de *whatsapp* para conversar e moneagear o morto, *streaming* para transmitir o enterro e páginas memoriais no *facebook* para garantir uma escrita para e sobre o morto.

Em um primeiro momento, quando o ponto nevrálgico do flagelo se encontrava na Itália e era uma questão de tempo até sermos atravessados pela potência de morte da doença, escrevi, junto ao jornalista Willian Vieira, que, também pesquisador no assunto e obtuarista, um texto que evocava a função dos jornais em homenagear, através de obituários, os falecidos. Afinal, se os sistemas de gestão da morte estavam colapsados e os funerais e velórios suspensos, tratava-se de uma responsabilidade social contar a história dos mortos, através das "narrativas de vida":

> "Última fronteira do adeus interrompido, o obituário semeia vida. Contar sobre quem se foi auxilia a despedida. Diz Philippe Ariès, em 'O homem diante da morte', que o Ocidente migrou da inscrição na pedra para as tintas do jornal. Hoje, ganha o digital: os enlutados prestam homenagens nas redes, inclusive com obituários. E o rito ganha a dimensão publica vital à despedida dos mortos"[26].

De fato, a própria Folha e diversos outros jornais passaram a publicar a história das vítimas do covid-19, incluindo pessoas comuns, não apenas figuras conhecidas do grande público. Outros projetos reservaram plataformas inteiras para que se publicasse histórias e imagens sobre aqueles que se foram. Porém, tal movimento, agora amplificado, não é exatamente novo. Ao menos desde 1995, os *webmemoriais*, ou cemitérios virtuais, reservam, na internet, espaço para obituários, epitáfios e outras modali-

---

[26] VIEIRA, Willian. GOLDBERG, Leonardo. *Honrar nossos mortos em tempos de exceção*. Folha de São Paulo, 14 de abril de 2020.

dades possíveis para reverenciar os mortos. O *The World Wide Cemetery*[27], por exemplo, funciona em 06 línguas e conta com publicações do mundo todo.

Essa alternativa confere ao nosso tempo uma especificidade bem demarcada de realizar tanto o rito quanto o luto em momentos como este. O hiato imposto pela pandemia evoca, além de uma relação própria com nosso "tempo fora do tempo", uma retomada das teorias sobre o luto na psicanálise. Para além das 'sopas de Wuhan', desses manifestos propositivos que pretendem corresponder ao nosso anseio de delinear um futuro pós-pandêmico e preencher de sentido um acontecimento que sequer cessou, a ideia do presente livro será tentar dizer algo diante das nossas perdas, que além de nos conduzirem ao luto, recheiam o cotidiano de signos da morte, de uma forma análoga ao que talvez Freud tenha experimentado na ascensão das duas grandes guerras e na consumação do holocausto. O efeito disso foram textos sobre a guerra que refletiam sobre vida, morte e luto. Mas, talvez o luto mais difícil que Freud tenha vivido tenha se tratado da perda de Sophie, sua filha levada pela Gripe Espanhola de 1918. Alguns biógrafos estabelecem uma relação de causalidade entre tal perda e o texto "Mais-além do princípio do prazer", que introduz a pulsão de morte ao vocabulário freudiano. No capítulo sobre o luto, tal hipótese é colocada em questão.

A psicanálise não se absteve de teorizar o conceito de morte e de luto. Pelo contrário, Freud abordou intensamente e de diversas maneiras tais tópicos, por exemplo, de uma perspectiva antropológica, em "Totem e Tabu'" (1912-1913)[28], passando por uma romântica, em "A transitoriedade", de 1916[29], até a proposta metapsicológica, em "Luto e Melancolia", de 1917[30]. A aposta

---

[27] The Wolrd Wide Cemetery. Disponível em: <www.cemetery.org>. Acesso em: 08 mar. 2021.

[28] FREUD, S. *Totem e tabu: algumas concordâncias entre a vida psíquica dos homens primitivos e a dos neuróticos*. São Paulo: Penguin Classics, 2013.

[29] FREUD, S. *A transitoriedade (Obras Completas, v. 12)*. São Paulo: Companhia das Letras, 2010.

[30] FREUD, S. *Luto e melancolia*. São Paulo: Cosac Naify, 2014.

romântica, porém, esteve presente de forma invariável nos escritos e correspondências de Freud sobre a morte.

Lacan também se deparou com a função do rito fúnebre, com a ideia de morte e de luto em vários momentos de seu ensino, do início ao afim. Em "função e campo da fala e da linguagem"[31], Lacan assume que o símbolo assassina a coisa, o que enseja no sujeito um desejo que não cessa. Aliás, ele se refere à sepultura como o primeiro símbolo no qual reconheceríamos a humanidade, "e a intermediação da morte se reconhece em qualquer relação em que o homem entra na vida de sua história"[32]. No Seminário 6[33] partindo de uma leitura de Hamlet e voltando a articular luto e desejo, podemos extrair uma verdadeira teoria sobre o luto enquanto paradigma de sua reflexão sobre o objeto perdido. Há diversas outras alusões: a dupla-morte em Antígona, no Seminário 7, a função do rito, no Seminário 10, entre outros.

Um terceiro autor, lacaniano, Jean Allouch se propôs a colocar em questão não somente os extratos teóricos sobre o luto contidos em Freud e Lacan, mas também os colocar em debate com a História da morte[34], representada por Phillipe Ariès. Sua obra "A erótica do luto"[35] retoma e revisa morte e luto conceitualmente e na história da psicanálise. Ao estabelecer uma relação entre o macabro como função de suscitação do desejo no vivente, Allouch coloca em questão também nossos modos de lidar com a ideia da morte e do macabro na contemporaneidade.

Fecha-se uma tríade teórica entre três psicanalistas que foram atravessados pela mesma modalidade de luto: a da perda de um filho. Freud, Lacan e Allouch experimentaram essa perda cortante. Paradigma de um luto talvez irrealizável, aquele que perde um

---

[31] LACAN, J. *Função e campo da fala e da linguagem* IN Lacan, J. Escritos. Rio de Janeiro: Zahar, 2016.
[32] Id. p. 320
[33] LACAN, J. *O seminário, livro 6: o desejo e sua interpretação*. Rio de Janeiro: Zahar, 2016.
[34] ARIÈS, P. *O homem diante da morte*. São Paulo: Editora Unesp, 2014
[35] ALLOUCH, J. *Erótica do luto no tempo da morte seca*. Rio de Janeiro: Companhia de Freud, 2004.

filho não encontra nomeação possível. Nos Estados Unidos, pais enlutados criaram um movimento e cooptaram uma palavra do sânscrito: *Vilomah*, "contra a ordem natural", para que pudessem ser abraçados pela linguagem. Ou seja, nomear, bordear, circunscrever uma sensação tão terrível que compartilhavam em conjunto.

Encontrar palavras, descrever, escrever, inscrever, historiar. A proposta desse texto é poder recapitular e refletir sobre o que podemos dizer, desde a psicanálise, do luto e da morte, e o quanto tais preocupações estiveram no amago da produção psicanalítica, na formulação de conceitos que vão do *objeto* à *transmissão*. A aposta é, a partir do contexto pandêmico, do contexto digital, e, enfim, do que nos toca na cultura e na clínica, pensarmos na História e nas histórias que se inscrevem na historiografia, na cultura e na psicanálise. Afinal, é a História que estabelece nossa relação com o tempo passado, portanto, com os mortos, e permite que os vivos os celebrem através da escrita e da transmissão. Aliás, inscrever a história da psicanálise na História fora uma ocupação constante de Freud.

Em "A história do movimento psicanalítico", estabelecido para tentar definir bem o que é psicanálise e o que não é – refutando possíveis dissidências "em nome de", sobretudo por Jung e Adler – Freud dá uma resposta interessantes aos anúncios da morte da própria psicanálise:

"Pelo menos uma dúzia de vezes durante os últimos anos li em relatórios de congressos e de órgãos científicos, ou em resenhas críticas de certas publicações, que agora a psicanálise está morta, derrotada e eliminada de uma vez por todas. A melhor resposta a isso seria nos termos do telegrama de Mark Twain ao jornalista que publicou a notícia falsa de sua morte: "Informações sobre minha morte muito exagerada". Depois de cada um desses obituários a psicanálise ganhava novos adeptos e colaboradores ou adquiria novos canais de publicidade. Afinal de contas, ser declarado morto é melhor do que ser enterrado em silêncio"[36].

A passagem, "ser declarado morto é melhor do que ser enterrado em silêncio" é, por si só, uma tradução da ideia de que, ao inscrever-se na História, podemos pensar, de certa forma, em uma transmissão eficiente. Os obituários são, portanto, um dos modos de transformar o estatuto do *morto* em estatuto de *escrita*. No texto que se segue, tensionaremos tal ideia com a importância de historiar para organizar espacial e temporalmente um lugar para os mortos e assim honrá-los. Alguns problemas, nessa operação, podem ocasionar a emersão dos fantasmas, "das aparições singulares", das assombrações. Essa é a dinâmica e o problema dos lutos em *Hamlet*, uma constante da obra. Esse é, também, um dos problemas de tentar apagar, riscar, esquecer os mortos vitimados em necropolíticas de Estado e que não ocupam os anais oficiais de determinadas narrativas.

Na ocasião da Pandemia de Covid 2019, as atitudes negacionistas do Governo Federal ressoaram em espirais de mortalidade que também tiveram como consequência lutos complicados. Se as autoridades oficiais negligenciam uma causa da morte, o enlutado deve lidar com uma espécie de dupla-morte: além da dor de perder alguém a dor do não-reconhecimento de causa e por extensão de responsabilidade por parte do Estado.

Por fim, ao refletir sobre nossas mortes e perdas na cultura, na história e na psicanálise, a ideia do texto é também cultivar um campo de pesquisa e de debates e não incorrer em uma prática que – por vezes, comum ao campo psicanalítico – de derivar para uma cartilha moral, forjar uma nova teoria do conhecimento sobre a morte ou prescrever um protocolo "saudável" em relação ao luto. Pelo contrário, desvelar a função do macabro na própria história da psicanálise, a relação entre o macabro e o desejo na

---

[36] FREUD, S. *A história do movimento psicanalítico IN Obras psicológicas completas de Sigmund Freud: edição standart brasileira*. Rio de Janeiro: Imago, 1996, p. 44

cultura e a função da escrita diante do luto são algumas das propostas de abertura presentes nessa empreitada. Abertura que irá ter como fio condutor nossa relação contemporânea com a tecnologia e o campo digital, sobretudo. Soma-se a isso os textos do colega Claudio Akimoto e reflexões importantes sobre a voz e suas implicações na psicanálise, na tecnologia, na historiografia e na cultura.

1.1 CONTEXTO PANDÊMICO

A partir da irrupção da Pandemia de Covid-19, em 2020, muitos textos pululavam nas redes, jornais científicos e populares, interpretando o acontecimento, ainda que a tragédia estivesse apenas começando. É necessário deixar claro que o presente texto não se tratará de futurologia: não desenhará cenários pós-pandêmicos nem proporá novas organizações sociais e pactos de solidariedade diante da crise instalada. Ao invés disso, a ideia aqui será de comentar a irrupção de um contexto pandêmico, algo que atravessou a humanidade inúmeras vezes e inundou a cultura com signos da morte. A partir disso, tensionar nossos ritos fúnebres, luto, morte, na cultura e na história através dos contextos dispostos atualmente. Assim, tentaremos fugir ao máximo de qualquer resquício de *sentido* que poderíamos extrair da Pandemia. Esse é um exercício para o só-depois. É muito complicado, em termos de método, emprestar um sentido e estabelecer a leitura de um acontecimento enquanto ele ainda não cessou. A diferença radical de outras Pandemias para a de Covid em 2019 é justamente a imersão das experiencias cotidianas, incluindo as possibilidades diante do isolamento social, no campo digital. Dessa forma, extrairemos e destacaremos essa novidade e o contexto no qual o sujeito está inserido, fugindo assim de prescrições em relação ao sentido diante do flagelo.

Filósofos e psicanalistas astutos impregnaram o acontecimento com um sentido ensimesmado: em sua irrupção, o vírus fora encarado como um elemento equalizador diante da morte, o que colocaria ricos e pobres em pé de igualdade, em referências que lembravam as imagens da morte e as narrativas escatológicas medievais. Leituras que oscilavam entre teológicas e teleológicas, o *wishful thinking* atravessou alguns dos mais proeminentes filósofos contemporâneos. Houve preocupações legitimas que concerniam às liberdades individuais, mas que recaíram na pormenorização da letalidade do flagelo. Os textos reunidos em "Sopa de Wuhan"[37] são um verdadeiro arquivo para repensarmos na velocidade de produção e o cuidado epistemológico em não reduzir o dizer em futurologia.

Agamben[38], se apressou em denunciar um verdadeiro estado de exceção, que impôs limitações à liberdade e que foram aceitas sob a premissa geral de um desejo de segurança. Amparado nas declarações oficiais do CNR (Conselho Nacional de Pesquisa) italiano, chegou a chamar a epidemia de *invenção*.

Já Zizek elaborou um texto definindo o vírus como um golpe ao capitalismo e propôs que isso poderia conduzir a humanidade na direção de:

> "(...) algum tipo de organização global que possa controlar e regular a economia, assim como limitar a soberania dos estados nacionais quando seja necessário. Os países puderam fazê-lo no contexto da guerra no passado, e todos nós estamos nos aproximando efetivamente a um estado de guerra médica. Ademais, tampouco devemos ter medo de notar alguns efeitos secundários potencialmente benéficos da pandemia"[39].

---

[37] AGAMBEN G, ZIZEK S, NANCY JL, BERARDI F, PETIT SL, BUTLER J, et al. *Sopa de Wuhan: pensamiento contemporáneo en tiempos de pandemias*. ASPO (Aislamiento Social Preventivo y Obligatorio); 2020. Disponível em: <https://bit.ly/sopadewuhan>.
[38] AGAMBEN, G. *La invención de una epidemia* IN Sopa de Wuhan, Organizador: Pablo Amadeo, Editorial: ASPO: março de 2020.
[39] ZIZEK, S. *Coronavirus es un golpe al capitalismo al estilo de 'Kill Bill' y podría conducira la reinvención del comunismo* IN Sopa de Wuhan, Organizador: Pablo Amadeo, Editorial: ASPO: março de 2020, p. 20

Poderíamos levantar vários problemas do argumento, incluindo o fato do qual a maioria dos países testemunha, de que o flagelo, assim como o é costumeiramente, ataca mais os imunodeprimidos, portadores de comorbidades e idosos, além, é claro, das diferenças abissais no tratamento médico entre países de primeiro mundo e países "em desenvolvimento", diferença que se amplifica entre os serviços médicos públicos e privados. Esse argumento chega perto das hipóteses otimistas em relação ao desenvolvimento médico durante as guerras e são efeitos secundários completamente impassíveis de mensuração pois dependem de uma visão retroativa impossível de considerar: "(...) e se não houvesse guerra, teríamos desenvolvido tal medicação?", "não sei" talvez seja a única resposta ética e possível.

Franco Bifo Berardi[40] acabou abrindo um pouco mais o sentido ao conceber duas saídas para a crise: uma na qual a humanidade caminharia para algo mais individualista, agressiva e competitiva; e outra, na qual a solidariedade social, o contato e a igualdade prevaleceriam. Infelizmente ele ignora uma terceira opção no campo dos possíveis: a de que, cessada a Pandemia e seus efeitos deletérios, não houvesse mudanças estruturais ou efeitos tão significativos nos jogos humanos.

O pensador também incorre em um erro de historiografia: a de atribuir a origem da Pandemia enquanto efeito das "condições criadas pelo neoliberalismo, por cortes na saúde pública e por hiper exploração"[41]. A grande história é uma história de epidemias e esse é um dado invariável, se elas preservam continuidades ou aceleram e irrompem em descontinuidades, essa mobilidade/imobilidade poderia ser discutida. Mas é impossível reduzir o conceito genérico de Pandemia e sua origem ainda não rastreada ao tempo histórico e ao modelo econômico vigente.

Podemos encontrar vários fatores que determinam a irrupção de uma infecção, mas localizamos epidemias ao longo de toda

---

[40] BERARDI, F. B. *Crónica de la psicodeflación*, IN Sopa de Wuhan, Organizador: Pablo Amadeo, Editorial: ASPO: março de 2020
[41] Id. p. 54

a grande história. Deveríamos tomar cuidado com o excesso de atribuição de sentido para não atualizar as crenças dos antigos na origem das epidemias através das "maldições divinas" – bem descritas por Ujvari em sua "A história e suas epidemias"[42] – e transpor tais crenças a uma genealogia que localiza no "capitalismo" a origem dos flagelos. Na realidade, se pudéssemos extrair uma consideração amparada no passado recente sobre os vetores que acompanham uma Pandemia, a experiência com a AIDS desvela que sua irrupção não foi acompanhada de nenhuma descontinuidade estrutural, pelo contrário, apenas amplificou de modo intenso nossos modos de exploração contemporâneos:

> "A estimativa da Organização Mundial de Saúde (OMS) para a implantação do controle da Aids, tuberculose e malária no mundo, em meados da década de 1990, era de que se gastariam US$15 bilhões. Uma quantia exorbitante na visão dos países ricos. Mas esse valor se mostrava irrisório quando comparado a duas cifras estimadas em 1995: os US$864 bilhões aplicados na indústria de armamentos militares e o faturamento de US$750 a US$900 bilhões alcançado pelo crime organizado. A ciência e a tecnologia desenvolveram-se exponencialmente no século XX, e a humanidade? O futuro das epidemias por agentes infecciosos conhecidos e por aqueles que ainda estão por surgir dependerá da resposta que daremos a essa pergunta, infelizmente, no futuro"[43].

O uso de irrupções epidêmicas para tensionar nossos discursos políticos e proposições transformadoras pode ser tentador, mas a história demonstra que diante do flagelo é mais comum que o resultado seja homogeneizar populações e perseguir

---

[42] UJVARI, Stefan Cunha. *A história e suas epidemias: a convivência do homem com os microrganismos*. Rio de Janeiro, Senac Rio; São Paulo, Senac São Paulo, 2003. 311p
[43] Id. p. 268

"estrangeiros" que fortalecer nossos pactos de solidariedade. A nomeação do "Vírus Chinês" e todas as notícias falsas que pululalaram na internet sobre um suposto espalhamento proposital do vírus por parte da população asiática é um exemplo que encontra paralelos históricos, ainda que em diferentes proporções.

Em 1348, com a irrupção da Peste Negra, uma notícia falsa se espalhou por toda a Europa, informando que uma conspiração judaica iniciada em Toledo, na Espanha, contou com judeus espalhando veneno para o mundo cristão. Essas "cartas de alerta" culminaram na "confissão sob tortura" e julgamento de judeus em Savóia. O flagelo foi acompanhado da perseguição e ao menos 60 grandes comunidades judaicas na Europa foram subitamente exterminadas[44], um massacre imenso e ilustrativo do poder do uso político do medo diante do não-saber que uma nova doença provoca.

Retomando, o apanhado "Sopa de Wuhan"[45], organizado em ordem cronológica, prossegue ainda em diversos textos que, de uma forma ou outra, de acordo com o caminhar do acontecimento, reposicionam os argumentos iniciais, mas, de maneira geral, oscilam entre o endosso de conceitos dos próprios autores ou previsões sobre o "mundo pós-pandêmico". Um que se sobressalta, porém, é o de Byung-Chul Han[46]: apesar de o título fazer referência ao "mundo de amanhã", o texto é bem direto ao apresentar os paradoxos planetários na lida com o vírus. O filósofo argui sobre adoção, por países asiáticos, de modelos de controle e vigilância eficientes que – sob a tradição autoritária do confucionismo e desprovidos de uma consciência crítica diante da vigilância digital – controlam os corpos de forma intensa. Porém, sob o respaldo da eficiência diante do vírus, esses países se reposicionam no jogo global vendendo um modelo de sinonímia entre eficiência e vigilância.

---

[44] Id.
[45] Op. Cit.
[46] HAN, Byung-Chul. *La emergencia viral y el mundo de mañana* IN Sopa de Wuhan, Organizador: Pablo Amadeo, Editorial: ASPO: março de 2020.

1. O EFEITO PANDÊMICO: TEMPO, TECNOLOGIA E PSICANÁLISE

Mas, ao criticar duramente Zizek, o filósofo também recai para previsões:

"O vírus não vencerá o capitalismo. A revolução viral não chegará a produzir-se. O vírus nos isola e individualiza. Não gera nenhum sentimento coletivo forte. De algum modo, cada um se preocupa somente com sua própria sobrevivência. A solidariedade consistente em manter distancias mútuas não é uma solidariedade que permita sonhar com uma sociedade distinta, mais pacífica, mais justa (...)"[47].

Segue então, uma chamada a nós – "pessoas dotadas de razão" – à luta contra o capitalismo e consequente salvamento do nosso "belo planeta". O problema de tal escrita, propositiva em direção a um universo racionalista, técnico-científico, que aposte na ciência e na solidariedade, são os efeitos de um idealismo relativamente ingênuo e, em última instância, apaziguador.

Muitos outros textos comungam com a ideia de que a irrupção do flagelo é a garantia e o ponto de destruição das hierarquias sociais e divisão de classe. Tal cilada pode servir, com a mesma força imagética das figuras da morte na Idade Média, para apaziguar a insatisfação e o ressentimento das classes menos favorecidas diante do "incontrolável" da morte. A lógica seria mais ou menos assim: "já que iremos todos morrer e que de alguma forma a infecção atinge a todos, logo ela é o elemento equalizador da humanidade, o ponto de igualdade entre classe, gênero, condição social, etnia, idade". Não há problema em tal proposição, mas é importante deixar claro que tais argumentos convertem-se em uma espécie de proposição moral saturada com diversos vícios atemporais.

Além do diagnóstico apressado, a derivação moral nos faz lembrar da função das imagens da morte e da escatologia medieval, recheadas de sentido religioso, em épocas atravessadas pela

---

[47] Id. p. 110

Peste Negra e por crises sanitárias constantes. Huizinga[48] descreve bem a função do macabro e das imagens da morte no século XV. A "morte negra" ainda assolava a Europa e a cultura forjou ética e estética para lidar com os signos da morte. A ética se tratava da lembrança contínua de nossa perecibilidade, através do *memento mori* (lembre-se de que és mortal), e a estética, através das imagens da morte, bem estabelecida em imagens como a *danse macabre*.

Ainda no século XIII, a literatura francesa descreve os três jovens oriundos da nobreza dançando com os três mortos e sendo advertidos de sua mortalidade. A imagem da dança macabra, posteriormente e em sua versão mais famosa, iria, em 1924, cobrir o muro do Cemitério dos Inocentes em Paris. Esta que fora a imagem mais popular da morte na Idade Média recordava seus milhares de visitantes sobre a perecibilidade inerente a todos[49]. Horripilante, assustadora – porém imageticamente familiar – a morte dança sorrindo e de modo estabanado enquanto arrasta o nobre, o bispo, o pobre, o rico, o louco, o trabalhador, enfim, todos os seres, independentemente de suas posições sociais. Tal moral comporta ao menos três sentidos: a glória é sempre perecível; a estética da decomposição do belo; a morte não distingue seu alvo[50]. Moral importante para a manutenção da influência da Igreja: se há desigualdade por aqui, ao menos diante da Morte seremos iguais, incluindo na vida pós morte.

Uma curiosidade: na irrupção da Pandemia de 2020, o *meme* que mais viralizou nas redes sociais reunia imagens dos ritos fúnebres realizados em Gana, sob a batuta de dançarinos que carregavam o caixão nos ombros e realizavam coreografias bastante alegres. A função imagética do macabro também passou a ditar uma estética paradoxalmente alegre. Será que tal imagem diz respeito a uma reação – diante do anúncio de uma Pandemia mortal – para retomar resquícios de uma atitude que só a antiguidade

---

[48] Cf. HUIZINGA, J. *O outono da Idade Média*. São Paulo: Cosac Naify, 2010.
[49] Id.
[50] Id.

vivera, diante da morte "domada"? Apenas o futuro poderá responder. Mas nesse contexto, a internet teve um papel disseminador de ritos fúnebres "não-ocidentais".

O conceito de "morte domada", forjado por Ariès, fora cooptado por muitos autores de forma equívoca, como se a contemporaneidade tivesse "domado" a morte. Mas o historiador é muito claro: "(...) queremos dizer, pelo contrário, que ela se tornou hoje selvagem, enquanto anteriormente não era. A morte mais antiga era domada"[51]. Tal concepção corresponde a muitos fatores da contemporaneidade, incluindo nossa "assepsia" no trato com os moribundos e doentes, o excesso de medicalização, a discrição privada dos ritos fúnebres em detrimento da dimensão pública, o luto muito acelerado e a tentativa de exclusão das imagens da morte nos signos da cultura.

Nessa esteira, as inovações tecnológicas também tiveram um papel protagonista. Porém, através do colapso dos cemitérios e a velocidade com a qual a "logística" fúnebre não dá conta das mortes, somos invadidos imageticamente pela morte, através de suas referências cotidianas. Os espaços destinados à morte continuam em certo "colapso de contexto": as grandes instituições compartilham seu sentido com o da "morte bruta", aquela escancarada e destacada por séries da Netflix. Assim também são os espaços de rito: o religioso compartilha espaço com postagens no Facebook e notas fúnebres nos mais diversos formatos.

Talvez a Pandemia coloque tal noção de "morte selvagem" em xeque, talvez não, mas um evento que promove uma sacudida em nosso *ethos* e em nossas crenças progressistas, racionalistas, cientificas e humanistas, dificilmente passará em branco na história – como quase o passou a Gripe Espanhola de 1918, no entre guerras e pouco historiada no Brasil – incluindo aí seus aspectos psicológicos, políticos e imaginativos. Algumas teses inclusive estabelecem uma relação de causalidade entre grandes

---

[51] ARIÈS, P. *O homem diante da morte*. São Paulo: Editora Unesp, 2014, p. 37.

acontecimentos pandêmicos e uma determinada noção de homem enquanto efeito de tal irrupção.

Franz Renggli[52], um zoólogo (não ao acaso) que deslocou seu interesse à psicoterapia, estabelece toda uma rede causal entre uma suposta quebra na relação mãe-bebê nos séculos XIII ao XV, demonstrada por pinturas italianas e holandesas da época, e as milhares de vítimas da Peste Negra. Portanto, se trataria de uma crise que teria devastado o "sistema psico-imunológico" europeu para lidar com "morte negra", também em voga. Esse é o pano de fundo de suas teorias psicossomáticas, baseadas na "psicoimunidade" própria de uma época. No fundo, sua tese comporta uma prescrição moralista que contrapõe força e fraqueza psíquica e responsabiliza todo o cuidado materno de um período histórico baseado numa pretensa história das imagens.

Sloterdijk[53] concebe a reação florentina diante do arrebatamento causado pela Peste Negra como uma espécie de paralisia, que ele nomeia de "Peste Psíquica". É na obra de Bocaccio, *Decamerão*, que o filósofo localiza uma resposta alegre e eficiente ao flagelo: a obra inicia com a irrupção da peste e todas as suas mazelas e se desenvolve a partir de uma reorganização "política" realizada por um pequeno grupo, que comunga histórias, e no qual cada um de seus membros pode falar e ser escutado, enfim, o que caracteriza uma espécie de prática política de cuidado e, portanto, uma regeneração diante da desorganização política, social e psíquica imposta pela doença e seus efeitos.

Entretanto, deveríamos conceber a tese de Sloterdijk[54] de forma metafórica, como uma proposição estratégica diante da desorganização do Grande. Ou seja, uma saída através da reorganização político-social em pequenos grupos de reconhecimento mútuo entre seus participes.

---

[52] RENGGLI, F. *Self-destruction out of loneliness*. Disponível em: <http://www.franz-renggli.ch/en/buch2.html>. Acessado e:m 09mai. 2020.
[53] SLOTERDIJK, Peter. *No mesmo barco: ensaio sobre hiperpolítica*. Trad. Cláudia Cavalcante. São Paulo: Estação Liberdade, 1999
[54] Id.

1. O EFEITO PANDÊMICO: TEMPO, TECNOLOGIA E PSICANÁLISE

Por fim, vale retomar uma metáfora que Lacan realiza sobre as epidemias enquanto metáfora da história: "O que se chama de história é a história das epidemias. O Império Romano, por exemplo, é uma epidemia. O cristianismo é uma epidemia (...) A psicanálise também é uma epidemia"[55]. Lacan se encontrava em Yale e discutia com Lucille Ritvo sobre a relação entre psicanálise e historiografia. Mais à frente, discutiremos sobre o quanto essa concepção de historiografia diz respeito à nossa relação com os mortos e com uma história que se estabelece e "organiza" o tempo através da escrita.

Lacan é muito claro sobre a dimensão da escrita quando pensa na história "(...) O que não pode ser certificado por escrito não pode ser considerado como história"[56]. E prossegue definindo a história em sua relação com os registros: "[A história] É um tipo especial de simbólico, um simbólico que une o real através da escrita"[57]. No capítulo sobre historiografia e arrumação do tempo farei uma reflexão mais abrangente sobre a relação entre história e psicanálise.

O que fica como abertura, como questão, é justamente o que se escreve a partir de uma irrupção epidêmica: mais do que inferir sobre as acelerações tecnológicas e nossas transformações sociais, culturais e éticas no que se refere à técnica atual e nossos modos próprios de subjetivação – tudo o que provavelmente será respondido com o tempo e que já correspondia a um movimento que precedia tal irrupção – talvez seja mais interessante refletirmos sobre nossas atitudes diante da perda, da morte, que diz respeito à mobilidade técnica e que inclui nossos ritos fúnebres e uma lida com a memória e o arquivo do morto também na internet, além de revisitar o que a psicanálise tem a dizer sobre a morte e o luto na atualidade e coloca-la em diálogo com o campo digital e novos paradigmas do luto.

---

[55] DENEZ, Frederico; VOLACO, Gustavo Capobianco (Orgs.). *Lacan in North Armerica*. Porto Alegre, RS: Editora Fi, 2016.
[56] Id. p. 32
[57] Id. Ibid.

Allouch, sobre a morte e o luto em psicanálise, empreendeu tal esforço em 2004 e, além de estabelecer uma teoria sobre o luto em psicanálise, retomou o espaço no qual a História da Morte, através de Ariès, delegou para a psicanálise, no tema, a do luto e da lida *romântica* com a morte, sobretudo em Freud.

Antes de iniciar tal mergulho e pensar em uma cartografia própria da Psicanálise em relação ao luto e a morte, e depois sobre a historiografia, faremos um breve comentário sobre um tipo específico de mediação simbólica que a atualidade comporta, a do campo digital. Após a irrupção da Pandemia, discussões sobre a possibilidade de levar uma análise adiante de forma remota, através da mediação digital, atravessaram universidades e instituições psicanalíticas.

Se, por um lado, uma parte dos analistas acredita que onde existe a possibilidade de falar e de ser escutado de forma sincrônica, pode existir uma análise; por outro lado, a ideia da falta de uma presença (física), que alguns analistas insistem em equivalê-la à presença do corpo físico, biológico, poderia impossibilitar uma análise. Essa discussão é mais elaborada no capítulo em coautoria com Claudio Akimoto sobre a possibilidade de uma análise *online*.

Portanto, destaquemos aspectos próprios e conceitos relativos ao *campo digital* que podem ser interessantes para pensarmos a psicanálise e o momento atual, inclusive porque a mediação digital tem servido como órtese, substituindo – nos casos em que as pessoas não podem realizar seus ritos fúnebres e funerais – a presença física com o cadáver por transmissões ao vivo e obituários escritos em memoriais na internet ou nas redes sociais. A relação entre tecnologia e psicanálise, sobretudo no campo denominado de Cibernética é intensa e podemos situá-la na História de ambos os campos, a partir de influências e práticas reciprocas. Pensar o sujeito na era digital de forma rigorosa é também tentar estabelecer, bordear e nomear um campo, quando em geral os psicanalistas tendem a escamotear tal reflexão como externa da psicanálise. Veremos o quanto a tecnologia, incluindo o Campo Digital, se localiza também no interior da história e dos conceitos psicanalíticos.

1.2 CONTEXTO DIGITAL

Façamos um breve aporte histórico para entender o momento técnico atual, suas influências históricas e o quanto o campo digital, que encontra seu auge na internet, fora também influenciado por paradigmas que entraram, em sua genealogia, em diálogo direto com a psicanálise.

É impossível pensarmos uma época sem uma determinada noção ou advento de verdade, costumeiramente atrelada à tecnologia vigente. As tecnologias forjam e são forjadas por uma relação intensa e intrínseca com a episteme disposta em determinado momento histórico. Mas, mais que uma relação dual de influências reciprocas, autores como Kittler[58] destacam mudanças lógicas e estruturais a partir das transformações da mídia.

Portanto, se pudermos pensar em uma história do ser[59], esta não poderia, de forma alguma, prescindir de uma história das mídias. Uma ressalva: a ideia de uma história do ser poderia se desdobrar em uma incursão conceitual sobre ontohistória e o *Gestell*, a técnica, em Heidegger. Furtar-nos-emos de tal discussão para simplesmente destacar a importância de localizar a técnica e consequentemente a tecnologia, na história, na tradição e na genealogia da própria psicanálise.

Os efeitos da tecnologia ressoam em todas as ciências: Freud testemunha, na Sapetriére, o "arco histérico" – o arqueamento dos corpos que adotam tal formato a partir de uma impulsão pélvica – desencadeado não apenas pelo bastão ou pela presença de Charcot, mas pelas lentes de uma câmera *Rolleiflex*. Também não ao acaso, Albert Londe, o mecânico de Charcot, fora o criador de tal câmera, e um dos precursores da fotografia psiquiátrica.

---

[58] KITTLER, F. *A verdade do mundo técnico: ensaios sobre a genealogia da atualidade.* Organização Hans Ulrich Gumbrecht. Rio de Janeiro: Contraponto, 2017.
[59] A relação entre a história das mídias e uma história do ser aparece na obra de Kittler, profundamente influenciado por uma ontohistória heideggeriana. A direção de um "autodesvelameto do ser", em confluência com a técnica eletrônica, é mapeada por Gumbrecht no posfácio de tal obra. Cf. Gumbrecht, Hans Ulrich. A história das mídias como evento da verdade IN Kittler, op. Cit.

Tal detalhe, as histéricas fotografadas por fotografias instantâneas, é deixado de lado por Freud: "(...) A cena primordial de Freud – seu ano na Salpetriere – foi recalcada com sucesso"[60].

O monumental trabalho de Didi-Huberman em historicizar a relação do Dr. Charcot com a iconografia fotográfica na Salpêtrière desvela bem o ânimo da psiquiatria com a chegada do registro fotográfico:

> "(...) posso falar aqui numa verdadeira gamação [engouement] pela fotografia, para recorrer à dubiedade intima desse termo, pois dizer que a psiquiatria apenas se apaixonou pela fotografia estaria certo, é claro, mas não daria conta da profunda complexidade do fenômeno"[61].

Portanto, tal fascinação pelas imagens oriundas da câmera fotográfica levou a um verdadeiro serviço fotográfico na Salpêtrière. Seu uso, pelo Dr. Charcot, obedeceu ao menos a três categorias extraídas por Didi-Huberman: enquanto arquivo científico, instrumento laboratorial e instrumento de transmissão[62]

Sobre a técnica vigente, desde a perspectiva social, Freud escreve a partir de uma cultura imbricada na leitura energética do mundo, e isso fica claro quando pensamos no aparelho psíquico e na máquina à vapor.

Lacan também não esteve alheio às transformações tecnológicas e aos largos passos dados pelos teóricos da Cibernética. Quando pensa o sujeito da psicanálise enquanto o sujeito da ciência, este é efeito também de toda uma tradição demarcada pela busca da reprodução, através da tecnologia, do pensamento humano através das máquinas. Afinal, a chamada Época Clássica da Inteligência Artificial, que acontecera entre 1956-1970, objetivava

---

[60] Id. p. 137
[61] DIDI-HUBERMAN, Georges. *Invenção da histeria: Charcot e a iconografia fotográfica da Salpêtriere*. Traduçãode Vera Ribeiro. Rio de Janeiro: Contraponto, 1953, p. 69.
[62] Id. Ibid.

1. O EFEITO PANDÊMICO: TEMPO, TECNOLOGIA E PSICANÁLISE

a resolução de qualquer problema através de programas computacionais, simulando assim a inteligência humana. A referência de Lacan à Cibernética fora bem intensa em seus seminários iniciais., mas encontramos passagens ao longo de todo seu ensino que fazem alusões à máquina.

Contextualizando: o projeto que implementaria a primeira rede de computadores foi bastante influenciado por fundadores do movimento cibernético. Joseph Licklider, um dos principais impulsionadores do projeto ARPANET, que levaria ao estabelecimento da primeira rede física de computadores, era um aluno animado e aplicado de Norbert Wiener. Licklider adotou um conceito de interação que permitia encarar os computadores como sistemas abertos e à serviço de um ideal comunicacional semelhante à de Wiener, e assim pôde instrumentalizar a comunicação entre homens através do computador[63].

Apesar disso, quando a ARPANET foi levada a cabo nos anos 60, o objetivo de Charles Taylor era simplesmente economizar através de uma arquitetura de rede que utilizasse uma mesma máquina. Mas é importante pensar nessa influência da cibernética nas teorias da informação: o ideal comunicativo de Wiener tinha a ver mais com pensar nas novas máquinas processadoras simbólicas da informação como sistemas abertos à serviço da comunicação entre os homens do que como projetos de inteligência artificial integral[64]. Ou seja, dizia mais respeito à comunicação decentralizada dos seres humanos que ao estabelecimento de um sistema fechado orientado para produzir ou reproduzir sujeitos ou diminuir custos. A referência de Wiener, de suas máquinas simbólicas, está profundamente presente no Seminário 2 de Lacan.

---

[63] ROSA, António Machuco. As origens históricas da Internet: uma comparação com a origem dos meios clássicos de comunicação ponto a ponto. *Estudos em Comunicação* nº 11, 95-123, Maio de 2012.
[64] Id.

Lacan[65], quando pensa no fenômeno da consciência, faz uma ilustração do inconsciente como se tratasse de um funcionamento maquinico se pudéssemos pensar em uma situação na qual a consciência fosse suspensa. Ele nos impele a imaginar em um mundo – o dele, provido das máquinas fotográficas e dos registros dos acontecimentos cotidianos automáticos – no qual os seres humanos, de uma hora para outra, desaparecessem da Terra. Entretanto, as máquinas fotográficas, entre outras – incluindo os sensores fotoelétricos – continuariam registrando os acontecimentos da terra apartada dos seres humanos: imagens, explosões, temperaturas, séries, trepidações.

A questão que Lacan[66] coloca e a ilustração que está em jogo é a seguinte: bem, se os seres humanos voltassem então para a terra, o que ficaria do sujeito aí? Se o *mim* (que aqui adota a posição de consciência do eu, eu do pensamento, *moi*) pudesse ser pensado de forma suspensa, então algo maquinico continuaria a registrar, escrever, de forma automática, e algo do sujeito do inconsciente (Je) está implicado nesse jogo simbólico: "(...)não, não há sombra de *mim* na câmera. Mas, no entanto, admitirei de bom grado que [eu][67] está nisto, não na câmera"[68]. Nesse período de seu ensino ele define justamente o mundo simbólico como o mundo da máquina, porém com total dimensão de que é definitivamente a noção de sujeito que impede pensarmos o humano como máquina:

> "(...) para que o sujeito humano aparecesse seria preciso que a máquina, nas informações que ela fornece, se contasse ela mesma como uma unidade entre as outras. E é justamente a única coisa que ela não pode fazer. Para que ela mesma possa contar-se, seria preciso que não fosse mais

---

[65] LACAN, J. *O seminário, livro 2: o eu na teoria de Freud e na técnica da psicanálise*. Rio de Janeiro: Zahar, 2010.
[66] Id. Ibid.
[67] Aqui, o sujeito do inconsciente.
[68] Id. p. 69

1. O EFEITO PANDÊMICO: TEMPO, TECNOLOGIA E PSICANÁLISE

a máquina que é, pois pode-se fazer tudo, salvo fazer com que uma máquina se adicione ela mesma como elemento num cálculo"[69].

O que difere a máquina do ser humano seria justamente a capacidade de se incluir no cálculo: mas incluir o sujeito no cálculo produz um efeito em toda a cadeia que Miller define como a lógica do significante. Quando Lacan se refere diretamente a Wiener e a Cibernética, o faz descrevendo a lógica segundo a qual qualquer informação pode ser traduzida em 0 ou 1, princípio básico da linguagem de máquina. Lacan parece até ter precedido a ideia de computadores portáteis – "(...) Falei-lhes da convergência do processo todo em direção a um símbolo binário, em direção ao fato de qualquer coisa poder inscrever-se em termos de 0 e de 1. O que mais é preciso para que algo que denominamos cibernética apareça no mundo?"[70].

O que muda completamente da lógica de máquina para a lógica do significante é justamente a introdução do sujeito, que na sequência numérica é introduzido a partir do momento em que o 0 é inscrito, na cadeia, e permanece como algo recalcado, mas que reivindica, insiste. Tal ideia já se desvela nesse momento em que Lacan está dialogando diretamente com a cibernética:

"(...) O homem se acha metido, seu ser todo, na procissão dos números, num primitivo simbolismo que se distingue das representações imaginarias. É no meio disto que algo do homem tem de fazer-se reconhecer. Mas o que tem de fazer-se reconhecer não está expresso, nos ensina Freud, porém recalcado. O que numa máquina não advém a tempo, cai simplesmente e não reivindica nada. Não é a mesma coisa no homem, a escansão está viva, e o que não adveio a tempo permanece suspenso. É disto que se trata no recalque. Decerto, algo que não é expresso não existe.

---
[69] Id. p. 73
[70] Id. 405

Mas o recalcado está sempre aí, insistindo, e pedindo para ser (...)"[71].

Quando Miller propõe-se a organizar uma lógica própria da psicanálise lacaniana – a lógica do significante – em seu texto sobre a sutura, ainda em 1979, ele sintetiza de tal forma a sequência numérica – que não consegue contar a si própria – e sua diferença pela introdução do sujeito, através da inscrição do o (ausência) na cadeia. Onde falta o objeto e, portanto, há ausência, há falta, é preciso escrever o o, figurar o espaço vazio. Mas ao incluirmos o o, há um deslocamento, e o o se contaria como 1 e daí em diante n+1. De alguma forma, aqui entra a questão do sujeito que o discurso da lógica tentaria excluir, o que praticamente traduz Lacan em sua referência à diferença da máquina e do ser humano:

"O objeto impossível, que o discurso da lógica convoca como o não idêntico a si e rejeita como negativo puro, que ele convoca e rejeita para se constituir como o que ele é, que ele convoca e rejeita sem querer saber dele para nada, chamamos-lhe nós, na medida em que ele funciona como excesso operante na sequência dos números, o sujeito. A sua exclusão para fora do discurso que interiormente ele produz: sutura"[72].

Portanto, diferentemente da máquina, que sutura, na lógica do significante, se pensamos o traço enquanto significante, ao se transformar em número enquanto significado, toda sequência é determinada pela inclusão escrita da ausência, o, que ressoa em cada número (nome) como um excesso operante. Na cadeia, tal excesso é diluído e "expulso de seu campo", assim poderíamos definir o sujeito, na cadeia, como a "possibilidade de um

---

[71] Id. p. 414
[72] MILLER, J. A. *A sutura: elementos da lógica do significante* IN Estruturalismo: antologia de textos teóricos. São Paulo, Martins fontes, 1979, p. 221.

1. O EFEITO PANDÊMICO: TEMPO, TECNOLOGIA E PSICANÁLISE

significante a mais"[73]. A estrutura do sujeito, que Miller define como "percussão em eclipse" seguiria um movimento que abre e fecha o número e o abole em seu sucessor (0, (0+1) = 1, (0+1) = 2, (0+1) = 3, (0+1) = 4, ... n.

Isso deixa muito claro a ideia de que só podemos definir o sujeito em uma relação com o significante de forma circular, e não recíproca: Se o sujeito é efeito do significante e o significante representa o sujeito, ele só o pode representá-lo para outro significante: por isso a máxima de que um sujeito representa um significante para outro significante e não de que um sujeito representa um significante para outro sujeito.

Esse é o movimento que não se fecha, diferentemente do de máquina, "(...) o que numa máquina não advém a tempo, cai simplesmente e não reivindica nada"[74]. Talvez daí advenha a dificuldade da máquina em simular a linguagem humana: no código puro não há sujeito, não há esse excesso operante que insiste em reivindicar uma posição na cadeia, apesar de nunca a ocupar de modo "inteiro".

Tal discussão pode se enveredar para várias digressões, incluindo as tentativas de formalizar uma lógica da psicanálise, ou melhor, uma lógica não clássica subjacente ao inconsciente, ao sonho, ao ato falho ao chiste, enfim, ao próprio discurso analítico. É assim que o lógico Newton da Costa, em diálogo com a teoria lacaniana e em permanente interlocução com a psicanálise brasileira, por exemplo, pensou a lógica paraconsistente a partir da psicanálise: "(...) se eu, no sonho, estou e não estou triste, não posso asseverar que isso está errado, que minha negação não é negação porque não está de acordo com a lógica clássica. Parece mais correto admitir que minha negação não é clássica, é paraconsistente"[75]. Acontece que a própria ideia de inconsciente, ainda que adotado em um sentido estritamente freudiano,

---

[73] Id. p. 223
[74] LACAN, op. Cit.
[75] COSTA, Newton da.*Freud, A negação*. Tradução de Marilene Carone. Cosac Naify: São Paulo, 2014.

já coloca em questão o princípio da não contradição, o que fica muito claro nas construções de casos, nas formações inconscientes e no texto "A negação"[76].

O problema da contradição também é caro à Inteligência Artificial. Para melhorar dispositivos de automatização de raciocínio e resolver problemas complexos que não seriam resolvidos apenas com a admissão de valores *verdadeiro* ou *falso*, os programadores utilizam a lógica nebulosa, ou difusa (*fuzzy logic*), pensada por Zadeh em 1965. Tal logica propõe que entre o 0.0 (sem chance de ocorrer) e o 1.0 (certeza absoluta de ocorrer), sejam usados vários valores que poderíamos nomear de valores de indecisão entre o *verdadeiro* ou *falso*. Esse recurso aproximativo, ainda que oriundo da lógica clássica, transforma a linguagem da programação em algo mais aproximado da humana. Basicamente, na teoria clássica dos conjuntos, ou é verdadeiro que um elemento pertença a um conjunto ou é falso. A *fuzzificação* implica que um elemento, ao invés de pertencer ou não a um determinado conjunto, tenha algum grau de pertinência a ele[77]. Ou seja, trata-se então de gradação.

Ao incluir vários estados de verdade entre *verdadeiro* e *falso*, os sistemas nebulosos incluem vários estados de verdade entre o e 1, o que transforma a linguagem de máquina em algo mais aproximado da linguagem humana. Esse é um exemplo interessante do empreendimento realizado pela lógica da programação para se aproximar da comunicação humana. Ainda assim, tal operação está radicalmente distante do que Miller descreveu como a lógica própria da psicanálise, pensando o sujeito como excesso operante na cadeia dos significantes.

Tampouco a linguagem de máquina teria colocado em xeque de forma tão direta o princípio da contradição como Freud o

---

[76] FREUD, S. *A negação*. Tradução de Marilene Carone. Cosac Naify: São Paulo, 2014.
[77] ARTERO, Almir Olviette. *Inteligência Artificial: teoria e prática*. São Paulo: Editora Livraria da Fisíca, 2009.

fez em "A negação"[78]. Mas esse capítulo não visa tratar exaustivamente o diálogo entre Lacan e a Cibernética e, portanto, a articulação da psicanálise com a lógica moderna. Tal empreendimento é realizado por diversos pesquisadores brasileiros e está presente nos mais importantes conceitos lacanianos: no gozo, na lógica do fantasma, no grande Outro como o agente externo que empresta consistência á determinado conjunto e portanto é impossível haver um Outro do Outro, nas formulas da sexuação, na lógica do fantasma (ou o fantasma enquanto lógica), no objeto *a* e na teoria dos discursos. O estabelecimento, as torções e as viradas lacanianas se dão em contato permanente com a lógicamoderna.

Enfim, tal subcapítulo objetivou esclarecer as intersecções, diálogos e diferenças entre a psicanálise e a Cibernética e sobretudo como a tecnologia esteve, enquanto determinante também da ciência moderna, imbricada nas reflexões conceituais e práticas da psicanálise. Essa retomada é importante pois com a irrupção da Pandemia de 2020, muitas discussões emergiram sobre os atendimentos *online* e o papel da tecnologia na intermediação instantânea e, portanto, sincrônica entre o analista e do analisante.

Nesse sentido, trabalhos que sustentavam teses obsoletas sobre o papel do "corpo", como se a psicanálise se referisse ao corpo biológico, pululuram no campo psicanalítico, esvaziando completamente o histórico de influências reciprocas, esvaziando completamente o fato de que o corpo em psicanálise só é possível ser pensado enquanto efeito da entrada na linguagem e, portanto, atravessado, marcado, efeito de um só-depois do significante. E, do lado da Cibernética, a abertura da mais importante obra de Norbert Wiener deixa clara tal importância. Ao comentar sobre a teoria da tendência à entropia em Gibbs, Wiener realiza uma analogia:

"Esse reconhecimento de um elemento de determinismo incompleto, de quase irracionalidade, no mundo, é, de certo

---

[78] Op. Cit.

modo, análogo à admissão freudiana de um profundo componente irracional na conduta e no pensamento humano (...) no reconhecer um elemento fundamental de acaso na textura do próprio universo, esses homens estão próximos um do outro"[79].

Portanto, Lacan, leitor e comentador de Wiener. Wiener, leitor e comentador de Freud. Há uma tradição que é cara à ambas as disciplinas. Devemos então, e a partir dela, tecer comentários, críticas e ponderações. A crítica costumaz de "redução de corpo" no campo digital é geralmente atrelada a certo conservadorismo nostálgico que apela para um "antes" diante das novidades tecnológicas. Tal crítica também incorre na atitude de ignorar campos epistêmicos: o da comunicação ou, com mais rigor, o da midiologia, para cooptar o esforço de Regis Debray em circunscrever um campo das mídias.

Para Debray[80], é muito mais perigoso encarar a técnica como uma espécie de "desnaturação, desumanização, perda do autêntico" – derivações discursivas do pecado e da "Queda" – do que assumir e pensar a cultura a partir da técnica. E então a técnica, como força motriz e chave para a hominização e descolamento dos seres falantes de uma programação genética típica da zoologia.

Levar em consideração tal situação da técnica e da tecnologia é urgente para debatermos temas como o atendimento *online* ou mesmo a influência da tecnologia nas identidades, identificações e modalidades contemporâneas de sofrimento, e não recairmos em considerações retrogradas, "assustadas" ou pior, moralistas, diante das novidades tecnológicas. No capítulo sobre atendimento *online* fazemos considerações mais precisas dessa variante da técnica analítica na clínica contemporânea.

---

[79] WIENER, Norbert. *Cibernética e Sociedade: o uso humano de seres humanos*. São Paulo: Editora Cultrix, 1954, p. 13.
[80] DEBRAY, Regis. *Manifestos Midiológicos*. Tradução de Guilherme João de Freitas Teixeira. Petrópolis, RJ: Vozes, 1995, p. 150.

REFERÊNCIAS

AGAMBEN G, ZIZEK S, NANCY JL, BERARDI F, PETIT SL, BUTLER J, et al. *Sopa de Wuhan: pensamiento contemporáneo en tiempos de pandemias*. ASPO (Aislamiento Social Preventivo y Obligatorio); 2020. Disponível em: <https://bit.ly/sopadewuhan>. Acesso em: 11 mar. 2021.

AGAMBEN, G. *La invención de una epidemia* IN Sopa de Wuhan, Organizador: Pablo Amadeo, Editorial: ASPO: março de 2020.

ALLOUCH, J. *Erótica do luto no tempo da morte seca*. Rio de Janeiro: Companhia de Freud, 2004.

ARIÈS, P. *O homem diante da morte*. São Paulo: Editora Unesp, 2014.

ARTERO, Almir Olviette. *Inteligência Artificial: teoria e prática*. São Paulo: Editora Livraria da Fisíca, 2009.

BERARDI, F. B. *Crónica de la psicodeflación*, IN Sopa de Wuhan, Organizador: Pablo Amadeo, Editorial: ASPO: março de 2020.

DEBRAY, Regis. *Manifestos Midiológicos*. Tradução de Guilherme João de Freitas Teixeira. Petrópolis, RJ: Vozes, 1995.

DENEZ, Frederico; VOLACO, Gustavo Capobianco (Orgs.). *Lacan in North Armerica*. Porto Alegre, RS: Editora Fi, 2016.DIDI-HUBERMAN, Georges. *Invenção da histeria: Charcot e a iconografia fotográfica da Salpêtriere*. Tradução de Vera Ribeiro. Rio de Janeiro: Contraponto, 1953

EIRE, C. *Uma breve história da eternidade*. São Paulo: Três Estrelas, 2013

FREUD, S. *Totem e tabu: algumas concordâncias entre a vida psíquica dos homens primitivos e a dos neuróticos*. São Paulo: Penguin Classics, 2013

FREUD, S. *A história do movimento psicanalítico* IN Obras psicológicas completas de Sigmund Freud: edição standart brasileira. Rio de Janeiro: Imago, 1996

FREUD, S. *A transitoriedade (Obras Completas, v. 12)*. São Paulo: Companhia das Letras, 2010.

FREUD, S. *Luto e melancolia*. São Paulo: Cosac Naify, 2014

FREUD, S. *A negação* Tradução de Marilene Carone. Cosac Naify: São Paulo, 2014.

GOLDBERG, Leonardo. *Das tumbas às redes sociais: um estudo sobre a morte e o luto na contemporaneidade*. São Paulo: Benjamin Editorial, 2019

HAN, Byung-Chul. *La emergencia viral y el mundo de mañana* IN Sopa de Wuhan, Organizador: Pablo Amadeo, Editorial: ASPO: março de 2020

HUIZINGA, J. *O outono da Idade Média*. São Paulo: Cosac Naify, 2010

KITTLER, F. *A verdade do mundo técnico: ensaios sobre a genealogia da atualidade*. Organização Hans Ulrich Gumbrecht. Rio de Janeiro: Contraponto, 2017.

LACAN, J. *Função e campo da fala e da linguagem* IN Lacan, J. Escritos. Rio de Janeiro: Zahar, 2016.

LACAN, J. *O seminário, livro 2: o eu na teoria de Freud e na técnica da psicanálise*. Rio de Janeiro: Zahar, 2010.

LACAN, J.*O seminário, livro 6: o desejo e sua interpretação*. Rio de Janeiro: Zahar, 2016.

MILLER, J. A. *A sutura: elementos da lógica do significante* IN Estruturalismo: antologia de textos teóricos. São Paulo, Martins fontes, 1979.

MILLER, J. A. *El partenaire-síntoma*. 1 ed. Buenos Aires: Paidos, 2008

origem dos meios clássicos de comunicação ponto a ponto. *Estudos em Comunicação* nº 11, 95-123, Maio de 2012

RENGGLI, F. *Self-destruction out of loneliness*. Disponível em: <http://www.franz-renggli.ch/en/buch2.html>. Acesso em: 09 mai. 2020.

ROSA, António Machuco. As origens históricas da Internet: uma comparação com a

SLOTERDIJK, Peter. *No mesmo barco: ensaio sobre hiperpolítica*. Trad. Cláudia Cavalcante. São Paulo: Estação Liberdade, 1999

UJVARI, Stefan Cunha – *A história e suas epidemias. A convivência do homem com os microrganismos*. Rio de Janeiro, Senac Rio; São Paulo, Senac São Paulo, 2003. 311p.

VIEIRA, Willian. GOLDBERG, Leonardo. *Honrar nossos mortos em tempos de exceção*. Folha de São Paulo, 14 de abril de 2020.

WIENER, N. *Cibernética e sociedade: o uso humano de seres humanos*. São Paulo: Cultrix, 1968

ZIZEK, S. *Coronavirus es un golpe al capitalismo al estilo de 'Kill Bill' y podría conducira la reinvención del comunismo* IN Sopa de Wuhan, Organizador: Pablo Amadeo, Editorial: ASPO: março de 2020.

2. O LUGAR DO SUJEITO NA ARQUITETURA DIGITAL

CLAUDIO AKIMOTO

No capítulo anterior, pudemos então trazer um primeiro índice de diferenciação entre o sujeito humano e a máquina, partindo de Lacan, com a ideia do sujeito como aquele que se conta, em sua dupla acepção: como aquele que realiza uma contagem, um cálculo, no qual se inclui, tanto quanto como aquele que, por essa contagem, é capaz de se narrar, se historicizar, se incluir no fluxo da história humana. Movimentos esses que, ao menos a princípio, seriam impossíveis para uma máquina.

Indicamos também a proposta, a ser sustentada nessas páginas, de pensar a tecnologia não como mero objeto de uso do humano, e, muito menos, pensar o advento da tecnologia como alguma espécie de queda, desvio ou degradação da pureza da condição humana e de sua essência corporal ou sensível. Propomos abordar a técnica e a tecnologia, então, em sua dinâmica histórica, até mesmo como força motriz do movimento do humano e de sua escrita no tempo, tanto quanto pela possibilidade de sua transmissão entre gerações.

Tais premissas, porém, são mais facilmente enunciadas do que demonstradas e sustentadas. A relação do sujeito com a máquina, assim como o papel da tecnologia em sua relação com a história, é composta por uma rede de relações mais complicadas do que algo que se possa apreender em uma simples tacada. Em um atual momento de aceleração tecnológica nunca antes vista, propaga-se um contexto de crescente instabilidade, insegurança e incerteza, com abalo de estruturas simbólicas e matrizes de pensamento longamente estabelecidas. No mesmo ímpeto desse avanço nas descobertas tecnológicas, vemos também o crescente uso dessas tecnologias em nosso cotidiano, – com sua inserção acelerada de modo ainda mais decisivo pelo contexto da pandemia e das medidas de isolamento social – mas não apenas seu uso, como também um aumento exponencial da presença da tecnologia como temática nas pesquisas, nos debates, na cultura, nas fantasias e no imaginário social. Mais do que nunca se pesquisa, se fala, se discute e se investiga o papel e os efeitos das tecnologias sobre o humano e os rumos da civilização, nos mais diversos campos do saber.

Diante de tanta produção sobre o tema, temos a Psicanálise em uma paradoxal posição: de um lado, a ainda presente resistência em se abordar os impactos e novidades decorrentes do avanço tecnológico sobre a teoria e a prática do psicanalista e, de outro lado, o desafio de poder ainda encontrar uma entrada possível de abordagem desse tema, pelo viés psicanalítico? Em um contexto em que, também como efeito das redes sociais e do discurso capitalista, cada vez mais vemos a figura do psicanalista midiático, aquele que se supõe habilitado – tanto quanto se vê compelido – a ter o que dizer sobre todo e qualquer assunto, opinando sobre todo e qualquer tema que atravesse seu caminho, muitas vezes em detrimento do rigor e compromisso ético implicados na sustentação da psicanálise, como podemos ainda, pela Psicanálise, conduzir uma investigação que possa estar a altura da complexidade e do rigor investigativo que a Psicanálise propõe e que um campo como o da tecnologia exige[81]?

---

[81] Nesse sentido, o contexto pandêmico foi capaz de ilustrar uma sintomática degradação do pensar psicanalítico. Em um momento em que, por conta das medidas de isolamento, o mundo se vê imerso de modo radical nas telas dos dispositivos digitais, assistimos a proliferação de *lives* de psicanalistas sobre esse cenário, mas, no mais das vezes, com perspectivas míopes, se limitando a discutir questões meramente procedimentais (como o debate sobre ligar ou desligar a câmera no atendimento *online*), e reforçando velhos preconceitos metafísicos sobre as noções de corpo, olhar, voz, presença, dentre outros. Tais espetáculos

2. O LUGAR DO SUJEITO NA ARQUITETURA DIGITAL

Mais do que soluções rápidas e respostas prontas, genéricas, sobre os problemas em tela, buscaremos aqui, pela Psicanálise, buscar indicar as vias e rachaduras pelas quais, nesse contexto de crescente massificação e digitalização, pode-se ainda encontrar algo da ordem do sujeito e que possa interessar ao psicanalista. Daí extraímos uma primeira questão que irá nos nortear: onde está o sujeito na atual expansão do campo digital?

Seria fácil ceder a leituras que simplesmente se demitem de enfrentar esse problema, ao traçar uma distinção radical, em que o mundo digital, dominado, por exemplo, pelo imaginário, pelas imagens, pelo narcisismo, pelo gozo, compareceria então como pleno desaparecimento e desimplicação do sujeito. O verdadeiro sujeito seria aquele do "mundo real", da presença e da pureza do contato face a face, ou bem aquele da ordem simbólica, da falta e do desejo, não degradado pelo imaginário metonímico das telas. Uma tal linha de pensamento configuraria justamente o tipo de movimento defensivo e que apenas denuncia a própria resistência de alguns psicanalistas, para não precisarem enfrentar a complexidade desse campo.

Veremos ao longo de nosso percurso a impressionante força que uma tal resistência acerca do funcionamento da tecnologia é capaz de alcançar. Uma das primeiras lições que se pode extrair, quando se avança na investigação sobre esse campo, é de jamais subestimar o poder da resistência e do adormecimento que agem sobre as pessoas, quando se trata de discutir o tema da tecnologia e seus impactos, entender seu funcionamento, interrogar seus efeitos e, principalmente, identificar suas falhas. A força do que, em cada um, compele a não querer saber nada disso, a se recusar a olhar para o abismo que aí se abre, tanto quanto seguir crente em uma cega e aposta nessa opacidade da tecnologia, como uma espécie de advento mágico que viria como solução última, para livrar o mundo de seus problemas.

---

midiáticos, movidos pela busca dos likes e seguidores, falham em apreender a complexidade do movimento transformativo em curso, hoje, na relação do homem com a tecnologia.

Shoshana Zuboff[82] é uma das autoras que se refere a essa paralisia e a essa recusa em saber sobre a tecnologia, nomeando-a como uma dormência psíquica, dormência essa que poderia ser compreendida até mesmo como produto e efeito da própria lógica de exploração envolvida nos modos de produção do capitalismo tecnológico. Em um contexto em que parecemos depender cada vez mais da internet e da tecnologia para realizar nossas tarefas cotidianas, se torna também cada vez mais difícil reconhecer e enfrentar o preço que pagamos pelo uso indiscriminado desses produtos:

> Esse conflito produz uma dormência psíquica que nos condiciona a aceitar como normais as realidades de sermos constantemente monitorados, analisados, sugados, e minerados. Esse conflito nos leva a racionalizar a situação com um cinismo resignado, e criar desculpas que operam como mecanismos de defesa ou encontrar outros modos de enfiar nossas cabeças na areia, escolhendo a ignorância, por conta de nossa frustração e sensação de impotência.[83]

Além do conflito entre nossa dependência tecnológica e os efeitos deletérios que essa dependência nos acarreta, há de se considerar a própria complexidade do tema em questão. À primeira vista, pensar sobre tecnologia pode parecer uma gigantesca tarefa intelectual, que exigiria uma elevada compreensão sobre códigos, números, programas, peças de hardware, modos de configuração, além de uma série infindável de funções, abstrações e forças invisíveis que estariam para além de nossa compreensão. Essa complexidade, que pode comparecer em um primeiro momento como um impeditivo a investigações sobre o tema, é justamente o que é preciso atravessar, se valendo de uma estratégia, de um método de pesquisa, que nos permita adentrar o campo por uma via pela

---

[82] ZUBOFF, S. *The age of surveillance capitalism: The fight for a human future at the new frontier of power: Barack Obama's books of 2019*. Profile books, 2019.
[83] Id. p. 17.

qual seja possível "rastrear as marcas e cicatrizes que a tecnologia inflige na carne de nossas vidas cotidianas" (Zuboff, 2019)[84].

Advertidos, então, da força dessa espécie de resistência e dormência psíquica, antes de percorrermos a busca em direção às marcas da tecnologia em nossa carne, daremos neste capítulo um passo atrás, um recuo, para indicar algumas perspectivas que compõem o cenário do debate em torno do campo digital. Nos valendo da nomeação lacaniana, se trataria aqui de delimitar algumas questões preliminares, para uma abordagem possível do sujeito no campo digital. A ideia é indicar e enfrentar algumas das principais barreiras de resistência, simplificações ou racionalizações, que frequentemente comparecem, dificultando ou até mesmo paralisando as investigações nesse campo.

A expectativa é de que, situando esses primeiros impasses, e abordando essas questões preliminares, poderemos estabelecer um primeiro ponto de partida para conduzir uma via de investigação, capaz de ir além de respostas prontas e soluções últimas, para recolocar os próprios modos pelos quais podemos pensar esse campo e, principalmente, quais as questões e interrogações que devem conduzir e orientar nosso avanço, se tomamos uma abordagem pela Psicanálise.

2.1 O LUGAR DA TECNOLOGIA, NO TEMPO E NO ESPAÇO

2.1.1 A IDEALIZAÇÃO

O primeiro erro a ser evitado, ao se propor um debate sobre os efeitos das tecnologias, é o de reproduzir construções que busquem situar o papel da tecnologia em uma posição cristalizada, idealizada e sem contradições, algo que pode se manifestar em duas faces opostas.

---

[84] ZUBOFF, S. *The age of surveillance capitalism: The fight for a human future at the new frontier of power: Barack Obama's books of 2019*. Profile books, 2019, p. 27

Por um lado, aqueles que idealizam a tecnologia, supondo que poderiam nela encontrar a solução e resposta para todo tipo de dificuldade ou impasse da vida humana. Supondo que alguma espécie de utopia tecnológica viria a nos resgatar de todas as mazelas e limitações da condição humana: que a tecnologia poderia salvar o meio ambiente, acabar com a fome, com a desigualdade, com as doenças etc. Como se o avanço tecnológico fosse imbuído tanto de algo da ordem de uma evolução e progresso unívocos, quanto de alguma espécie de missão civilizatória, que juntas invariavelmente seriam capazes de conduzir a humanidade a alguma espécie de utopia ou nirvana tecnológico, livres das mazelas e impasses que assolam a condição humana e a vida em sociedade.

Por outro lado, aqueles que, inversamente, buscam colocar a tecnologia como a verdadeira caixa de pandora, a origem de todo mal, uma espécie de onda destruidora que teria vindo para corromper e desvirtuar a pureza do humano, tanto quanto a consistência de longamente estabelecidas tradições e concepções de homem. Como se, historicamente, fosse possível imaginar alguma espécie de ser humano idealizado, pré-tecnológico, cujo encontro com as máquinas teria operado tal qual um fruto proibido, que teria decaído o homem, o derrubado de sua pureza e o relegado a um mundo em que a essência humana seria dissolvida pela frieza robótica das máquinas.

Esse tipo de leitura extrema, simplista e maniqueísta visa apenas mascarar as profundas contradições presentes nesse campo, evitando se haver com uma análise mais rigorosa dos fatores aí implicados, tanto quanto dos desafios éticos inerentes a todo avanço tecnológico. As novas tecnologias digitais são ferramentas que, como tantas outras, têm usos e funções variados, podendo servir a diversos fins, com efeitos e consequências complexas e, no mais das vezes, até mesmo imprevisíveis. Cabe a nós compreender como manejar isso, lidando com os novos desafios que daí podem advir, sem uma busca por respostas simples e unidirecionais[85].

---

[85] GOLDENBERG, R. *Reflexões de um Geek*. In: BAPTISTA, A.; JERUSALINSKY, J. Intoxicações eletrônicas: O sujeito na era das relações virtuais. *Salvador: Ágalma*, 2017.

2.1.2 FICA "ELAS POR ELAS"

Contudo, se indicamos aqui a complexidade e o caráter multifacetado das tecnologias, com seus efeitos variáveis conforme seus usos e aplicações, essa indicação não pode também ser tomada como índice para sustentação de uma simplista lógica da equivalência, como se efeitos positivos e negativos pudessem se equilibrar, balancear e, em última instância, se cancelar mutuamente, em uma conta de soma zero e que, portanto, não haveria o que se discutir sobre a chegada e o impacto das novas tecnologias. Como se suas inúmeras possibilidades e diversos usos autorizassem um tipo de saída que se demite de ponderar os desafios éticos, jurídicos, regulatórios, econômicos e políticos, que tais efeitos podem implicar, autorizando que seu uso seja simplesmente lançado à própria sorte e aos efeitos de uma suposta autorregulação.

Zuboff se refere a esse tipo de abordagem como uma estratégia do "grito de liberdade", como componente da racionalidade do capitalismo de vigilância, engendrado por empresas como Google e Facebook, em uma falsa correlação entre a imprevisibilidade dos efeitos desse campo e a necessidade de uma liberdade total de atuação das empresas, sem qualquer intervenção externa. Em uma lógica tipicamente neoliberal, o argumento seria de que, diante da ampla imprevisibilidade inerente a processos de desenvolvimento tecnológico, e suas constantes mudanças, quaisquer tentativas de regulamentação ou controle pelo Estado seriam limitadas e limitantes, sendo incapazes de acompanhar o ritmo necessário para o progresso tecnológico, concluindo-se, então, que o melhor seria entregar esse mercado à uma pura e desimpedida auto condução e realização. Esse tipo de argumento está na base das exigências de livre atuação que hoje sustentam e orientam a prática das grandes empresas de tecnologia[86-87].

---

[86] O objetivo aí é de poder explorar e ampliar, ao maior alcance possível, a existência de um campo completamente livre de regulamentação, um território sem

Uma variação desse argumento são os que pretendem uma comparação simplista entre as novas tecnologias digitais e outros momentos de grandes transformações nas mídias e meios de comunicação como, por exemplo, quando do advento da rádio, da imprensa, ou da televisão, como fenômenos que, a princípio, também causaram resistência, mas que, depois, foram aceitos e se inseriram em nosso cotidiano, encontrando seu lugar na sociedade. Esse tipo de comparação é absolutamente enviesada e equivocada, por evitar enfrentar ao menos três pontos.

Primeiro, falhar em considerar as diferenças históricas de cada um desses momentos. Ainda que o caráter de inovação tecnológica, de cada uma dessas invenções, possa oferecer esse tipo de comparação ou aproximação, por conta de seu ineditismo, isso jamais pode ser sinônimo de que se trate aí de fenômenos absolutamente idênticos, em uma espécie de aplainamento histórico, que deixa de considerar a diversidade dos contextos históricos de cada uma dessas épocas, tanto quanto o contexto de inserção e expansão dessas tecnologias em conformidade com as dinâmicas políticas, econômicas e sociais de cada contexto histórico e geográfico. O advento de novas tecnologias está sempre articulado intimamente às formas de vida, os valores, os ideais, fantasias e sonhos que permeiam cada momento histórico, em uma relação de mútua afetação.

Segundo, por falhar em notar como o avanço tecnológico vivido hoje oferece uma condição inédita, que vai além do mero

---

Lei, onde se possa operar sem nenhuma constrição pelo Estado, tendo sido esse um dos grandes fatores de sucesso do capitalismo de vigilância.

[87] Sobre a estratégia de livre operação do Google, Zuboff afirma: "Seus esforços foram marcados por alguns temas insistentemente repetidos: a ideia de que empresas de tecnologia como Google se movem em uma velocidade mais rápida do que a capacidade do Estado de compreender ou acompanhar; que qualquer tentativa de intervenção ou restrição estatal estaria portanto fadada a ser mal concebida e estúpida; que regulamentação seria sempre uma força negativa que impede a inovação e o progresso; e que o território sem lei seria o contexto necessário para a inovação tecnológica.". ZUBOFF, S. *The age of surveillance capitalism: The fight for a human future at the new frontier of power: Barack Obama's books of 2019*. Profile books, 2019, p. 104.

advento de novas ferramentas, mas que se diferencia também tanto por seu aspecto qualitativo (o uso da digitalização como instrumento que vai muito além de mera aplicação comercial e mercadológica, passando a invadir todos os campos da pesquisa e do conhecimento humano), tanto quanto pelo aspecto quantitativo (a velocidade e dimensão dos avanços tecnológicos vividos nas últimas décadas exponencialmente superior a qualquer outro momento histórico).

E terceiro, é falhar em reconhecer que, se a televisão, rádio ou outras tecnologias puderam encontrar lugar em nossa sociedade, é verdade também que esse lugar não é, de modo algum, lugar pacífico (pensem aqui na ainda presente força das emissoras de televisão na política e na manipulação das massas), tanto quanto esse lugar de inserção não foi mero efeito automático de um processo deixado a seu próprio curso (o que seria impossível), mas sim resultado de uma série de negociações, debates e construções (por exemplo, a regulamentação da mídia, no caso da televisão), ou seja, pelo esforço coletivo, que constrói um lugar para entrada dessas tecnologias.

Acontece que, no caso das novas tecnologias digitais, vemos um contexto de total paralisia das autoridades e agências regulatórias, assim como pouco interesse sobre o tema no debate público, de modo que testemunhamos, ao longo das últimas duas décadas, um avanço dessas mídias praticamente sem qualquer tipo de consideração ou restrição. Uma verdadeira terra sem lei, como indicava Zuboff.

Os efeitos das tecnologias sobre o humano não se reduzem a uma categorização banal entre efeitos positivos e negativos. Tão pouco podem ser encerrados numa análise que seja capaz de antecipar totalmente suas consequências. O desafio está, justamente, em poder articular uma análise capaz de enfrentar os desafios e incertezas que cercam esse campo, encontrando e construindo os modos para sua possível inserção na coletividade, de um modo que possa considerar os diversos interesses aí em jogo, bem como as vias de uso e regulamentação pelas quais tal inserção das tecnologias possa operar em um contexto democrático:

"Se o futuro digital virá a ser nossa morada, então é a nós que cabe construir esse lugar"[88].

2.1.3 A INEVITABILIDADE DE TECNOLOGIA

Na relação da tecnologia com a história e com o tempo, um outro tipo de leitura que se deve tomar com certo cuidado são aquelas que buscam enfrentar a questão do contínuo avanço das forças de progresso e desenvolvimento tecnológico.

Particularmente, leituras que esperam buscar alguma espécie de solução que viria por uma possibilidade de paralisia ou interrupção do curso do desenvolvimento científico. Como se os efeitos negativos vividos hoje fossem mera decorrência direta de avanços e descobertas científicas, cabendo, então, a necessidade de mobilizar algum tipo de força capaz de interromper o avanço das pesquisas nesse campo, para assim refrear seus efeitos.

Lacan[89] refere a comicidade dos doutos cientistas e biólogos, quando se percebem tomados por algum acesso de responsabilidade ou arrependimento, passando a considerar algum tipo de embargo a pesquisas perigosas, de modo que assim se pudesse dar fim à essa angústia que advém desse advento do real no campo da ciência.

Algo não muito diverso pode ser encontrado no campo das tecnologias digitais, se pensamos, por exemplo, no documentário O Dilema das Redes[90], de Jeff Orlowski, quando reúne uma série de profissionais do *Silicon Valley* que, subitamente, se veem invadidos pela culpa e pelo arrependimento, diante dos horrores trazidos pelas redes sociais criadas por eles mesmos.

---

[88] ZUBOFF, S. *The age of surveillance capitalism: The fight for a human future at the new frontier of power: Barack Obama's books of 2019*. Profile books, 2019, p. 27.
[89] LACAN, J. A Terceira, em *Outros escritos*. Rio de Janeiro: Jorge Zahar, 2003.
[90] O Dilema das Redes (The Social Dilemma). Documentário. Diretor: Jeff Orlowski. EUA. Netflix, 2020.

2. O LUGAR DO SUJEITO NA ARQUITETURA DIGITAL

Sabemos que, em se tratando de história, não há pausa ou retorno na linha do tempo, não há interrupção ou reversão. A tecnologia tende a avançar, as inovações tecnológicas continuarão a surgir, e, inclusive, como mencionado anteriormente, podem trazer avanços e benefícios para a humanidade e a vida em sociedade.

Contudo, essa produção e avanço tecnológico não acontece em um vácuo ou em alguma espécie de realidade paralela. Se a tecnologia insiste em avançar, isso se faz no interior de um certo contexto, de um campo de forças e de condições de possibilidade. Não se deve tomar o avanço contínuo das descobertas tecnológicas como mero fato dado e, diante do qual, nos restaria apenas a resignação. Como vimos também no item anterior, o que se trata de saber e debater é o modo como tais tecnologias são produzidas, recebidas, utilizadas e difundidas nesse contexto, e como, nesse percurso, poderemos lidar com as mudanças que daí poderão advir. Poder interrogar de que modo, a partir de que preceitos e com quais objetivos, são financiadas e realizadas pesquisas e descobertas no campo científico e tecnológico hoje.

2.1.4 A ILUSÃO DE UM PASSADO IDÍLICO

Outro ponto a ser evitado, na relação entre história e tecnologia, é uma espécie de derivação do anterior: os discursos que sustentam alguma espécie de romantização do passado, como, por exemplo, rememorando e reivindicando a volta dos "bons tempos em que crianças brincavam nas ruas em vez de jogar videogame", ou outras construções semelhantes.

Essa nostalgia e idealização de um passado idílico, puro, natural, sensível, onde tudo funcionava bem e no qual as pessoas se relacionavam harmoniosamente, sem as amarras da fria tecnologia, é uma construção fantasiosa. Um saudosismo que busca encontrar em uma ilusão de passado coerente e livre de contradições, alguma espécie de ancoragem capaz de oferecer suporte diante das incertezas e desafios enfrentados hoje.

Nesse sentido, se fazem presentes também argumentos que pretendem uma espécie de oposição simples e dicotômica entre natureza e tecnologia, como se a solução para o problema dos efeitos tecnológicos fosse o retorno do homem à vida campestre ou rural, à natureza, em meio às plantas e animais, podendo assim se furtar das mazelas da civilização. A ilusão de reencontro com alguma espécie de voz da natureza que, desde cedo, Lacan nos alertava não existir[91].

Esse tipo de argumentação tende a provocar uma paralisia do debate no campo e pode, até mesmo, se mostrar perigoso. Esse tipo de lógica ganha contornos mais perigosos, se considerarmos como esse tipo de racionalidade pode, por exemplo, estar vinculado à toda forma de negacionismo e recusa das evidências científicas. Como constatado em relação às vacinas contra COVID em que, segundo algumas das *fake news*, estariam imbuídas de um chip tecnológico chinês, que visaria o controle da população, para uma invasão comunista. Ou, na absurda variação brasileira, a vacina dotada de poderes de mutação genética capazes de transformas todos em jacarés. Essa construção delirante, entre vacina (ciência), chip (tecnologia) e comunismo (polarização política), é um índice desse tipo de arranjo, que busca localizar na tecnologia a fonte de todo o mal, adotando a postura de negação, daquele que enterra a cabeça na areia, para não se haver com os desafios e mutações hoje em curso. Saída que, no mais das vezes, nos conduz ao pior.

2.1.5 A OPACIDADE DO DESIGN

Mas se falamos nos itens anteriores sobre a relação da tecnologia e seu avanço, com o tempo e a história, para indicar seu movimento de constante evolução, que não se trataria de interromper ou retroceder, aqui, uma importante distinção se faz necessária. Para que não se caia no erro de considerar que, se o

---

[91] LACAN, J. *O seminário, livro 4: a relação de objeto (1956-1957)*. Rio de Janeiro: Jorge Zahar, 2019.

2. O LUGAR DO SUJEITO NA ARQUITETURA DIGITAL

avanço tecnológico é imparável, então estaríamos totalmente à mercê de seu desenrolar, nos restando apenas aceitar passivamente seus efeitos. Tal conclusão seria nefasta, configurando uma exclusão da dimensão ética e política em jogo nesse contexto de produção e uso tecnológico. Trata-se aqui da necessidade de fazer uma distinção entre o avanço tecnológico e as descobertas científicas realizadas, por um lado. E, por outro, os discursos e racionalidades que movem a produção, o uso e aplicação dessas tecnologias.

Se Lacan pode falar em discurso da Ciência, tanto quanto formalizar um discurso do Capitalista, isso nos dá o índice também de que, apesar de que esses discursos possam se aliar, trabalhar juntos, isso não nos permite reduzi-los a uma só entidade, equivalendo-os sob uma mesma rubrica unívoca, apagando suas diferenças e contradições.

Ainda que se possa considerar a aliança entre esses discursos, pelo tipo de uso e apropriação que a lógica capitalista e, mais especificamente, neoliberal é capaz de fazer em torno dos produtos científicos e tecnológicos produzidos pela ciência, deve se estar alerta às forças discursivas e os diversos interesses em jogo nesse tipo de apropriação econômica das ciências. Assim, poderemos destacar as contradições inerentes a esses processos, bem como as possibilidades de enfrentamento e resistência, evitando recair em uma mera crítica superficial à tecnologia ou, pior, uma mera aceitação das consequências dessa exploração econômica, como se fossem algo inerente ao próprio avanço tecnológico. Shoshana Zuboff, ao abordar a questão da tecnologia e do capitalismo de vigilância, enfatiza a importância dessa distinção:

> Um primeiro desafio à nossa compreensão é a confusão entre capitalismo de vigilância e as tecnologias aí empregadas. Capitalismo de vigilância não é tecnologia; é uma lógica que se infiltra na tecnologia e que a comanda para ação. (...) O digital pode tomar muitas formas, a depender das lógicas econômicas e sociais que o trazem à vida. (...) Que o capitalismo seja uma lógica em ação, não uma tecnologia é

um ponto vital porque o capitalismo de vigilância quer nos fazer crer que suas práticas são apenas expressões inevitáveis das tecnologias por eles empregadas.[92]

Ao confundir tecnologia e discurso, ciência e capitalismo, passamos também a cair nesse tipo de engodo, de supor que as contradições presentes nos usos e aplicações da tecnologia seriam mero efeito direto (e, portanto, irreversível e inevitável), do avanço tecnológico (ou, inversamente, que o avanço tecnológico seria uma necessidade ou mero efeito da racionalidade econômica no qual se insere), deixando de reconhecer as complexas relações entre discurso da ciência e do capitalista, enodado por forças discursivas, econômicas e políticas que mobilizam o uso das tecnologias, visando exploração e especulação financeira.

Não existe inevitabilidade das formas, tampouco dos usos da tecnologia. Esses processos são marcados por discursos que operam escolhas e decisões de design, visando determinados objetivos. As tecnologias não surgem prontas. São fruto de investimento e planejamento, visando certos fins e não outros. O que se trata de poder questionar é o modo como as lógicas discursivas se atualizam em processos de design e modalidades de uso que perfazem os efeitos de expansão da tecnologia e seus impactos sobre as subjetividades hoje. Se nos negamos a realizar tal distinção abandonamos também as possibilidades de articular vias de transformação e reconstrução do papel da tecnologia na vida em sociedade. Se a tecnologia insiste em avançar, cabe a nós debater e construir os usos e destinos que serão dados à produção e à presença da tecnologia em nossas vidas.

---

[92] ZUBOFF, S. *The age of surveillance capitalism: The fight for a human future at the new frontier of power: Barack Obama's books of 2019*. Profile books, 2019, p. 21.

2.1.6 O *BUSINESS* DA TECNOLOGIA

Mas se mencionamos esse agenciamento entre as novas tecnologias e o discurso capitalista, isso é também para nos indicar a necessidade de que qualquer análise sobre os efeitos das tecnologias possa estar advertida dos atravessamentos econômicos que marcam sua presença e seus impactos.

O processo em curso na atualidade, com a expansão da internet e das novas tecnologias, não pode ser tomado como apenas um passo a mais numa série de novos produtos produzidos pelo homem. Como vimos, o recurso à digitalização introduz uma novidade. A entrada desses produtos, na verdade, marca a entrada em uma nova etapa dos mecanismos de produção, um novo período histórico, com um novo modelo econômico que orienta a economia e as relações sociais.

Segundo Harari[93], até a Idade Média tínhamos ainda uma economia orientada pela produção feudal, com base na extração de produtos a partir da terra (agricultura/pecuária), com uma economia em que a riqueza e as relações de poder se organizavam em torno, principalmente, da posse de terras. Relações de suserania e vassalagem entre os nobres, detentores de terras, e os camponeses, que trabalhavam para seus senhores.

Uma primeira mutação opera na passagem para a Idade Moderna, com uma mudança nessa dinâmica pela emergência dos Estados modernos e das modalidades de produção do capitalismo comercial e mercantilista. Nesse estágio, a riqueza se desloca para os produtos passíveis de serem produzidos pelas máquinas industriais. Assim, a riqueza passa a ser organizada a partir da posse das máquinas, dos meios de produção, numa divisão entre capitalistas e proletários. Nesse contexto, tomam grande destaque, em especial, as empresas de petróleo, que monopolizam o comércio dos combustíveis para mover as máquinas produtoras de riqueza. As gigantes empresas de petróleo são a marca desse

---

[93] HARARI, Y. N. *Homo Deus: uma breve história do amanhã*. Editora Companhia das Letras, 2016.

período, com o valor do barril de petróleo sendo decisivo para as variações no mercado econômico.

Atualmente, estamos acompanhando a passagem para um terceiro momento, o da era digital, a partir dos efeitos da globalização e do livre mercado, em que a troca e o fluxo de dados é capaz de cruzar as barreiras e fronteiras dos Estados nacionais. Nesse contexto, de grande importância do fluxo de dados (acompanhado também pelo impacto de novas tecnologias de produção de energia), aos poucos as gigantes de petróleo tem sua importância diminuída e passa a haver um papel destacado na economia para o fluxo, análise e gestão de dados, os dados como nova fonte de riqueza. Nesse cenário, as novas gigantes da economia são empresas de produção e gestão de dados: Alphabet, Google, Facebook, Amazon.

Esse tipo de mudança no campo econômico acarreta efeitos em diversos níveis e que precisam ser considerados. O uso das tecnologias para interesses econômicos e políticos, como revelado no escândalo da Cambridge Analytica e sua intervenção no plebiscito do *Brexit* , tanto quanto nas eleições de Trump e Bolsonaro.

Nessa transição, três eixos de exploração devem ser destacados: a busca por cada vez maiores contingentes de pessoas para obtenção, coleta e uso de dados pessoais para produção de riqueza e acúmulo de informações e poder. O investimento em novos mecanismos e processos de exploração e extrativismo em territórios em que se encontram matérias primas para produção dos aparelhos tecnológicos. E, por fim, a busca por locais com mão de obra barata para produção desses itens, tanto quanto, no final da cadeia, por locais para o despejo de dejetos e detritos tecnológicos, muitos deles tóxicos, em determinadas áreas do planeta.

As variedades no acesso (e exclusão) digital, seja no nível macro, com a diferença entre países ricos e pobres, seja no nível micro, pela diferença entre os que têm ou não acesso à internet e às novas tecnologias, são fatores que se tornaram ainda mais evidentes com o período de pandemia. Por exemplo com a enorme quantidade de crianças, sem computadores ou celulares, impossibilitadas de realizar o ensino à distância, ou a diferença entre aqueles que, pela internet, desfrutam do trabalho remoto em suas casas, em relação àqueles que se veem condenados ao trabalho precarizado e o risco de suas vidas, como entregadores dos diversos aplicativos.

Também nesse campo, o impacto da tecnologia nos modos de produção, nas relações de trabalho e nos modos de agenciamento das forças de trabalho, por meio da uberização e precarização do trabalho[94]. Se o neoliberalismo é de fato uma racionalidade que engendra em cada um a ilusão (e imposição) de que se possa ser empresário de si-mesmo[95], é também por meio da tecnologia que esse tipo de racionalidade é capaz de se infiltrar e se propagar, por uma crescente e cada vez mais estrita vigilância e gestão da vida humana pelos dispositivos tecnológicos.

Assim, nenhuma análise da tecnologia pode ser tomada, sem uma consideração de seus determinantes econômicos...

2.1.7 A QUESTÃO POLÍTICA E COLONIAL

... tanto quanto de seus atravessamentos políticos. Se é verdade que a tecnologia é capaz de promover um novo modo de acúmulo de riqueza, com as grandes empresas do Silicon Valley acumulando quantidades de dinheiro incomensuráveis, é verdade também que esse jogo de forças não transcorre sem a presença e participação dos Estados e de toda uma racionalidade política. O movimento de concentração de riquezas, implica também um acúmulo de conhecimento e de poder, com sérias implicações políticas no âmbito das relações internacionais. Sobre essa complexa questão, dois fatores merecem ser destacados.

O primeiro é de que se possa ter em mente o sempre presente caráter militar e bélico, que perfaz o desenvolvimento e os usos das novas tecnologias. É esse o alerta de Julian Assange,

---

[94] KALIL, R. B. *A regulação do trabalho via Plataformas Digitais*. Blucher, 2020.
[95] SAFATLE, V., DUNKER C., JUNIOR, N. S. *Neoliberalismo como gestão do sofrimento psíquico*. Autêntica Editora, 2020.

ao indicar o caráter militar do espaço da internet, e indicando que o que está em curso é uma guerra, furiosa e invisível[96]. Uma parcela significativa dos avanços e descobertas no campo da tecnologia são financiados e avançados com verbas investidas pelos governos e, em particular, pelos Ministérios da Defesa, que investem em pesquisas nomeadas como *dual-use research*[97], que buscam o desenvolvimento de novos dispositivos tecnológicos, que possam ser usados tanto na vida cotidiana, como para fins militares[98].

O uso da tecnologia pelos governos implica consequências políticas decisivas, seja como instrumento de poder que pode ser usado para vigilância e controle da população, seja no âmbito internacional, como arma de guerra em conflitos com outros países, sendo a internet usada, por exemplo, para causar perturbações e tumultos que desestabilizam os cenários políticos de diversos países. O exemplo das recentes suspeitas de intervenção da Rússia nas eleições americanas, e os escândalos em torno das operações de Steve Bannon e da *Cambridge Analytica* são apenas alguns dos exemplos. E, particularmente para o nosso contexto, brasileiro e latino-americano, essa questão ganha contornos ainda mais decisivos e que nos levam a nosso segundo ponto.

Uma análise da relação de forças em jogo no contexto da internet e do capitalismo de vigilância deve passar, inevitavelmente, pela discussão sobre a atual retomada e expansão de um projeto

---

[96] ASSANGE, J. *Cypherpunks: liberdade e o futuro da internet*. Boitempo Editorial, 2015.
[97] *Dual Use Resarch* ou pesquisa de duplo uso, são pesquisas nos diversos campos cujos resultados podem trazer usos tanto civis quanto militares, com risco de efeitos benéficos ou prejudiciais à humanidade.
[98] Como exemplos mais simples, podemos pensar em tecnologias como os diversos sistemas de GPS (Global Positioning System), que podem ser usados por civis, que utilizam diversos aplicativos (Waze, Google Maps, Uber) para se localizarem e se moverem no espaço, mas podem também ser adotados para fins de logística militar como, por exemplo, uso de mísseis teleguiados. Outro exemplo são os dispositivos de reconhecimento facial, recolhidos para uso em redes sociais, mas convertidos em programas utilizados por forças policiais para identificar suspeitos.

colonial[99]. Trata-se de dar nova face ao projeto de exploração do Terceiro Mundo, agora com extração de dados, que podem ser levados à metrópole, para acúmulo de riqueza e de informações. No caso da América Latina, praticamente todo o fluxo de dados que entra e sai dos países passa diretamente pelos Estados Unidos. Esse contexto traça novas ameaças em termos de intervenção estrangeira e ameaças à soberania e liberdade dos países latino-americanos, Brasil inclusive. É esse o alerta de Assange:

> O mundo deve se conscientizar da ameaça da vigilância para a América Latina e para o Terceiro Mundo. A vigilância não constitui um problema apenas para a democracia e para a governança, mas também representa um problema geopolítico. A vigilância de uma nação inteira por uma potência estrangeira naturalmente ameaça a soberania.[100]

Assim, os impactos das novas tecnologias, e seu modo de entrada em um país como o Brasil, devem ser analisados também à luz das forças políticas e coloniais que mobilizam interesses de invasão, exploração e ameaça à estabilidade nacional.

2.1.8 O PROBLEMA DA CAUSALIDADE

Uma outra linha de impasses surge em torno das leituras sobre os modos como somos afetados pelo uso da tecnologia. De que modo exatamente o uso da tecnologia impacta nosso corpo e quais os efeitos que podem resultar? Em outras palavras, interrogar qual seria exatamente o fluxo de forças, as relações que influenciam e determinam a interação do homem com a máquina.

---

[99] COULDRY, N., & MEJIAS, U. A. *The Costs of Connection: How Data Are Colonizing Human Life and Appropriating It for Capitalism.* Stanford University Press, 2020.
[100] ASSANGE, J. *Cypherpunks: liberdade e o futuro da internet.* Boitempo Editorial, 2015.

Sobre isso, destacamos três problemáticas linhas de leitura que merecem reconsideração.

A primeira delas engloba todo tipo de leitura que pretende analisar a relação entre homem e máquina como algo que se organiza em um sentido unidirecional, ou seja, entender que a máquina é um objeto, que o homem é o agente e que, então, tudo que haveria de se discutir seriam os efeitos causados a esse agente humano, pelos modos como ele faz uso desse objeto que é a tecnologia. Como se estivéssemos diante de algo tal qual um fumante que, ao fumar um cigarro, aumenta seu risco de doenças pulmonares. Não raro encontramos leituras que pretendem aproximar nossa relação com as tecnologias a algo dessa ordem, como um mero vício, adicção ou intoxicação, um objeto tóxico, que causa efeitos sobre nós, e que caberia então apenas tratar de limitar ou interromper seu uso, para assim fazer cessar seus efeitos deletérios.

A questão aqui, decisiva, mas frequentemente esquecida, é de poder interrogar em que medida se pode realmente falar que uma tecnologia causa efeitos. Que tipo de agenciamento supomos, quando dizemos que uma tecnologia causa? Não seria a potência para operar como causa, algo tipicamente humano? A tecnologia não é um fruto que cresce em árvores, também não é um presente divino que caiu dos céus ou chegou às nossas mãos por um meteoro. Ela não é orgânica ou naturalmente produzida ou dotada de poder de agenciamento. A tecnologia é produzida, difundida e utilizada pelo homem. No interior de lógicas discursivas e uma confluência de interesses e relações, como vimos acima. O ser humano produz *e causa* a tecnologia, não o contrário. E se podemos sentir, hoje, efeitos das tecnologias, seria limitante pensar se tratar de um mero efeito causado por um objeto.

Esse tipo de leitura, unidirecional, entre agente e objeto, e de causa e efeito, em que se estabelecem relações simples entre o uso do objeto e suas consequências, é superficial e não reflete a complexidade das relações em jogo. Tratar os objetos digitais como meros objetos de uso é reduzir incrivelmente o tamanho do impacto que sua presença tem nas nossas vidas e no laço social. Como Turkle (2011) e Nusselder (2009) bem demonstram,

2. O LUGAR DO SUJEITO NA ARQUITETURA DIGITAL

a relação com os *gadgets* é não só bidirecional, com o fluxo em duas mãos, mas, mais do que isso, é marcado por um intrincado feixe de agentes (humanos e tecnológicos) interagindo nas mais variadas formas. Humanos interagem com máquinas, mas também, hoje, máquinas interagem com outras máquinas, de modo autônomo, sem necessidade de mediação humana.

Se queremos falar em alguma espécie de causalidade, que envolva situar os aparelhos tecnológicos como atores dotados da capacidade de causarem, investidos da competência ativa de engendrar forças e movimentos, o que se teria que interrogar anteriormente é: sob que perspectiva ou a partir de qual momento, a tecnologia teria se tornado algo independente de nós? Algo dotado de uma agência própria? Que conceito de agência estamos aí considerando?

Assim, é preciso pensar os efeitos desse campo, no mínimo, a partir de três níveis diversos: o da interação entre humanos, que se comunicam usando a máquina como meio; o da interação entre homens e máquinas; e, mais abaixo ainda, a própria interação entre máquinas, sem participação de humanos. Usamos a máquina e, nesse mesmo processo, ela nos afeta, nos muda, nos molda, nos impacta e influencia os modos como nos relacionamos e experienciamos o mundo ao nosso redor. Estamos sempre inseridos em um sistema de tecnologia, assim como esse sistema opera o tempo todo, sem que tenhamos conhecimento ou acesso a seus afazeres.

Inclusive hoje, mais do que nunca, as máquinas são capazes de tomadas de decisão e participação no mundo real. Estima-se, por exemplo, que cerca de 85% das transações realizadas nas bolsas de valores são hoje realizadas automaticamente por robôs programados para isso. Tal constatação permite situar um tipo de virada na própria concepção do humano como sujeito e da tecnologia como objeto, como algo que hoje passa por uma reversão: cada vez mais, são as máquinas que passam a usar o humano e tomá-lo como seu objeto[101]:

---

[101] DEMETIS, D., & LEE, A. S. When humans using the IT artifact becomes IT using the human artifact. *Journal of the Association for Information Systems*, 19(10), 2018, p. 5.

Não há mais, por um lado, humanidade e, por outro, um sistema de objetos em relação aos quais os humanos estariam como que pendurados. Agora somos atravessados de um lado para o outro por objetos, trabalhados por eles tanto quanto nós os trabalhamos.[102]

Um segundo ponto que podemos extrair daí, é de que não apenas temos, na relação do homem com a máquina, uma inversão, entre as posições de agente e objeto, mas, mais do que isso, a rede de efeitos em jogo, pela presença da tecnologia, vai muito além daquilo que pode ser enquadrado como efeitos diretos do uso da tecnologia. Os efeitos da tecnologia atravessam a todos, mesmo quando não estamos com um celular ou um computador em mãos. Mesmo aqueles que não têm acesso a esses bens ou serviços, como smartphones e internet, são também marcados pelos efeitos da exclusão digital e das mudanças sociais que a tecnologia acarreta. Vimos durante a pandemia os efeitos da mudança das escolas para ensino à distância, em um contexto em que grande parte das famílias sequer tem acesso a dispositivos para acesso a aulas virtuais, marcando novas camadas de exclusão e desigualdade social que produzem efeitos, muito além do contato direto com os dispositivos tecnológicos.

Assim como a revolução industrial acarretou efeitos de destruição ambiental que hoje se configuram como impactos de uma catástrofe global, em termos de derretimento das calotas polares, e aumento da temperatura no planeta, agora também com as novas tecnologias estamos diante de efeitos da ordem de uma destruição da atmosfera global, uma devastação constante, que vai muito além dos momentos em que estamos com os celulares ou computadores em mãos.

Por fim, um terceiro nível dessa complexa relação de causalidade, na relação do homem com a máquina, vem pela interrogação sobre a força motriz que compele o avanço tecnológico e a

---

[102] MBEMBE, A. *Brutalisme*. la Découverte, 2020.

2. O LUGAR DO SUJEITO NA ARQUITETURA DIGITAL

criação e desenvolvimento de novas tecnologias. Mencionamos que, se hoje a tecnologia pode nos causar algo, é apenas porque, antes disso, nós pudemos causar, criar a tecnologia. Mas essa afirmação não deve ser encarada como mera temporalidade cronológica ou apenas sob seu viés pragmático, como conjunto de procedimentos para produção tecnológica. O que nos interessa destacar aqui são os modos pelos quais, antes de haver novos dispositivos tecnológicos, alguém sonhou com sua criação. O modo como, pelo discurso, as diversas concepções de homem, de tempo, de história, permitem fantasiar com a tecnologia, antever seu uso, prever e buscar sua criação.

Uma via que iremos explorar ao longo desse livro, é o modo como o desejo pela tecnologia, e sua atualização no discurso, antecedem e condicionam a chegada dos novos dispositivos tecnológicos. Tal qual o personagem de mangá Atom, o robô criança, imaginado por Tezuka Ozamu[103], foi a inspiração para toda uma geração de pesquisadores japoneses que depois viriam a realizar a construção de robôs humanoides. Os robôs comparecem na ficção, muito antes de se tornarem realidades científicas. E, ao criá-los, isso transforma também nossos modos de existência em uma constante relação dialética entre homem e tecnologia, no curso da história. Se pretendemos pensar, pela Psicanálise, a relação do homem com a máquina, teremos que buscar aí situar os modos como falamos e sonhamos com a máquina, preparando o terreno e abrindo o caminho, para sua presença em nossas vidas e nossas relações.

Assim, precisamos de um modo de pensar que vá além de concepções simplistas de causa e efeito, tanto quanto de simples oposição entre agência humana e passividade dos objetos tecnológicos.

---

[103] Astro Boy (Mighty Atom). Mangá. Escrito por Osamu Tezuka. Japão, 1952.

2.1.9 A ARMADILHA DO OLHAR

O segundo erro, em relação aos modos de concepção acerca dos efeitos da tecnologia sobre nós, é uma decorrência do item anterior. Quando incorremos no erro de pensar o impacto das tecnologias como algo diretamente causado pelo uso de dispositivos tecnológicos, é fácil deslizar a um segundo equívoco, pelo qual se passa a supor que a dinâmica em jogo na relação do homem com a máquina se reduziria à uma operação pela dimensão do olhar: o brilho das telas, as infinitas imagens, as *selfies*, o arquivo infinito de filmes e séries. Como se o todo da questão pudesse ser reduzido a uma captura do olhar, a um excesso de tempo gasto olhando para telas de dispositivos digitais.

Esse tipo de análise, que reduz o contexto atual a um domínio das imagens e do olhar, ou uma hipervisibilidade, opera uma análise literalmente rasa e superficial que toma o fenômeno digital a partir do que logo salta aos olhos, de modo mais imediato: a tela e seu brilho. Nessa esteira, de fato, se julga o livro pela capa ou, no caso, o dispositivo pela tela. Quando na verdade restringir a análise a esse escopo óptico, denota muito mais um viés do próprio pesquisador, ele mesmo capturado pelo brilho das telas e pela armadilha do olhar, incapacitado de ir além dessa primeira camada, do que propriamente uma posição de análise disposta a ir aos bastidores do que está em curso, quando navegamos na internet pela tela de celular.

Para além da tela, temos interfaces, mídias, hipermídias, estrutura de links da rede de internet, softwares de navegação e aplicativos, códigos para escrita desses programas, linguagens de programação para escrita dos códigos, sistemas operacionais para leitura e processamento dos códigos. Além de toda a estrutura de hardware, os aparelhos, os cabos e roteadores de internet, os cabos e fiação, os servidores, a própria energia elétrica utilizada... enfim... toda uma gama de elementos, atores e agentes que compõem uma complexa rede de fatores, muito além do mero brilho de uma tela, e que exigirá um maior trabalho de análise para compreensão. Sobre isso, cabe destacar alguns pontos:

2. O LUGAR DO SUJEITO NA ARQUITETURA DIGITAL

O primeiro, já mencionado anteriormente, é de que os efeitos da tecnologia vão além do que opera estritamente quando fazemos uso de um dispositivo tecnológico. A tecnologia nos afeta, mesmo quando não estamos com os olhos voltados para uma tela de celular ou de computador. Estamos imersos em um ambiente tecnológico e isso não se reduz a um mero limite de apelo a um sentido como o olhar. A mutação em curso hoje abarca os diversos sentidos e experiências humanas. O desafio está, justamente, em poder pensar a questão a partir da relação entre a tecnologia e os diversos sentidos e dimensões da experiência humana.

Se, pela Psicanálise podemos situar os objetos da pulsão, indicados primeiramente por Freud, com os objetos oral e o anal, e acrescidos, posteriormente, por Lacan, do olhar e da voz, é preciso ter em mente que não se trata, com tal lista, de realizar uma espécie de amputação, que permitir análises individualizadas de cada um dos objetos, tal qual um médico que recorta o corpo humano em órgãos e sistemas sujeitos a estudos independentes. Isso seria reproduzir, no interior da Psicanálise, uma lógica médica, organicista e mecanicista, uma concepção do homem como máquina, dotado de partes, separáveis e dissociadas entre si.

Pelo contrário, o que a Lacan insiste em lembrar é que, se pode haver uma constância e permanência da força da pulsão, isso só seria capaz de operar pela conexão de objetos a, ou o que Freud referia como uma plasticidade da pulsão[104], de modo que se trata de interrogar a estrutura pela qual os objetos são capazes não apenas de se articular, mas de se substituir uns pelos outros: "Uma permanência que consiste apenas na instância quádrupla em que cada pulsão se sustenta, por coexistir com outras três"[105].

Desse modo, é pela articulação entre as pulsões, que devemos buscar os caminhos para uma análise dos efeitos da tecnologia sobre o humano. Mais do que isso, se pudéssemos indicar a possibilidade de um destaque a um objeto pulsional, o decisivo seria justamente localizar o modo como o objeto voz, não o objeto

---

[104] PORGE, E. *A Sublimação, uma erótica para a psicanálise.* Aller Editora, 2019.
[105] LACAN, J. Televisão. In: *Outros escritos.* Rio de Janeiro: Jorge Zahar, 2003.

olhar, é agenciado pelas novas tecnologias. Se pode haver uma especificidade da dinâmica escópica no tocante às redes sociais e as novas tecnologias, isso só se faz possível pela forma como é aí agenciado um certo modo de relação com a voz e com a pulsão invocante[106]. A pulsão invocante, a mais próxima do inconsciente e do desejo, se configura sob uma anterioridade lógica em relação às outras pulsões, e, mais especificamente, em relação ao olhar. Nesse sentido, a voz comanda o olhar, e é pelo fundamento na pulsão invocante, e sua conexão com as modalidades de objeto a que poderemos situar as relações do homem com a tecnologia.

2.1.10 QUESTÃO DA TRANSMISSÃO GERACIONAL

Ainda nessa dimensão sensível, acerca do modo como a tecnologia captura e molda os corpos e subjetividades, um importante argumento frequentemente levantado, é o do risco que as novas tecnologias oferecem para as crianças, que, de modo cada vez mais precoce, tem contato com esses dispositivos. Ainda que tal preocupação seja legítima e as pesquisas sobre o sofrimento na infância e os efeitos da tecnologia tenham indicado seu potencial de danos e prejuízos ao desenvolvimento infantil, cabe aqui também um certo ajuste de perspectiva.

Diversas pesquisas buscam indicar os impactos nocivos da tecnologia desde a primeira infância e no curso do crescimento, adolescência e até a chegada a vida adulta. Se as pesquisas com a primeira infância puderam situar os riscos que o uso excessivo

---

[106] Zuboff (2019) vai indicar justamente como o grande salto, econômico e tecnológico, que lançou as empresas – e consumidores – ao contexto do capitalismo digital, não estava do lado das imagens e das telas brilhantes, mas sim da música e do som. Foi pelo advento do iPod e do iTunes, lançados pela Apple, que vimos a mais massiva adesão à conexão com a nova tecnologia digital, imediatamente convertida em acúmulo extraordinário de riqueza pela Apple, em níveis que superavam qualquer marca atingida por outras empresas ao longo do último século. Com lançamento em 2003, em menos de 5 anos, Apple se tornaria a maior revendedora de produtos musicais do mundo. Foi pelo som e pelos ouvidos, que a virada tecnológica se realizou, capturando os corpos de toda uma geração. Não pelo olhar.

2. O LUGAR DO SUJEITO NA ARQUITETURA DIGITAL

de dispositivos tecnológicos pode acarretar ao desenvolvimento infantil, é verdade também que, em pesquisas com jovens e adolescentes há outros indicadores que mostram resultados bem menos inequívocos do que gostaríamos de supor.

Apesar da busca por indicadores claros acerca dos modos como a tecnologia poderia causar aos jovens problemas como ansiedade, depressão e suicídio, a correlação entre esses elementos nem sempre fica bem estabelecida. Inclusive, essa geração que cresceu com a tecnologia, os chamados nativos digitais, conseguem muitas vezes encontrar uma relação mais saudável com esses dispositivos. Cada vez menos estão presentes em redes sociais como Facebook, por exemplo. Buscam outras experiências, outros sites e aplicativos e, principalmente, outros modos de se valer da tecnologia em seu cotidiano. Assim, há um erro de cálculo se rapidamente adotamos a lógica de que o nativo digital, viveu mais tempo com a tecnologia, então deve ter sofrido mais danos com seu impacto. A verdade é que, tendo crescido já em contato com tais tecnologias, isso oferece a esses jovens maior facilidade e plasticidade nos usos e práticas em torno das ofertas digitais, o que torna seus efeitos ainda mais complexos, tanto quanto restringe nossas possibilidades de elaborar qualquer tipo de análise genérica ou simplista da relação dos jovens com a tecnologia.

Diante disso, entendemos que o que precisa ser colocado em questão, e que sob uma perspectiva da Psicanálise poderia indicar um possível avanço nessa leitura, é de podermos considerar que o que está em jogo no sofrimento dessas crianças e adolescentes, em relação à presença da tecnologia, não pode ser abordado sob esse viés individualista, que destaca a relação de cada um com seu celular, mas sim que se possa ser capaz de notar que se configura aí algo que é da ordem de um impasse de transmissão geracional, tanto quanto de migração e desterritorialização

Isso porque esses jovens, que são os nomeados nativos digitais, são aqueles que seriam os primeiros a nascer nesse novo mundo, nessa nova terra, novo campo, que é o da internet. A aceleração do avanço da produção de novas tecnologias, com saltos qualitativos cada vez mais frequentes, consolidou de modo ainda mais radical a experiência de desterritorialização nas relações de uma geração a outra, e nos processos de transmissão geracional. Se hoje pode-se falar em "nativos digitais", isso se deve não apenas pela presença desde cedo das novas tecnologias na vida desses sujeitos nativos digitais, mas, também, pelo "estrangeirismo digital" de seus pais.

Os nativos digitais são menos aqueles que já nasceram com tecnologias e já ambientados no espaço digital e mais aqueles que são filhos de imigrantes, de estrangeiros, de pais que, no curso de sua vida, se viram expulsos de seu terreno simbólico, se viram forçados a passar a habitar esse novo espaço, esse novo território que é o campo digital. E que "apostaram" nas promessas dessa nova terra tecnológica e digital como modo de criação e transmissão simbólica para seus filhos.

É essa a sugestão de Jerusalinsky, resgatando a figura do Super-Homem, como metáfora para o drama vivido por essas crianças, que se viram marcadas por essa tentativa de transmissão por meio do digital:

> A aposta de transmissão por meio da tecnologia produziu sua marca em nossa cultura. No filme de 1978, o pai do Super-Homem deposita no berço de seu filho um cristal que contém todo o saber de sua civilização de origem. Se, no filme de 1978, o pai se materializa em um cristal, hoje em dia a esperança se deposita em uma transmissão que possa ocorrer também através de um cristal: do cristal líquido das grandes telas.[107]

Seguindo essa metáfora, o que queremos destacar é que, se o pai de Super-Homem precisou recorrer a essa transmissão simbólica indireta, mediada pelo cristal, é preciso também colocar em contexto que isso se faz pela necessidade e urgência da ameaça de destruição de sua terra natal. Super-homem, antes de

---

[107] JERUSALINSKY, J. Corpos elétricos: sem nome-do-pai e colados ao i-pad. Revista Associação Psicanalítica, 2015, 49, pp. 116-125.

2. O LUGAR DO SUJEITO NA ARQUITETURA DIGITAL

mais nada, é um verdadeiro refugiado na Terra. Expulso de seu solo natal, forçado a habitar um novo mundo, e tendo no cristal sua única via de conexão. É essa radicalmente a dinâmica que o capitalismo digital impõe: expulsões e desterritorializações em massa.

Imigrantes digitais, os pais que, no curso de suas vidas, já adultos, se viram arrancados de seu terreno simbólico, expulsos para a nova terra e suas promessas de uma nova vida no admirável mundo novo da internet. Mais do que imigrantes, por vezes verdadeiros refugiados digitais, a quem se impôs a necessidade de entrada nesse novo mundo, sob as ameaças da exploração, da exclusão, e do mercado de trabalho cada vez mais predatório.

Muito do que, equivocadamente, se diz em torno de um impacto da tecnologia sobre as crianças decorre de uma incompreensão acerca do impacto geracional que essa imigração digital acarreta na relação entre pais e filhos, e, consequentemente, nos processos de transmissão simbólica.

Se uma criança cresce com o celular na mão, é também por ser filha daqueles que, no curso de sua vida, se viram confrontados com a chegada desse surpreendente objeto. Assim, a abordagem do sofrimento na infância, em sua relação com a tecnologia teria muito a ganhar com uma leitura capaz de incluir não apenas essa dimensão de transmissão simbólica, na relação entre pais e filhos, mas, de modo mais amplo, esse contexto de desenraizamento, promovido pela inserção da tecnologia nessa geração de pais.

2.1.11 O EMPUXO À GENERALIZAÇÃO

E, por fim, um último ponto, de caráter mais geral: de não cedermos ao empuxo de buscar abarcar o tema da tecnologia a partir de simples explicações generalizantes que visam enquadrar o todo do fenômeno dentro de um único paradigma. Apesar do campo digital estar inserido num contexto de globalização (*World Wide Web*), é preciso ter em mente que o fenômeno está sujeito a impactos locais, culturais e geográficos, em seus mais diversos níveis. A experiência de um usuário de tecnologia no

Japão, é radicalmente diferente daquela de um jovem brasileiro, ou norte-americano.

Ainda que em um mesmo país, cada aplicativo tem suas peculiaridades, cada fórum de discussão tem suas regras e seus membros, cada usuário tem uma relação única com a máquina. Existem particularidades e singularidades de cada contexto, e deve-se avançar com redobrado cuidado, para não recair em explicações genéricas que, em verdade, nada explicam, e apenas criam uma falsa ilusão de compreensão dos processos em jogo, a partir de uma degradação de sua complexidade, tanto quanto dos desafios por ela impostos.

É preciso evitar frases prontas que se prestam a uma explicação rápida que possa dar conta do todo desse campo digital extremamente complexo e inserido num contexto bem mais amplo de discursos, interesses e forças. Assim como leituras que tomem uma parte pelo todo, por exemplo, extrapolando as dinâmicas que operam em uma das redes sociais e tomando-as como indicativo de todo o contexto digital. As profundezas do campo digital e da *deep web* escondem segredos muito mais elaborados e profundos do que o que podemos apreender nas rasas águas das interações por Facebook. É preciso ter uma compreensão desse contexto para poder propor alguma espécie de análise sobre as diversas camadas em jogo nesse fenômeno. Como destacado por Donna Haraway, em seu Manifesto Ciborgue, trata-se da busca por saberes situados e parciais, ou, para nós, um saber não-todo, que faz barreira aos empuxos totalitários que tendem a comparecer como forma de aplacar a angústia produzida pelo contexto digital.

2.1.12 MAS E O SUJEITO ENTÃO?

Retomando nossa proposta inicial, a tarefa proposta será de buscar uma leitura, pela Psicanálise, dos processos em jogo atualmente, na intrincada relação entre homem e máquina. Partimos, com Lacan, da questão do sujeito, que se conta, como aquilo capaz de oferecer uma primeira distinção entre o humano e a

2. O LUGAR DO SUJEITO NA ARQUITETURA DIGITAL

máquina. A partir daí, nos propomos aqui a investigar qual seria então o lugar e o tempo do sujeito, em sua relação com a tecnologia, no curso de seu desenrolar histórico, até a chegada ao momento atual.

Neste capítulo, traçamos algumas questões preliminares que devem orientar os esforços de abordagem das relações entre humanos e máquinas. Vimos, com Zuboff, como esse tema tende a promover grande resistência, uma tendência à dormência psíquica, uma desistência, cinismo ou recuo, diante do tamanho e da complexidade da questão.

Buscamos situar como o problema da tecnologia vai muito além de uma mera relação de uso, de causa e efeito, ou de adicção. As dinâmicas em jogo são marcadas por relações de força, em seus mais diversos níveis: político, econômico, sensível, afetivo.

Mas como então avançar nesse mar de informações digitais? É possível ainda aí chamar, e encontrar, um sujeito?

A aposta a ser percorrida nesse livro é de que sim. Supomos aí um sujeito, e é por essa suposição que podemos nos abrir a escutá-lo. Se Zuboff sugere buscar encontrar as marcas que a tecnologia deixa em nossa carne, é certo para nós que essa inscrição não se faz de outro modo que não pela linguagem. A tecnologia, como criação humana é, antes de mais nada, algo que foi sonhado, desejado, planejado e criado pelo homem. É em nosso desejo e nossas fantasias, que podemos encontrar os rumos que guiam o avanço tecnológico, assim como sua inserção em nossa vida e em nossa carne. É pelo modo como falamos sobre a tecnologia, o modo como interagimos com a tecnologia e como nos valemos da tecnologia para falar uns com os outros, que podemos encontrar os rastros dos impactos e mutações que a transição digital está a operar.

Nessa direção, não se trata então de encontrar respostas definitivas, capazes de encerrar ou cristalizar os impasses desse campo. Pelo contrário, espera-se que, com essa busca pelo sujeito, possamos aqui criar as fissuras, e levantar as questões, capazes de abrir o espaço para que, na escuridão do campo digital, uma faísca de sujeito possa ainda advir.

Esse é o caminho que iremos percorrer.

2.2 O SUJEITO E A MUTAÇÃO SENSÍVEL

Hiroshi Ishiguro, em seu livro "O que é um Robô?"[108], abre sua apresentação sobre o tema da robótica com a seguinte afirmação: "Os humanos não têm mente, eles simplesmente acreditam que os outros humanos têm mente". Essa assertiva, trazida por Ishiguro, cumpre uma dupla função, em relação ao campo de pesquisas sobre as relações entre humanos e robôs:

Em primeiro lugar, um deslocamento metodológico, no que diz respeito ao estudo das relações entre humanos e máquinas: não se trata tanto de que um robô seja inteligente ou possua inteligência ou mente humanas, mas sim de que ele possa ser reconhecido, por um humano, como um ser dotado de inteligência. É no campo do reconhecimento, não da descrição de competências específicas, que poderemos buscar o que é o específico de uma possível relação entre o humano e o robô.

Essa premissa traz uma mudança decisiva para as pesquisas sobre o campo da robótica e da interação homem/máquina. Se até então grande investimento era dado no desenvolvimento de competências e habilidades do robô (que ele possa falar, escrever, se mover, tomar decisões), com uma capacidade e habilidade que possam mimetizar e ser equivalentes ou até superiores às de um humano, Ishiguro propõem uma nova direção.

Nessa perspectiva, a proposta é de que se possa investir não apenas nas competências do robô, mas em sua aparência e em todo o conjunto de signos e sinais que ele transmite a um humano. O decisivo é que o robô possa *parecer* humano, ser visto, percebido, reconhecido, pelos humanos, como um ser vivo, animado, dotado de existência e inteligência próprias. Trataria-se, então, de poder investigar o que são as características que nos fazem reconhecer algo como humano. Ou, mais especificamente, como falante e pensante:

---

[108] Ishiguro, Hiroshi. *Robotto wa Nani ka? Hito no Kokoro wo Utsusu Kagami* [What is a Robot? A Mirror that Reflects the Heart of Human.] Tokyo: K dansha, 2009.

2. O LUGAR DO SUJEITO NA ARQUITETURA DIGITAL

O objetivo de uma ciência de andróides será então de produzir robôs semelhantes a um humano e identificar os fatores essenciais que representam uma aparência humana. Como podemos definir uma aparência humana? Ou mais, como nós percebemos uma aparência humana?[109]

O segundo desdobramento da afirmação de Ishiguro toca em uma dimensão ética de sua pesquisa, que envolve a criação de robôs humanoides: qual seria a justificativa para investir na criação de androides capazes de serem reconhecidos como humanos? Com tantos problemas que hoje assolam nossa vida em sociedade, por que investir na construção e pesquisa com robôs humanoides, o que poderia trazer ainda mais incertezas a um mundo já em rápida mudança?

O argumento de Ishiguro é de que, ao buscar desenvolver um robô que possa ser reconhecido como humano, estamos na verdade a investigar o que nos faz humanos, o que, em nós mesmos, somos capazes de reconhecer como os traços que nos caracterizam.

Assim, as pesquisas com a robótica poderiam trazer contribuições significativas para o modo como concebemos a própria condição humana, quais são os traços, índices e características que perfazem essa categoria do humano e, mais ainda, o que guia nossos processos de reconhecimento e convivência. Estudar a máquina é, em última instância, estudar a nós mesmos, nossos modos de existência e nossa história.

Levando essa proposta de pesquisa a seu limite, Ishiguro propõe então uma nova estratégia de pesquisa: a construção de robôs com aparência idêntica a de seres humanos já existentes. Verdadeiras cópias robóticas dos pesquisadores envolvidos em seu grupo de pesquisa. Robôs com a mesma aparência, cabelo, cor de pele, altura, trejeitos. Inclusive, Ishiguro cria um robô duplo de si-mesmo. Esses androids são nomeados por ele de *Geminoids*:

---

[109] ISHIGURO, H., & DALLA LIBERA, F. (Eds.). *Geminoid Studies: Science and Technologies for Humanlike Teleoperated Androids*. Springer, 2018.

> Nós desenvolvemos o *Geminoid*, uma nova categoria de robô (...). Cunhamos o termo *'geminoid'* do Latim *'geminus'*, significando 'gêmeo' ou 'duplo', e adicionamos o *'oid'*, que indica 'similaridade' ou ser uma cópia. Como o nome sugere, um *geminoid* é um robô que irá funcionar como um duplo de uma pessoa existente. Ele aparenta e se comporta como a pessoa e é conectado a essa pessoa por uma rede de computador.[110]

Os *Geminoids* são então androides, robôs que copiam a aparência de um dado ser humano. Contudo, não se trata de robôs autônomos, que funcionam por conta própria. São robôs controlados por um sistema de controle remoto, de modo que um humano possa à distância, "pilotar" o robô. A idéia é de que cada pesquisador possa ser capaz de controlar uma cópia robótica idêntica a si-mesmo, um duplo do si.

Ishiguro cria então um robô de si-mesmo e passa a controlá-lo por um sistema de controle remoto, realizando uma série de experimentos, envolvendo interações do robô *Geminoid* com outros seres humanos.

Essa ideia de um robô controlado remotamente surge porque uma das maiores limitações das pesquisas em robótica estava nos programas de inteligência artificial, que seriam usados para construir a "mente" do robô. Tais programas são ainda pouco desenvolvidos, o que impede a possibilidade de criação de um robô autônomo que fosse de fato capaz de sustentar conversas dinâmicas com outras pessoas. Ou seja, uma limitação de competência ou habilidade técnica dos programas e dispositivos utilizados para construção dos processos de fala do robô, sendo eles incapazes de manter conversas como um humano faria.

Ishiguro visa contornar esse problema. Não se trata mais de investigar a competência do robô para a fala ou movimento. Ele mesmo, Ishiguro, controlando o robô a distância, por meio de

---

[110] Id.

2. O LUGAR DO SUJEITO NA ARQUITETURA DIGITAL

um sistema de controle remoto, poderia manter a conversa com outras pessoas. Por meio de um sistema de microfones e alto-falantes, o som das conversas era captado e transmitido a Ishiguro, em tempo real, assim como, inversamente, as respostas pronunciadas por Ishiguro eram transmitidas para serem pronunciadas pelo robô a seus interlocutores.

Desse modo, Ishiguro atuava nos bastidores, escutando o que é dito e respondendo com sua voz e ideias próprias, que seriam então transmitidas remotamente e reproduzidas pelo robô. O mesmo em relação a seus movimentos: um complexo sistema permite que o robô mimetize perfeitamente os gestos e trejeitos realizados por Ishiguro no sistema de controle remoto.

Assumindo o controle das competências do robô, seria então possível avançar na investigação acerca dos efeitos que uma aparência robótica, uma interface não humana (porém, semelhante a um humano) poderiam causar em eventuais interlocutores. Seria esse androide, não humano, mas que fala como um humano e se parece com um humano, capaz de ser reconhecido pelas pessoas como um semelhante? Em que ponto traçamos o limite ou fazemos a distinção entre o humano e a máquina? Entre o humano e o não-humano?

Após realizar uma série de experimentos, em que usava seu robô Geminoid para conversar e interagir com outras pessoas, Ishiguro[111] destaca quatro grandes achados de sua pesquisa.

O primeiro foi sobre sua própria percepção do robô. Relata que ao olhar o robô parado, realmente via grande semelhança na aparência, chegando a afirmar que "era como se olhar no espelho". Porém, para ele, quando via o robô começar a se movimentar, isso de algum modo quebrava a ilusão de reconhecimento, ele não mais se percebia mais como semelhante ao robô. O movimento, de algum modo, rompia com aquela primeira identificação que teria vindo pela imagem parada.

---

[111] ISHIGURO, H., & DALLA LIBERA, F. (Eds.). *Geminoid Studies: Science and Technologies for Humanlike Teleoperated Androids*. Springer, 2018.

O segundo achado foi a percepção de que, ao começar a controlar o robô *Geminoid*, com seu sistema de controle remoto, Ishiguro rapidamente percebe que não consegue realizar os movimentos com a mesma facilidade e liberdade que normalmente faria. O robô rapidamente lhe impõe uma limitação dos movimentos, uma resistência. Mas, mais do que isso, Ishiguro percebe que, com bem pouco tempo de prática, começa a inconscientemente ajustar e adaptar seus movimentos para se adequar aos movimentos restritos do *Geminoid*: "Eu sentia que não apenas o *Geminoid*, mas o meu próprio corpo estava restrito aos movimentos que o android é capaz de fazer"[112]. Essa montagem dupla, entre Ishiguro e seu duplo-robótico, permitia, ao mesmo tempo, uma confluência de movimentos, mas também uma restrição, uma limitação de sua autonomia.

O terceiro ponto indicado é de que não apenas Ishiguro, mas também seus interlocutores, muito rapidamente se adaptavam às limitações impostas pelo robô. Em menos de cinco minutos de conversa, os participantes da pesquisa se acostumavam à interação com o *Geminoid*, reconhecendo-o, e falando com ele como se fosse o próprio Ishiguro ali presente.

E, por fim, o dado talvez mais curioso sobre as pesquisas com o *Geminoid*. Se trata dos casos em que algum dos participantes da pesquisa tocava o corpo do robô *Geminoid*, especialmente em sua face. O androide não é dotado de nenhum tipo de feedback sensorial (que poderia transmitir uma sensação de toque diretamente da pele sintética do robô, para a pele, ou mesmo sistema nervoso, de Ishiguro). Porém, mesmo assim, Ishiguro relata que ao ver a mão se aproximar do robô, ele sentia como se o seu próprio corpo estivesse sendo tocado: "Quando um pesquisador cutuca o *Geminoid*, especialmente ao redor da face, eu tenho uma forte sensação se estar sendo cutucado no meu próprio rosto"[113].

---

[112] Id.
[113] ISHIGURO, H., & DALLA LIBERA, F. (Eds.). *Geminoid Studies: Science and Technologies for Humanlike Teleoperated Androids*. Springer, 2018.

2. O LUGAR DO SUJEITO NA ARQUITETURA DIGITAL

Ishiguro chega a relatar experiências de dor e desconforto, quando via alguém fazendo ajustes ou abrindo o corpo do robô para reparos. Em outro experimento, um dos pesquisadores controlava seu robô *Geminoid*, quando uma colega, pesquisadora, acaricia a face do robô. Nesse momento, o pesquisador conta que chegou a sentir uma ereção e excitação sexual, pelo toque da colega, no robô. Passam a experienciar no próprio corpo, aquilo que acontece nesse duplo, que é o robô *Geminoid*.

Esse breve percurso pela pesquisa de Ishiguro com o Robô *Geminoid* situa algumas das variadas nuances presentes na investigação sobre a relação entre o humano e a máquina. Em especial, a ideia de que produzir androides e estudar seu funcionamento é, em verdade, estudar e investigar a própria condição humana. Isso situa o tema em um nível muito mais complexo e interessante, não se reduzindo à mera análise dos efeitos da tecnologia sobre o homem, mas sim uma complexa gama de relações discursivas e materiais, que se imbricam nesses encontros. Mas como, então, poderíamos nos aproximar de uma investigação dessa ordem? O que uma tal investigação é capaz de nos dizer sobre o humano e o sujeito do desejo?

Mais do que isso, a investigação de Ishiguro, ao tocar em uma questão acerca de nossa própria concepção sobre o humano, nos coloca em um impasse ético. O que de fato está em jogo, quando passamos a ter, entre nós, a presença de objetos, fabricados pelo homem, mas passíveis de serem reconhecidos como humanos? Capazes de interagir conosco, sem que percebamos que se trata aí de uma máquina?

E, inversamente, de que modos somos levados a uma tal relação a partir da qual nos vemos capturados pelas máquinas, cada vez mais conectados a elas, dependentes das notificações, dos *feeds*, das *selfies* e dos *inbox*? De modo mais direto: de que modo e em que momento passamos a equiparar, ou até mesmo privilegiar, relações com aparelhos e dispositivos digitais, em detrimento de relações com outras pessoas?

Abordar um tal processo não se coloca como tarefa fácil. Mas podemos aqui indicar algumas das primeiras linhas de base, que traçam a cartografia desse problema.

Partiremos de Foucault, como um dos pensadores que de modo mais intenso se dedicou à questão do poder e ao modo como os corpos e as subjetividades são moldadas e controladas pelos mais variados dispositivos e instrumentos de dominação. Foucault indica, como marco de passagem para a modernidade, justamente o processo pelo qual a condição biológica da vida humana, os corpos, a saúde, os desejos e os afetos, passam a ser incluídos como objetos dos mecanismos de cálculo e dominação do poder estatal. Uma nova modalidade de controle disciplinar biológico, orgânico, que por uma série de dispositivos de poder seria capaz de produzir os 'corpos dóceis', necessários para manutenção do Estado e de seus processos de dominação e exploração econômica[114].

É nesse movimento que se configura o campo da biopolítica, sendo esse conceito um dos grandes legados de Foucault. Contudo, o desdobramento e desenvolvimento desse conceito ficariam como tarefas em aberto, deixadas por Foucault, que morre antes de poder desdobrar e aprofundar as consequências de uma tal articulação. Essa é, para a Agamben, o grande desafio deixado por Foucault:

> A entrada da vida natural na esfera da polis – a politização da vida nua como tal – constitui o evento decisivo da modernidade e sinaliza uma radical transformação nas categorias político-filosóficas do pensamento clássico (...) Os enigmas que nosso século propôs à razão histórica e que seguem conosco, só poderão ser resolvidos nesse terreno, biopolítico, no qual foram formados.[115]

---

[114] FOUCAULT, M. *História da sexualidade I: a vontade de saber. In História da sexualidade I: a vontede de saber*, 1984 pp. 152-152.
[115] AGAMBEN, G. *Homo sacer: o poder soberano e a vida nua*. Editora UFMG, 2002.

2. O LUGAR DO SUJEITO NA ARQUITETURA DIGITAL

Mas sobre essa via aberta de investigações, Foucault deixaria também ao menos duas linhas de questões a serem desdobradas. Por um lado, a proposta de estudo dos mecanismos políticos de poder, controle e vigilância, usados pelo Estado para capturar e administrar a vida dos indivíduos. Por outro, a investigação sobre os dispositivos de subjetivação, capazes de mobilizar processos que se infiltram nos corpos, moldando e subjugando os pensamentos, sentimentos, desejos e modos de prazer, para uma crescente cristalização e alienação aos interesses do dominador.

Mas, mais do que a indicação desses dois campos de incidência, a questão que não chega a ser articulada por Foucault é: em que ponto ou de que modo, esses dois níveis de controle se articulam, se tocam, se relacionam? Em que ponto as estratégias de poder e vigilância se articulam aos dispositivos de mutação corporal e subjetivação, para produzir esse tal encaixe pelo qual a produção de corpos dóceis, plenamente moldados aos interesses de dominação?[116]

Agamben irá buscar uma resposta a essa questão e irá resgatar, ainda em Foucault, o conceito capaz de situar esse ponto de articulação entre essas duas frentes: o conceito de dispositivo[117]. Para Agamben, o conceito de dispositivo seria um "conceito operativo geral" na obra Foulcaultiana, uma espécie de Universal, que opera como aquilo que articula a rede de dispositivos de controle, em sua relação com uma estratégia ou um objetivo de dominação e poder, tanto quanto com uma certa episteme, como um certo modo de pensamento e modo de produção de verdade, capaz de capturar aqueles que são impactador por essa rede chamada dispositivo.

Assim, Agamben esboça uma proposta de definição para o termo dispositivo:

---

[116] AGAMBEN, G. *Homo sacer: o poder soberano e a vida nua*. Editora UFMG, 2002.
[117] AGAMBEN, G. *O que é um dispositivo?*. Outra travessia, 2005, (5), 9-16.

Chamarei literalmente de dispositivo qualquer coisa que tenha de algum modo a capacidade de capturar, orientar, determinar, interceptar, modelar, controlar e assegurar os gestos, as condutas, as opiniões e os discursos dos seres viventes.[118]

Dispositivo seria o modo pelo qual é tecida essa rede, na qual as forças de vigilância e dominação são capazes de capturar e apreender os corpos e a vida dos seres viventes.

De tal definição podemos notar a amplitude e abrangência do conceito, como indicado pelo próprio Agamben: não apenas prisões, manicômios, escolas, fábricas, mas também a caneta, a escrita, os livros, a filosofia, agricultura, enfim, as diversas invenções, técnicas e tecnológicas humanas, seriam todas dotadas dessa potência de captura e subjetivação. Em última instância, a própria linguagem, poderia ser tomada como o primeiro, e maior, dispositivo de subjetivação e controle. Mas diante de uma tal amplitude do conceito de dispositivo, onde então situar a especificidade do momento biopolítico vivido hoje?

A mudança, para Agamben, estaria em uma certa virada, uma modalidade de deterioração e corrupção dos dispositivos de subjetivação, em seu encontro com a racionalidade capitalista, que se apropria de seu uso, para uma aplicação não mais produtora de subjetivação, no contexto de um movimento desejante, mas sim como processo de dessubjetivação, de assujeitamento, de paralisia do movimento:

> O que define os dispositivos com os quais temos que lidar na fase atual do capitalismo é que eles não agem mais tanto pela produção de um sujeito, quanto pelos processos que podemos chamar de dessubjetivação (...) não dando lugar à recomposição de um novo sujeito.[119]

---

[118] Id.
[119] AGAMBEN, G. *O que é um dispositivo?*. Outra travessia, 2005, (5), 9-16.

2. O LUGAR DO SUJEITO NA ARQUITETURA DIGITAL

A ampla expansão e uso de dispositivos massivos de dessubjetivação, estaria como ponto de imbricação, no qual os interesses do poder econômico e estatal encontrariam as vias para devastação do campo desejante, visando produzir corpos não apenas dóceis, mas adequadamente moldados para o máximo aproveitamento do potencial de exploração e extração econômica.

Esse movimento acelerado de mutação deve ser abordado em torno de dois processos de transformação concorrentes e que se afetam mutuamente. Por um lado, uma mutação econômica, com a passagem do capitalismo à atual forma de capitalismo de vigilância, no interior de uma racionalidade neoliberal como apresentado por Shoshana Zuboff[120]. De outro, uma mutação no campo da política e das formas de governo com a passagem da biopolítica, à necropolítica e, enfim, ao brutalismo, como indicado por Achille Mbembe[121].

Capitalismo de vigilância e brutalismo, como as duas forças, de dominação e dessubjetivação, capazes de se enodar e operar, por meio do advento e proliferação dos novos dispositivos tecnológicos. Vamos então indicar aqui alguns dos principais elementos que compõem essas duas forças:

Zuboff, em seu livro A Era do Capitalismo de Vigilância nos oferece uma primeira definição geral do termo:

> 1. Uma nova ordem econômica que reinvindica a experiência humana como matéria bruta gratuita para práticas comerciais ocultas de extração, predição e vendas. 2. Uma lógica econômica parasitária, na qual a produção de bens e serviços é subordinada a uma nova arquitetura global de modificação comportamental. 3. Uma desonesta mutação do capitalismo marcada por concentrações de riqueza, saber e poder, sem antecedentes na história da humanidade; 5. Uma ameaça tão significativa para a natureza humana no

---

[120] ZUBOFF, S. *The age of surveillance capitalism: The fight for a human future at the new frontier of power: Barack Obama's books of 2019*. Profile books, 2019.
[121] MBEMBE, A. *Brutalisme*. la Découverte, 2020.

século XXI, quanto o capitalismo industrial foi para o mundo natural nos séculos XIX e XX; 6. A origem de um novo poder instrumental que impõem sua dominância sobre a sociedade e apresenta importantes ameaças à democracia; 7. Um movimento que tem por objetivo impor uma nova ordem coletiva baseada na total certeza; 8. Uma expropriação de direitos humanos fundamentais que é melhor entendida como um golpe de cima para baixo: uma derrubada da soberania da população.[122]

A definição apresenta os diversos níveis de incidência e organização da complexa rede que compõem o capitalismo de vigilância. Trata-se de um certo modo de produção de riqueza, saber e poder, por meio da extração de recursos a partir de uma nova matéria bruta: a própria experiência humana. A vida humana, seus atos, suas palavras, seus movimentos, deslocamentos e comportamentos, seriam constantemente observados e recolhidos, deslocados, armazenados, transformados em dados. Se antes as fontes naturais eram depredadas, mineradas, devastadas, para extração de matéria bruta para produção de mercadorias, agora, os próprios seres humanos são a fonte a ser explorada e depredada, para extração de matéria bruta de dados, passível de serem processados e convertidos em informação.

Porém, o incessante processo de captura e transformação da experiência humana em dados é apenas a primeira etapa desse processo. A essa coleta e análise de dados, se segue um segundo processo, pelo qual esses dados analisados deverão ser convertidos em riqueza, para as empresas detentoras desses dados. Tal conversão será feita por meio de processos de previsão comportamental. A riqueza aqui se configura como a capacidade de prever a ação humana: um jogo de apostas, na previsão e antecipação do futuro. Trata-se de utilizar os dados e informações para tentar prever e antecipar futuras ações, comportamentos ou decisões

---

[122] ZUBOFF, S. *The age of surveillance capitalism: The fight for a human future at the new frontier of power: Barack Obama's books of 2019*. Profile books, 2019.

do público. Tais previsões sobre nossas ações futuras são então monetizadas, sendo vendidas para empresas, para fins de anúncios e vendas. A ideia é de que seja possível prever quando uma pessoa precisará fazer uma compra ou quando sentirá necessidade de algum serviço, sendo possível cobrar pela possibilidade de oferta de um anúncio ou propagando no exato momento em que a pessoa-alvo estará mais vulnerável a essa sugestão.

Mas se todo o processo de monetização orbita em torno da possibilidade de previsão de comportamentos futuros, é fácil deduzir que, para que esse processo se mantenha, é necessário que haja seres humanos cada vez mais previsíveis: quanto mais previsíveis os comportamentos, mais dóceis os corpos, maior a riqueza que poderá ser extraída dos dados brutos, e mais certeza poderá ser antecipada e leiloada, para ganhos financeiros.

Assim, se Zuboff fala em "uma nova arquitetura global de modificação comportamental"[123], é em referência a esse amplo e massivo processo de corpos não apenas dóceis, mas principalmente, previsíveis, em que cada movimento, decisão, escolha ou necessidade possa ser previsto, antecipado e satisfeito. Que nosso futuro seja sequestrado e comercializado. Com um ganho adicional de lucro. As redes sociais com seus *likes, emojis, swipes*, contagem de caracteres e *hashtags*, seriam alguns dos dispositivos e estratégias de design empregados para produção de comportamentos cada vez mais massificados e previsíveis.

Mas e quanto ao brutalismo? Sigamos também algumas das definições trazidas por Mbembe:

> Eu tomo emprestado o conceito de brutalismo do pensamento arquitetônico. No entanto, trata-se de uma categoria eminentemente política. (...) A política é uma prática instrumental, um trabalho de montagem, organização, formação e redistribuição, inclusive espacialmente, de conjuntos corporais vivos, mas essencialmente imateriais. E é no ponto

---

[123] Id.

que imaterialidade, corporeidade e materiais se encontram que o brutalismo deve ser localizado. Ambos situados no ponto de articulação entre o material, a corporalidade e o imaterial, a arquitetura e a política, não são apenas parte do mundo dos símbolos e da linguagem. São também constitutivas do mundo técnico, do mundo dos objetos e dos corpos. (...) Arquitetura e política são, portanto, uma questão de disposição adequada de materiais e corpos, de força e energia. (...) Vista dessa perspectiva, a função dos poderes contemporâneos é, portanto, mais do que nunca, tornar possível a extração. Isso requer uma intensificação da repressão. A perfuração de corpos e mentes é parte disso. A transformação da humanidade em matéria e energia é o projeto final do brutalismo.[124]

Por essa construção podemos encontrar as bases do que seria o projeto político do brutalismo e no que ele vai além da mera biopolítica Foucaultiana ou mesmo da necropolítica, como articulados pelo próprio Mbembe. Não se trata mais apenas de um controle ou gestão da vida biológica, nem apenas de um projeto de produção e gestão da vida e morte de grupos ou populações. Tais aspectos seriam elementos presentes na dinâmica política atual, mas como faces internas de um projeto mais amplo: o brutalismo, como massivo processo de força de extração, aplicado sobre a vida e o corpo humano. A escolha pelo nome brutalismo, dentre outros aspectos, busca fazer referência também à monumentalidade e gigantismo do processo em curso: que tudo possa ser transformado em matéria e energia e, consequentemente, em dados[125].

---

[124] MBEMBE, A. *Brutalisme*. la Découverte, 2020.
[125] Zuboff (2019) também insiste nesse aspecto de gigantismo, ao mencionar o trabalho do Google em sua proposta de organizar todo o saber humano: "a missão do Google de 'organizar a informação do mundo e torná-la universalmente acessível e útil'". Que tudo da vida humana seja digitalizável e passível de ser convertido em sentido.

2. O LUGAR DO SUJEITO NA ARQUITETURA DIGITAL

Um processo como esse não se faz apenas com um controle ou vigilância que se exerce de fora para dentro. Não basta um poder que seja capaz de incidir sobre. É necessário um novo modo de poder e dominação que seja capaz de perfurar, penetrar, promover furos, fendas e aberturas, produzindo as zonas de indistinção e indiferenciação, tanto no campo político, pelo Estado de Exceção e a suspensão da vigência de toda e qualquer Lei ou regulamentação que fosse capaz de barrar tal processo[126], como no campo de incidência sobre os corpos, ao criar verdadeiras zonas de indiferenciação entre o humano e a máquina.

Sobre essa perfuração do corpo humano, Mbembe destaca a conjunção de três forças: "o cálculo em sua forma computacional, a economia em sua forma neurobiológica e os organismos vivos em processo de carbonização"[127]. Nessa confusão e criação de zonas de indistinção entre os cálculos matemáticos e digitais, a concepção do humano como mera somatória neurológica de impulsos cerebrais, e os diversos processos médicos e biológicos que permitem intervenções e modificações no corpo humano, e sua crescente fusão com a matéria tecnológica, encontramos a instauração do que, para Mbembe, é a crença – e, talvez, a fantasia – fundamental que mobiliza todo esse processo:

> Em termos concretos, o brutalismo baseia-se na profunda convicção de que não há mais distinção entre os vivos e as máquinas. A matéria, em última instância, é a máquina, ou seja, hoje em dia, o computador, no seu sentido mais amplo,

---

[126] Zuboff também destaca como um dos grandes elementos do capitalismo de vigilância e do *modus operandi* das empresas de tecnologia essa total e irrestrita liberdade na coleta de dados, livre de quaisquer intervenções legais ou regulatórias: "Capitalistas de vigilância não são diferentes de outros capitalistas, ao demandarem liberdade de qualquer tipo de restrição. Insistem em uma completa liberdade para lançar qualquer nova prática ou iniciativa, enquanto agressivamente afirmando a necessidade de uma irrestrita liberdade em relação a qualquer forma de lei ou regulamentação."

[127] MBEMBE, A. *Brutalisme*. la Découverte, 2020.

o nervo, o cérebro. De agora em diante, os mundos da matéria, da máquina e da vida tornam-se um só.[128]

Em uma cada vez mais aguda mudança antropológica, caem os critérios de possibilidade de separação e diferenciação entre o humano, a máquina e matéria. Mais do que isso, ali onde antes vigorava a crença e a ilusão do humano, como sujeito dotado de razão e, assim, capaz de operar, utilizar e controlar a matéria e os objetos, cada vez mais agora nos vemos diante de uma inversão.

Lacan, aos discutir o discurso da ciência e sua incessante produção de *gadgets*, foi capaz de atrelar o próprio futuro da Psicanálise à relação do homem com esses objetos: "o futuro da Psicanálise é algo que depende do que advirá desse real, ou seja, se as engenhocas, por exemplo, ganharão verdadeiramente a dianteira, se chegaremos a ser, nós mesmos, verdadeiramente animados pelas engenhocas."[129]

Se seguimos o caminho proposto por Mbembe, podemos considerar que estamos já diante desse ponto de virada, como vimos no capítulo anterior: "Agora somos atravessados, de um lado para o outro por objetos, trabalhados por eles tanto quanto nós os trabalhamos. Nós somos o minério que nossos objetos são encarregados de extrair. Eles agem conosco, nos fazem agir e, acima de tudo, nos animam"[130].

Mas, diante de uma tal magnitude de um projeto de vigilância e extração, que ambiciona reduzir o todo da existência humana a um mero compilado de dados monetizáveis, onde aqui caberia a nós poder situar o lugar do psicanalista e a potência da Psicanálise como discurso ainda capaz de fazer sentir seus efeitos?

Mbembe nos deixa duas sugestões de caminhos possíveis. A primeira delas podemos encontrar em outra de suas definições do projeto político do brutalismo: "um projeto de um mundo sem

---

[128] Id.
[129] LACAN, J. La tercera. In: Actas de la Escuela Freudiana de Paris, 1974/1980, (pp. 159-186). Barcelona: Ediciones Petrel.
[130] MBEMBE, A. *Brutalisme*. la Découverte, 2020.

2. O LUGAR DO SUJEITO NA ARQUITETURA DIGITAL

um exterior impróprio"[131]. Se vimos o capitalismo de vigilância e o brutalismo como processos que visam, antes de mais nada, reduzir tudo a dados, a sentido, a matéria e comportamento, passíveis de serem apreendidos e digitalizáveis, podemos argumentar que o que estaria em jogo é da ordem de um verdadeiro projeto massivo de destruição de tudo aquilo que, no humano, seria capaz de fazer barreira, de resistir, de não ceder aos processos de tradução e digitalização e redução ao sentido. Que nada mais possa escapar à razão, ao sentido, ao processamento e à matematização.

Em suma, uma destruição da própria experiência do inconsciente. Que tudo cesse de não se inscrever. Que não haja mais algo da ordem de uma outra cena, de um vazio, ou de um ponto insondável de indeterminação, mas apenas um todo completo, cheio, repleto de sentidos, pesado e sem furos. Se trata de eliminar, no humano, qualquer relação com o invisível, com o imaterial, com o inaudível, e com toda outra forma de experiência transcendental ou desejante. Se pudermos percorrer essa via de argumentação, poderemos ao menos situar uma entrada para o papel da Psicanálise e do psicanalista como via de se fazer barreira a essa tendência totalizante.

Mas, para que uma tal barreira possa operar, não basta uma compreensão abstrata do que está em jogo. Não basta uma política. É necessário que se possa traçar também uma estratégia e uma tática, capazes de oferecer as condições para uma ética, tanto quanto para uma estética, do trabalho a ser sustentado. Nesse ponto encontramos a segunda sugestão de Mbembe, ao indicar que "as tecnologias digitais, a razão eletrônica e algorítmica" seriam as vias pelas quais esse projeto do brutalismo é capaz de se impor a cada um. A questão aqui seria então interrogar: o que, exatamente, das tecnologias digitais, pela razão eletrônica e algorítmica, é capaz de uma tal captura sobre o humano? E no que a experiência psicanalítica é capaz de aí oferecer uma outra possibilidade?

---

[131] Id.

Essas serão as vias que buscaremos aqui avançar a partir de uma tese: uma tal mudança, nos modos de existência, nas relações e nas dinâmicas de poder, não se faz senão a partir de uma mudança fundamental, uma mudança no modo como falamos. Uma mudança daquilo que, em nós, comparece como potencialidade para a fala.

Se vimos, com Agamben, essa sugestão do dispositivo como esse elemento capaz de articular os campos das dinâmicas de poder e dominação, com a função dos processos de dessubjetivação, é Agamben quem indica que a linguagem mesma poderia ser considerada, como o mais fundamental e antigo dos dispositivos. Mas, em relação a esse estrutural e estruturante dispositivo que é a linguagem, estamos diante de uma mutação qualitativamente inédita.

Como precisamente demonstrado por Klemperer, em sua apresentação sobre a Linguagem do Terceiro Reich[132][133], sabemos da potência da palavra, quando transformada em "minúsculas doses de arsênico", a reduzir a linguagem e seu uso à uma pobreza limite, conduzindo cada um de seus adeptos à submissão a causas extremas, em direção à destruição e a estupidez.

Porém, diferentemente da estratégia em jogo na Linguagem do Terceiro Reich, no caso do projeto em curso de uma redução do humano à linguagem tecnológica, não está em jogo uma linguagem ou racionalidade que necessariamente visam uma adesão dos sujeitos à tal ou qual causa, a essa ou aquela bandeira ou ordem política. Ainda que presenciemos hoje o retorno de discursos de ódio e bandeiras extremistas, não está aí, propriamente o fim e objetivo do projeto brutalista. Não se trata de ter como objetivo produzir mais e mais fascistas, ainda que esse possa ser um de seus efeitos. Não se trata, também, apenas de um novo uso

---

[132] KLEMPERER, V., & OELSNER, M. B. P. *LTI: a linguagem do Terceiro Reich*. Contraponto Editora, 2020.

[133] Klemperer: "O que acontece se a língua culta tiver sido constituída ou for portadora de elementos venenosos? Palavras podem ser como minúsculas doses de arsênico: são engolidas de maneira desapercebida e aparentam ser inofensivas; passado um tempo, o efeito do veneno se faz notar."

da linguagem para fins mais violentos ou mais destrutivos. O que está em curso é mais amplo e mais perigoso: uma destruição da própria relação do homem com a linguagem. Agamben apresenta uma primeira abordagem dessa questão:

> O que agora acontece diante de nossos olhos é que a linguagem, que foi exteriorizada à coisa por excelência da humanidade, parece ter completado seu itinerário antropogênico, querendo agora retornar para a natureza da qual havia surgido. (...) uma concepção de linguagem cujo horizonte não é mais histórico e exossomático, mas, em última instância, biológica e inatista. E a promoção da potencialidade histórica da linguagem parece ser substituída por um projeto de computarização da linguagem humana que fixa a linguagem em um código comunicativo que em muito se assemelha ao da linguagem animal.[134]

Não mais um contexto no qual o homem habita a linguagem, e com ela se relaciona, se valendo dela para produção de sua própria condição histórica e desejante. Mas, como indicado também por Mbembe, um projeto no qual a própria linguagem possa a ser completamente reduzida, por um lado ao computador, sob formato de um puro código operativo, e, por outro, a mera função biológica, completamente encarnada e reduzida à reprodução mecânica, pelo corpo, desse código comunicacional. Não mais a linguagem como algo que opera uma cisão, abrindo o campo para o inconsciente, mas uma linguagem perfeitamente conforme, ao biológico e ao computacional, fagocitada por uma máquina completa de produção de sentido e de não-contradição, tanto quanto pela possibilidade de uma plena junção entre cérebro e computador, entre humano e máquina, sendo esse o território e o objetivo final do processo em curso. Como indica Zizek:

---

[134] AGAMBEN, G. *What is philosophy?*. Stanford University Press, 2017.

Ainda que a ascensão do capitalismo de vigilância tenha consequências de amplo alcance, ela não é ainda a verdadeira mudança no jogo: há um potencial muito maior para novas formas de dominação no prospecto de uma interface de conexão direta cérebro-máquina.[135]

Ali onde a linguagem seria o elemento capaz de conferir ao homem sua singularidade, dentre as espécies viventes, tanto quanto seu potencial para a vida política (lembrando a formulação Aristotélica do humano como ser dotado da capacidade adicional para fala e para política), temos hoje uma dupla degradação. Em um sentido o processo acima pelo qual a linguagem passa a ser esvaziada de tudo aquilo que lhe confere seu caráter histórico e político, aproximando-a cada vez mais da redução a uma mera fala animal, um puro código de comunicação inequívoca, como o miado do gato, ou o latido do cachorro. Trata-se de extirpar da língua tudo que possa operar como ruído, como incerteza, como ambiguidade, como surpresa, como imprevisto, ou como espanto. Em outras palavras, o projeto de uma pura linguagem abstrata, completamente não habita, despida da voz.

Porém, em outro sentido, encontramos ainda um segundo movimento decisivo de degradação dessa relação do homem com a linguagem. E aqui retomamos as pesquisas de Ishiguro e seu robô Geminoid, que abriram esse capítulo. Não apenas o homem vê cada vez mais reduzida sua capacidade para fala e para uso da linguagem, degradada por um formato computacional. Mas vemos também a presença cada vez mais ampla e ubíqua de robôs e programas falantes. Robôs e programas que conversam conosco, respondem nossas perguntas, interagem, comentam nossas ações.

As inúmeras indagações sobre a remota possibilidade de um dia criarmos uma máquina dotada de inteligência, apenas mascaram o fato já presente entre nós: de que hoje habitamos um

---

[135] ŽIŽEK, S. *Hegel in a Wired Brain*. Bloomsbury Publishing, 2020.

mundo em que outros agentes são dotados da capacidade para fala e para linguagem. Um cenário em que o homem, a cada dia, vê mais e mais abalado seu monopólio sobre o uso da linguagem para comunicação.

Vivemos um estado de indeterminação e exceção em relação a quais seres podem ser considerados falantes. O que fala hoje? E, mais decisivamente, com quem (ou com o que), falamos hoje? Sob que condições é capaz de operar essa insondável relação pela qual se torna possível escutar e ser escutado pelo outro? E, inversamente, sob que condições a tecnologia é capaz de operar como algo capaz de silenciar os sujeitos, privando-os de sua voz?

Sherry Turkle, Psicanalista e pesquisadora do Instituto de Tecnologia de Massachusetts, é uma das autoras que encontra, na Psicanálise, uma via privilegiada para enfrentamento dessas questões. Sobre essa passagem para um momento em que, cada vez mais, falamos com as máquinas, ela apresenta o seguinte contexto:

> Nós construímos máquinas que falam e, falando com elas, não podemos evitar de atribuir uma natureza humana a esses objetos que não são humanos. (...) Em um primeiro momento, nós falamos por meio das máquinas e esquecemos quão essenciais são conversas face-a-face para nossas relações, nossa criatividade, e nossa capacidade para empatia. Em um segundo momento, nós damos ainda mais um passo e falamos não só através das máquinas, mas com as máquinas. Esse é um ponto de virada.[136]

Quando passamos a falar *com* as máquinas, temos um ponto de virada decisivo, e de abalo no que de mais fundamental constitui nossa abertura para o laço com o outro, pela conversa, pela fala e pela escuta, sincrônica, estando presentes com e para o outro.

---

[136] TURKLE, S. The flight from conversation. *The New York Times, 2012*.

Com a crescente ubiquidade dos dispositivos tecnológicos e nossa relação de tomá-los sempre ligados e sempre ligados a nós (*always-on, always-on-you*)[137], somos crescentemente envolvidos por uma barreira, uma camada de isolamento que, passo a passo, corrói as possibilidades de verdadeiros encontros com o outro, silenciando aquilo que, em nós, poderia ser capaz de operar tal encontro: nossa voz. Desse modo:

> Nós estamos sendo silenciados por nossas tecnologias – de certo modo, 'curados da fala' (*cured of talking*). Esses silêncios nos conduziram à uma crise de empatia que nos diminui em nossas casas, nosso trabalho e em nossa vida pública. Como já disse antes, o tratamento para isso, de modo mais simples, é uma cura pela fala (*talking cure*).[138]

Cada vez mais nos comunicamos, por mensagens, textos, e-mails, postagens, sempre bombardeados por um fluxo contínuo de conteúdo, mas cada vez menos tomamos tempo para de fato escutar e falar com o outro. Assim também nos apoiamos na tecnologia para evitar situações em que seja necessário falar com o outro, endereçando-o. De modo amplo, enfrentamos hoje uma crise em nossa habilidade de escutar e ser escutado, silenciados pelas tecnologias, perdemos nossa voz, em troca de uma ilusão de constante conexão ao mundo *online*, tanto quanto de controle sobre as variáveis do mundo que nos cerca.

Sobre esse tema, e tratando a questão dos impactos dos computadores e redes sociais, o filósofo Franco "Bifo" Gerardi, em seu livro "Fenomenologia do Fim", é outro que busca sustentar o argumento de que há em curso uma espécie de mutação antropológica, com uma significativa modificação na experiência sensível. Em suas palavras, o que temos nessa passagem para uma nova era

---

[137] TURKLE, S. Always-on/always-on-you: The tethered self. *Handbook of mobile communication studies*, 2006.
[138]]id.

2. O LUGAR DO SUJEITO NA ARQUITETURA DIGITAL

dos nativos digitais seria: "uma mutação antropológica produzida na dimensão sensível pelo avanço da transição tecnológica.".[139]

E, seguindo essa elaboração, irá indicar como, no ponto decisivo dessa mutação sensível, e do fracasso de nossa relação com nossos semelhantes, está justamente a perda da capacidade de se valer da voz no processo de significação, infligindo à linguagem uma degradação de sua potência sensível, tornando-a incapaz de poder chamar e tocar o outro: "A voz de um ser humano é a única forma de garantir de maneira afetiva e efetiva a consistência semântica do mundo."[140]. Sem a voz, o mundo simplesmente não faz sentido.

Se diante desse cenário, Turkle nos sugere a *talking cure* psicanalítica, como modo de enfrentamento dessa força de silenciamento e perda da experiência da voz (ou um *experimentum vocis*, como nomeado por Agamben[141]), sustentamos a aposta na Psicanálise não apenas como possibilidade de um espaço de tratamento, nas clínicas e consultórios, em que o sujeito possa ser escutado. Esse trabalho, fundamento da prática psicanalítica, sem dúvida constitui uma via decisiva para o desafio hoje em tela. Mas, mais do que isso, sustentamos aqui a posição do psicanalista, em uma condição política, sendo capaz de participar, entrar em cena, mais-além dos confins do consultório, para fazer valer as condições de possibilidade pelas quais se torna possível falar e ser escutado, mas também como uma posição ética, não apenas de uma oferta de escuta, mas de uma posição pela qual se possa operar algo da ordem de um chamado, algo capaz de invocar o sujeito, trazê-lo a cena, criando o tempo e o espaço no qual ele poderá advir, entrar em cena, para falar, para ser escutado e, mais do que isso, para se fazer escutar.

Esse é o desafio e a tarefa, que se colocam ao psicanalista, hoje.

---

[139] BERARDI, F. *Fenomenología del fin: sensibilidad y mutación conectiva*. Caja negra, 2017.
[140] Id.
[141] AGAMBEN, G. *What is philosophy?*. Stanford University Press, 2017.

REFERÊNCIAS

ASSANGE, J. *Cypherpunks: liberdade e o futuro da internet.* Boitempo Editorial, 2015.
Astro Boy (Mighty Atom). Mangá. Escrito por Osamu Tezuka. Japão, 1952.
AGAMBEN, G. *What is philosophy?.* Stanford University Press, 2017.
AGAMBEN, G. O que é um dispositivo?. *Outra travessia,* 2005, (5), 9-16.
AGAMBEN, G. Homo sacer: o poder soberano e a vida nua. Editora UFMG, 2002.
BERARDI, F. *Fenomenología del fin: sensibilidad y mutación conectiva.* Caja negra, 2017.
COULDRY, N., & MEJIAS, U. A. The Costs of Connection: How Data Are Colonizing Human Life and Appropriating It for Capitalism, 2020.
DEMETIS, D., & LEE, A. S. When humans using the IT artifact becomes IT using the human artifact. *Journal of the Association for Information Systems,* 2018, *19*(10), 5.
FOUCAULT, M. História da sexualidade I: a vontade de saber. In *História da sexualidade I: a vontede de saber,* 1984, (pp. 152-152).
GOLDENBERG, R. Reflexões de um Geek. In: Baptista, A., & Jerusalinsky, J. Intoxicações eletrônicas: O sujeito na era das relações virtuais. *Salvador: ÁgalmaI, 2017.*
HARARI, Y. N. *Homo Deus: uma breve história do amanhã.* Editora Companhia das Letras, 2016.
ISHIGURO, H., & DALLA LIBERA, F. (Eds.). *Geminoid Studies: Science and Technologies for Humanlike Teleoperated Androids.* Springer, 2018.
ISHIGURO, Hiroshi. *Robotto wa Nani ka? Hito no Kokoro wo Utsusu Kagami* [What is a Robot? A Mirror that Reflects the Heart of Human.] Toky, 2009.
JERUSALINSKY, J. Corpos elétricos: sem nome-do-pai e colados ao i-pad. Revista Associação Psicanalítica, 2015, 49, 116-125.
KALIL, R. B. A regulação do trabalho via Plataformas Digitais. Blucher, 2020.
KLEMPERER, V., & OELSNER, M. B. P. (2020). *LTI: a linguagem do Terceiro Reich.* Contraponto Editora.
LACAN, J. O seminário, livro 4: a relação de objeto (1956-1957). *Rio de Janeiro: Jorge Zahar,* 1995.
LACAN, J. A Terceira, em *Outros escritos.* Rio de Janeiro: Jorge Zahar, 2003.

LACAN, J. La tercera. In: Actas de la Escuela Freudiana de Paris (pp. 159-186). Barcelona: Ediciones Petrel, 1974/1980.

LACAN, J. Televisão. In: *Outros escritos*. Rio de Janeiro: Jorge Zahar, 2003.

MBEMBE, A. *Brutalisme*. la Découverte, 2020.

O Dilema das Redes (The Social Dilemma). Documentário. Diretor: Jeff Orlowski. USA. Netflix, 2020.

PORGE, E. *A Sublimação, uma erótica para a psicanálise*. Aller Editora, 2019.

SAFATE, V., DUNKER C., JUNIOR, N. S. Neoliberalismo como gestão do sofrimento psíquico. Autêntica Editora, 2020

TURKLE, S. Always-on/always-on-you: The tethered self. *Handbook of mobile communication studies*, 2006.

TURKLE, S. The flight from conversation. *The New York Times*, 2012.

ŽIŽEK, S. *Hegel in a Wired Brain*. Bloomsbury Publishing, 2020.

ZUBOFF, S. *The age of surveillance capitalism: The fight for a human future at the new frontier of power: Barack Obama's books of 2019*. Profile books, 2019.

3. ALGUMAS CONSIDERAÇÕES SOBRE AS VARIAÇÕES DA PRÁTICA ANALÍTICA: A SESSÃO *ONLINE* E POR TELEFONE

LEONARDO GOLDBERG

E

CLÁUDIO KAZUO AKIMOTO JÚNIOR

Esse capítulo é resultado e efeito dos encontros do grupo de pesquisa denominado NEPSIDI (Núcleo de Estudos em Psicologia e Campo Digital), que busca investigar, a partir de escopos teóricos diversos, o modo como a Psicologia e a Psicanálise podem pensar o Campo Digital e seus impactos sobre a subjetividade, para além de leituras reducionistas que tomam o digital a partir de uma visão moral ou idealista da contemporaneidade. Um dos recortes temáticos abordado no curso da pesquisa foi justamente o da variação da prática analítica no que se refere às sessões *online*. Desse modo, o objetivo do presente capítulo será apresentar ao leitor um panorama sobre variações da situação analítica que concernem sua prática à distância, tanto *online,* quanto por telefone. Com a facilitação das conversas *online*, por vídeo e por telefone, sobretudo via *internet*, temos a propagação de plataformas que oferecem um atendimento psicológico sistematizado e a distância, justificando a atualidade da questão. Além disso, se uma parte dos analistas já oferecia – como alternativa à impeditivos cotidianos – sessões por telefone, iremos refletir sobre a incidência de tal variação da clínica no engajamento do analisante, entrada em análise e possíveis diferenças entre sessões *online* e ao vivo. Apesar de nos referirmos ao *online* com preponderância, iremos incluir também a hipótese da sessão por telefone na mesma categoria, visto que grande parte dos analistas hoje que continuam a realizar sessões por telefone o fazem através de *softwares*, portanto parte do campo digital[142].

Ao adotar a expressão "campo digital" optamos por uma terminologia que reflete um posicionamento acerca dos modos de compreensão das interações entre o ser humano e as novas tecnologias. Sabemos que outros termos, como virtual, cibernético, ciberespacial são adotados na literatura para se referir a esse campo. Em Pierre Levy[143], podemos encontrar o recurso ao termo "virtual", um termo que traz seus problemas, em especial por sua associação, no senso comum, com algo que é da ordem do falso, irreal ou ilusório, tendendo a conduzir à uma dicotomia entre virtualidade e realidade. Dicotomia incompatível com o que extraímos de Lacan e suas elaborações em torno do enquadre da realidade atravessada sempre pela fantasia.

Buscamos uma opção terminológica que não se aproxime de uma ingênua oposição entre virtual e realidade. Diante desses impasses, optamos pela adoção do termo "digital" enquanto termo capaz de delimitar um campo que nos permite abordar temas que concernem aos websites de redes sociais, à mediação através da internet e em geral as transformações técnicas e tecnológicas, sobretudo a partir da invenção da digitalização.

A escolha pelo termo digital visa enfatizar os efeitos da tradução da informação em números[144], por meio de processos de binarização usados para tradução da informação em dados, em código. Neste sentido:

> "Se a virtualização é inerente à própria história do homem, a digitalização da informação (traduzida para 0 e 1) circunscreve um momento característico e, portanto, descreve de

---

[142] Ligações telefônicas por *whatsapp, Skype, telegram* etc...
[143] LEVY, Pierre. Cibercultura. São Paulo: Editora 34, 2010.
[144] LEVY, Pierre. *Cibercultura*. São Paulo: Editora 34, 2010.

uma forma mais interessante os modos de subjetivação que concernem ao contemporâneo."[145]

Desse modo, ao falarmos de campo digital, tratamos do alcance dos efeitos produzidos, nas subjetividades, pela presença dos modos de digitalização que implicam o deslocamento de um funcionamento analógico, para um modo digital, eliciando a tradução das informações em códigos binários, sem furos e sem contradições. Veremos como isso se desdobra na abordagem do tema das sessões *online*.

Quando pensamos em atendimento *online* ou por telefone, logo se abrem duas categorias bem delineadas de posições em relação à prática. De um lado, os que torcem o nariz e que logo apresentam argumentos sobre uma possível perda, ausência de "troca", redução de interação e falta de *corpo* na sessão. Do outro, os que adotam atendimento digital mesmo para pacientes em curta distância, de forma apressada, sem uma pré-reflexão sobre tal mediação.

Comecemos com a primeira categoria: é preciso indagar então o que estes consideram o *corpo*, se pressupõem que tal conceito remete ao organismo – biológico – em seu estatuto ontológico próprio; ou então se apenas podemos pensar o corpo em um a *posteriori*, atravessado pela linguagem, e, portanto, efeito de tal injunção. Nesse caso, não poderíamos atrelar a *presença* do analista à presença do corpo biológico do terapeuta. Se há pulsão e tempo lógico, olhar/ser olhado e se fazer olhado, falar/escutar e se fazer escutado, o que é que de fato se perde? Alguns considerariam as variáveis do *setting online* ou por telefone, dependentes de uma mediação técnica, um impeditivo. Bom, de fato uma conexão pode falhar, a internet cair, o ambiente digital não ser exatamente seguro. Mas essas são, em princípio, variáveis próprias

---

[145] GOLDBERG, Leonardo Andre Elwing. *Atitudes perante a morte nos websites de redes sociais: um estudo sobre o luto*. 2019. Tese (Doutorado em Psicologia Social) – Instituto de Psicologia, Universidade de São Paulo, São Paulo, 2019. doi:10.11606/T.47.2019.tde-25062019-100641. Acesso em: 2019-10-07.

da realidade: um consultório pode estar num bairro inseguro, um desconhecido bater na porta da sessão, um namorado ciumento espiar o *setting* e inúmeros outros descontroles e incidentes próprios da prática clínica.

Bruce Fink[146] conta que, por condições diversas – mudanças de pacientes por tempos determinados, falta de analistas lacanianos em regiões especificas, problemas meteorológicos, falta de condição financeira para deslocamentos recorrentes – passou a estender à boa parte de seus analisantes a possibilidade de análise por telefone – "teleanalisandos" – e constatou que as reações à transferência se mantinham por telefone, percebendo um caimento apenas de fenômenos imaginários:

> "(...) a tendência de associar cada nova pessoa que conhecemos a outras que conhecemos e achamos parecidos com a nova pessoa, de um jeito ou de outro (...) a reagir à nova pessoa do mesmo modo que agiríamos com a antiga, pelo menos no começo (...)".

Fink[147] se refere a uma publicação de Miller[148] no *Liberation* que afirma que análise por telefone seria impossível e também comenta sobre a resistência própria dos psicanalistas de pensar tal possibilidade. Quando lemos o artigo, nos deparamos em Miller com uma visão de antinomia entre uma presença *real* e outra *virtual*:

> "O contato remoto em tempo real tornou-se comum durante o século. Seja o telefone, agora móvel, a Internet, a videoconferência. Continuará, se multiplicará, será onipresente.

---

[146] FINK, Bruce. *Fundamentos da técnica psicanalítica: uma abordagem lacaniana para praticantes.* Tradução de Carolina Luchetta e Beatriz Berger. São Paulo: Blucher; Karnac, 2017.
[147] Id. Ibid.
[148] MILLER, J. Le divan. XXI e siècle. *Demain la mondialisation des divans? Vers le corps portable.* Par Jacques-Alain Miller, par Eric Favereau, Paris: Liberation, 1999.

3. ALGUMAS CONSIDERAÇÕES SOBRE AS VARIAÇÕES DA PRÁTICA ANALÍTICA...

Mas a presença virtual terá um impacto fundamental na sessão analítica? Não. Ver um ao outro e conversar entre si não significa uma sessão analítica. Na sessão, dois estão juntos, sincronizados, mas não estão lá para se ver, como mostra o uso do divã. Co-presença em carne e osso é necessária, mesmo que apenas para trazer a relação não-sexual. Se sabotarmos o real, o paradoxo desaparece. Todos os modos de presença virtual, mesmo os mais sofisticados, vão se deparar com isso (...) E quanto mais a presença virtual for banalizada, mais preciosa será a presença real. Então, a grande mudança, eu vejo mais no transporte: a aceleração dos deslocamentos, a queda dos custos (...)"[149]

Ou seja, para Miller[150], a questão não seria a possibilidade de fazer análise à distância, mas sim derrogar os impedimentos geográficos pela via do embaratecimento das passagens aéreas. Isso corrobora com a ideia das análises transcontinentais.

Fink[151] reflete sobre o que é que existe na presença física que seja crucial para uma análise, afinal, várias passagens em Lacan desatrelam o discurso analítico de um encontro de corpos: "(...) a partir do momento que alguém entra no discurso analítico, não há mais nenhuma questão de encontro de corpos", ou então em *Encore*, que reflete sobre o significante:

"(...) pela simples razão de que o que faz coletividade, e que chamei de os homens, as mulheres e as crianças, isto não quer dizer nada como realidade pré-discursiva. Os homens, as mulheres e as crianças, não são mais que significantes"[152]

---

[149] Id. Ibid.
[150] Id. Ibid.
[151] Op. Cit.
[152] LACAN, J. (1985). *O seminário. Livro 20: Mais, ainda*. Rio de Janeiro: Jorge Zahar. (Trabalho original publicado em 1975), p.46.

Uma observação: o próprio Miller[153] quando se refere a estrutura, destaca a questão da virtualidade do estruturante, e, portanto, em sua conversão numa ausência. É por conta de sua virtualidade que tal "ausência se produz na ordem real da estrutura: a ação da estrutura acaba por ser suportada por uma falta"[154]. O par virtual/atual, extraído da própria tradição filosófica, é fundamental para pensarmos a relação entre o estruturante e o estruturado-enquanto-ele-o-vive, portanto, e tal texto vai na contramão do uso que Miller[155] faz no *Liberation* para designar uma "presença virtual", como se se tratasse de algo irreal/empobrecido. Podemos admitir que seu texto no jornal se trata mais de um apelo contra a razão técnica que uma derivação teórica rigorosa.

Voltemos à questão. Fink[156] prossegue então em busca de uma diferença: seria o que? O olfato? Esse também implicaria – ao menos quando evocado no discurso analítico – na cadeia dos significantes, e comenta sobre um paciente que se refere ao seu hálito em uma sessão por telefone, pois seu pai sempre cheirava a charutos e comidas típicas, o que ele associava com "cheiro de adultos". Lembremo-nos que a *madeleine* evoca o passado também a partir de seu cheiro, o que poderíamos chamar de "cheiro de infância", um "gatilho lógico" de mergulho no passado.

Seu argumento sobre a questão essencial é o de que em uma análise o primordial seria a escuta: a capacidade de analista e pacientes de ouvirem um ao outro. Como e o que se diz. Fink[157] crê que, se se pode ouvir bem o suficiente para captar cada "lapso, tropeço, gagueira, hesitação, suspiro e bocejo – a análise pode prosseguir"[158]. Alguns pacientes inclusive o teriam dito que, por escutarem com a proximidade do telefone diretamente no ouvi-

---

[153] MILLER, J. *Matemas I*, Tradução de Sérgio Laia. Jorge Zahar, 1996.
[154] Id. p. 12
[155] MILLER, J. Le divan. XX1 e siècle. *Demain la mondialisation des divans? Vers le corps portable*. Par Jacques-Alain Miller, par Eric Favereau, Paris: Liberation, 1999.
[156] Op. Cit.
[157] Op. Cit.
[158] Id. p. 324.

3. ALGUMAS CONSIDERAÇÕES SOBRE AS VARIAÇÕES DA PRÁTICA ANALÍTICA...

do, se sentiam mais íntimos em sessões neste formato. Veremos mais abaixo como isso pode ser entendido no contexto do atendimento *online*. Além disso, o autor[159] pontua que "a linguagem do corpo", sobretudo a interpretação que se fecha no significado inequívoco sobre o gesto, pode ser demasiadamente forçada, afinal, o gesto não é um dado universal, além de ser afetado por história e cultura. De fato, há *uma* verdadeira corrente teórica da História Cultural que investiga as variações gestuais em determinados períodos e em diferentes culturas. No Brasil, nosso historiador Luís Câmara Cascudo[160] elencou 333 gestos nacionais, importados e adaptados em sua obra *História de Nossos Gestos*.

Em *Função e campo da fala e da linguagem em psicanálise*, Lacan[161] ironiza a questão da percepção sensorial, ao menos em relação à prática psicanalítica:

> "Uma psicanálise normalmente chega a seu termo sem nos informar grande coisa sobre o que nosso paciente herda propriamente de sua sensibilidade aos golpes e às cores, da presteza com que capta isto ou aquilo ou dos pontos fracos de sua carne, de seu poder de reter ou de inventar, ou da intensidade de seus gostos"

Sua ironia, em relação aos analistas obsessivos pela regra do "proibido tocar", que recairiam numa acepção de para-além da linguagem, descreve um jovem psicanalista que relatou – por ocasião de sua candidatura institucional – depois de anos de análise "em vão", um advento da relação de objeto por ter sido cheirado por seu sujeito, como se uma análise objetivasse um *farejamento mútuo*.

---

[159] Id. Ibid.
[160] CASCUDO, Luis da Câmara. *História dos nossos gestos*. São Paulo: EDUSP, 1987.
[161] LACAN, J. *Função e campo da fala e da linguagem em psicanálise (1953)* IN Escritos. Tradução de Vera Ribeiro. Rio de Janeiro: Zahar, 1998, p. 267.

Apesar disso, ao menos quando nos referimos à teoria freudiana, a função do olfato aparece de forma destacada na genealogia da neurose, em uma relação própria com o recalque da sexualidade. Jorge[162] sublinha que tal elemento não pode ser desprezado no texto freudiano, e seu percurso, "advento da postura bípede do homem -> atrofia do sentido do olfato -> recalque orgânico do prazer no cheiro -> recalque da sexualidade em geral"[163] frisa bem a relação do sexual e do excrementício, sobretudo nas pulsões cropofílicas.

Na ocasião de uma primeira apresentação e discussão deste capítulo, uma participante revelou que, quando morava em Paris, a mais vivida recordação de sua análise dizia respeito ao cheiro do sabonete no consultório de seu analista, que costumava usar para lavar suas mãos quando chegava para a sessão. Quando trocada a marca, lhe causou profundo estranhamento... Porém, o que claramente Lacan (Op. Cit.) e Fink[164] tensionam tem mais a ver com o fato de que para tais experiências perceptivas figurarem no discurso analítico elas devem ser evocadas pela palavra e qualquer interpretação que se feche em uma significação *a priori* seria forçada, universalizando assim os particulares.

Pois bem, para Fink parece que existe uma parte dos analistas que procura algo mais "objetivo" que a fala, e que de alguma forma as expressões, gestos e linguagem corporal do paciente poderiam oferecer índices, signos, de uma contradição entre o que o analisante diz e o que sente, mas o paradoxo é que a ausência dessas "dicas" – nos atendimentos à distância – poderia até ter efeito "(...) salutar, que impede a tentação do analista de tirar conclusões apressadas sobre a linguagem do corpo do paciente"[165].

Por fim, um último ponto sobre a questão do corpo e sua implicação nos atendimentos *online*, há os que argumentam pelo

---

[162] JORGE, M. A. C. *Fundamentos da psicanálise de Freud a Lacan, vol. 1: as bases conceituais*. Rio de Janeiro: Zahar, 2005.
[163] Id. p. 18
[164] Op. Cit.
[165] Id. p. 326

caráter indispensável da presença do analisante no consultório, no interior do *setting* analítico, sendo a verdadeira análise aquela que se realiza em consultório, com o analisante deitado ao divã. Insistem sobre a importância de que o analisante possa se comprometer com todo o processo de deslocamento, para vinda até o consultório, reservando à analise seu lugar privilegiado na rotina cotidiana.

3.1 O *SETTING*

Mais uma vez, cabe interrogar o valor de considerações como essa. Por muito tempo, o excessivo apego ao rigor do *setting* analítico foi tomado como argumento para uma resistência do psicanalista em poder levar sua prática para além do espaço privado de seu consultório. Felizmente, ao longo das últimas décadas, temos visto uma abertura para a possibilidade de participação do psicanalista também em outros contextos, nas instituições de saúde, hospitais, escolas e, mais recentemente, até mesmo nas praças públicas[166]. Iniciativas como estas nos indicam como a prática da psicanálise não está adstrita a arranjos de mobília ou portas e janelas com isolamento acústico, ou localização geográfica do consultório, dentre outros elementos que compõem o *setting* tradicional, mas sim se constituindo como prática de trabalho do inconsciente, sob transferência, cabendo ao psicanalista a responsabilidade de articulação de um dispositivo clínico capaz de oferecer condições para que esse trabalho possa se realizar. Nesse sentido, Broide[167]:

"Os dispositivos devem ter um enquadre rigoroso que nos permita ter, da mesma forma que temos no consultório,

---

[166] BROIDE, Emilia e KATZ, Ilana. *Psicanálise nos espaços públicos*. São Paulo: IP/USP, 2019.
[167] BROIDE, J. *A clínica psicanalítica na cidade*. IN: Psicanálise nos espaços públicos. Organizado por: Emília Broide e Ilana Katz. São Paulo: IP/USP, 2019.

uma regularidade na escuta e uma inserção clara e delimitada na relação transferencial para que possamos ter algum controle e domínio do espaço psíquico criado por nós no território ou na instituição"

Assim, em se tratando do *setting* e da saída da psicanalista de seu consultório, não se trata de total desimplicação em relação ao cuidado com os elementos que articulam seu dispositivo clínico, mas sim de estar atento para as especificidades do campo de trabalho que se apresenta, do território ao qual se dirige, do "espaço psíquico" que se organiza, para a partir daí poder operar um dispositivo clínico capaz de propiciar o trabalho do inconsciente sob transferência.

Não se trata, então, de um apego excessivo à necessidade do *setting* clássico e todo seu instrumentário como requisito indispensável para o trabalho psicanalítico. Entretanto, isso não pode ser tomado como carta branca para uma completa revelia aos termos do dispositivo clínico oferecido. Entendemos aqui que o trabalho via atendimento *online* não se apresenta apenas como uma prática que se vale de um meio de comunicação eletrônico. O digital aqui não se reduz a mero instrumento de comunicação. É preciso dar o devido peso ao dispositivo digital como elemento que promove e configura uma prática deslocada no tempo e no espaço, uma prática que se realiza na espacialidade e na temporalidade do campo digital, configurando um território singular, com suas próprias especificidades que demandam também cuidados em torno da montagem do dispositivo clínico e manejo das condições para essa prática.

Tais cuidados envolvem desde a atenção com o aparato tecnológico envolvido: conexão de internet, celulares, computadores, fones de ouvido, até o cuidado com o local no qual cada um dos participantes – analista e analisante – estarão no momento do atendimento. Sobre a primeira hipótese, penso no relato de um caso de uma analisante que, ao ir para intercâmbio, realiza suas sessões no seu quarto de dormitório que divide com outras duas pessoas. Por vezes usando o viva-voz do telefone, eram frequentes intromissões de colegas, entrando e saindo do quarto, interrompendo e escutando trechos do que era dito por ela ou pelo psicanalista.

Podemos lembrar também das frequentes piadas sobre a possibilidade de que, com o advento do atendimento *online*, o analista possa, por exemplo, realizar os atendimentos do conforto de sua casa, sem nem precisar colocar calças. Ainda mais no atendimento apenas com áudio, sem vídeo. Mas, brincadeiras à parte, esse tipo de montagem obscena nos indica o caminho para importância também do cuidado com o espaço em que o atendimento se realiza. Dois exemplos vêm à mente. Um deles do caso de um jovem, com um quadro severo de depressão, que buscava se valer da ferramenta do atendimento *online* para poder continuar a passar o dia todo em sua cama, trancado em seu quarto. As intervenções do analista no sentido de que, para aceitar a prática *online*, o analisante deveria ao menos sair de seu quarto, ir para a sala, se organizar para o horário da consulta, compareceram como primeiro traçado de um manejo para dar contornos ao tratamento e mudança de posição do analisante em relação a seu isolamento. Posteriormente foram feitos avanços, o jovem passou a realizar as consultas no salão de visitas de seu prédio, posteriormente em um café próximo de casa, aos poucos retomando sua rotina e sua vida fora do quarto, de modo que o manejo feito do uso da ferramenta de sessão *online* foi capaz de operar não para uma manutenção da condição de paralisia depressiva, mas para uma mutação das relações do sujeito com o espaço a seu redor.

Em outro exemplo, penso em uma analisante que encontrava, no momento de vinda ao consultório, o único momento de sua rotina semanal em que podia reservar um tempo e um espaço apenas para si, sem intrusões de chefe, marido, filhos... Após mudança para atendimento *online*, foi importante poder preservar a possibilidade de que essa analisante pudesse ter um espaço "seu" para realização regular das sessões, deslocando-se para um local reservado, preservando esse enquadre, algo que teria sido difícil, caso realizasse as consultas em sua própria casa ou em seu escritório.

3.2 O CORPO ENTRE A PRESENÇA FÍSICA E A GARANTIA DO ANALISTA

Em resumo, não pretendemos nos filiar aos que defendem a necessidade de uma presença física dos corpos de analista e analisante, entendidos em uma concepção materialista e essencialista, como busca de uma verdadeira essência do sensível, para além da palavra, que viria a se conjugar no interior de um rígido e burocrático *setting* analítico. Mas trata-se aqui da responsabilidade do analista em considerar que o recurso à tecnologia digital para prática clínica implica uma modalidade diversa de relação com o tempo e o espaço, articulados numa estrutura que delimita o campo digital, implicando um território dotado de particularidades e, que, consequentemente, demanda rigor e atenção aos elementos que o compõe, visando a possibilidade de articulação de um dispositivo clínico capaz de dar alcance ao trabalho do inconsciente sob transferência.

Sendo assim, creio que problematizamos, em princípio, o argumento que derroga o atendimento *online* e por telefone em função da falta de presença física do analista. Passemos então à problemática de uma segunda categoria: aqueles que adotam tal prática sem uma pré-reflexão sobre a diferença e os desafios em jogo em um atendimento *online* ou por telefone.

Na esteira do abordado acima, Fink[168] pontua algumas dificuldades da análise por telefone: uma das mais interessantes concerne à questão de que, de certa forma, o fato de que o analisante não necessita mais dedicar meia hora para ir e para voltar ao consultório pode ter como efeito um certo desengajamento no trabalho analítico. A falta de bateria, as ligações em horário incorreto, "(...) todas as resistências presentes na análise presencial também surgem nas análises por telefone"[169].

Alguns exemplos do engajamento e da transferência são muito interessantes: "(...) se a paciente não consegue mostrar ao ana-

---

[168] Op. Cit.
[169] Id. p. 328.

3. ALGUMAS CONSIDERAÇÕES SOBRE AS VARIAÇÕES DA PRÁTICA ANALÍTICA...

lista com gestos inconscientes que está irritada com ele, ela irá 'acidentalmente' derrubar o telefone, ou se mexe de tal forma a arrancar o telefone da parede"[170]. Ao invés de esquecer o cheque, ou fazer uma assinatura errada, a paciente faz uma transferência para a conta errada. Todo o leque de manifestações transferenciais pode ocorrer nessa variação da situação analítica.

Essas equivalências também acontecem em atendimentos por vídeo. Além disso, no *Skype*, por exemplo, o filósofo Byung-Chul Han faz algumas observações sobre a questão do olhar, algo para pensarmos também na pulsão escópica:

> "(...) não é possível, no Skype, olhar um ao outro. Quando se vê nos olhos o rosto na tela, o outro crê que se olhe levemente para baixo, pois a câmera está instalada na extremidade superior do computador. A essa bela característica própria do encontro imediato, de que ver a alguém é sempre também sinônimo de ser visto, se contrapõe uma assimetria do olhar"[171]

Porém, o pressuposto de Han[172] é bem distante do de Fink[173]. Han[174] assume uma preponderância da necessidade de formas não verbais de comunicação, e oferece o diagnóstico de que a mídia digital registraria o real como uma espécie de resistência: como se a tríade dos registros lacanianos – quando no campo digital – reduziria, ou desconstruiria o real e totalizaria o imaginário[175]. Talvez isso fosse o horizonte de idealização de um "programa digital" – efeito de uma razão técnica – mas é muito complicado afirmar que o campo digital implica em uma desconstrução

---

[170] Id. Ibid.
[171] HAN, Byung-Chul. *No enxame: perspectivas do digital*. Tradução de Lucas Machado. Petrópolis: Vozes, 2018, p. 47.
[172] Id. Ibid.
[173] Op. Cit.
[174] Op. Cit.
[175] Id. p. 45

do real lacaniano. Porém, na teoria de Han[176] isso faria sentido, na medida em que o "curtir sem lacunas produz um espaço de positividade"[177], oferecendo aos usuários a possibilidade de declinar e mesmo os incapacitando a lidar com o *negativo*.

Para exemplificar, Han usa o filme de Hitchcock, *Rear Window*, como metáfora: o fotógrafo cadeirante, que pensa ter testemunhado um assassinato através da janela de sua casa e é invadido pelo "olhar vindo do real" e "(...) por fim, o suspeito, o real assombroso, entra em sua casa" (...) nesse momento, faz-se da *Rear Window* uma *Real Window*"[178]. Han[179] é muito preciso em dizer que a irrupção do real (e do outro) não existe nas *Windows* digitais. Isso é completamente alheio ao real lacaniano... afinal, não há como desatrelar um eu do Outro e atribuir a irrupção do real à externalidade, o que nos faz pensar que de alguma forma Han está se referindo à realidade.

Han[180] assume que Lacan diria que o *touchscreen* se trataria de uma "tela transparente" e, portanto, "sem olhar". Porém, se evocarmos o Seminário 11, lembraremos de Lacan descrevendo o "ser olhado" pela lata de sardinhas... o ponto que nos olha não depende de uma dimensão de encontro com *um* outro: "(...) ela me olha, quer dizer, ela tem algo a ver comigo, no nível do ponto luminoso onde está tudo que me olha, e aqui não se trata de nenhuma metáfora"[181]. Poderíamos ser menos pretenciosos e afirmar que o programa digital objetivasse de alguma forma apaziguar o Real, sempre sem sucesso, vide a intensidade dos namoros *online* e etc.

Sobre a falta de contato visual em uma eventual sessão por telefone, Fink[182] pergunta então se seria impossível para as pessoas cegas submeterem-se à análise e tornarem-se analistas.

---

[176] Op. Cit.
[177] Id. p. 45
[178] Id. p. 56
[179] Op. Cit.
[180] Op. Cit.
[181] LACAN, J. *Seminário, livro 11: os quatro conceitos fundamentais da psicanálise*. Traducao de MD Magno. Rio de Janeiro: Zahar, 2008
[182] Op. Cit.

Lembremo-nos, evocando o Seminário 11, quando Lacan[183] deriva da explicação do olhar como *objeto a* para a anamorfose e destaca que o que está em jogo é fundamentalmente a espacialidade,

> "(...) pois o espaço geometral da visão – mesmo incluindo aí essas partes imaginarias de dentro do espaço virtual do espelho de que vocês sabem que eu fiz grande questão – é perfeitamente reconstruível, imaginável, pelo cego"

Há então uma disjunção entre a visão e o olhar: "a dimensão parcial do campo do olhar, *dimensão que nada tem a ver com a visão enquanto tal* – algo de simbólico da função da falta (...)"[184].

3.3 A VOZ NA CLÍNICA *ONLINE*

Mas abordar a questão do olhar como objeto a, em sua inscrição como objeto da pulsão escópica, implica também a importância de sua articulação com o tema da voz e da pulsão invocante, devendo voz e olhar serem pensados, em sua mútua implicação e agenciamento. É frequente que investigações sobre o campo digital e seus efeitos na subjetividade, tenham a tendência a dar amplo enfoque à dimensão do olhar e das imagens, que causam fascínio e fisgam o sujeito, mantendo-o colado à tela do *gadget*. Mas, para abordagem desse campo, é fundamental ter em mente que as imagens e seu efeito de captura do olhar, na condição de objeto da pulsão escópica, devem sempre ser tomadas em seu agenciamento mútuo com a dimensão da voz, na condição de objeto da pulsão invocante. Inclusive, a consideração em torno das implicações da pulsão invocante, podem inclusive comparecer como fator diferencial entre os atendimentos presenciais e os atendimentos *online*, com afirma Vivès:

---

[183] Id, p. 89
[184] Id. p. 90

"Em meu entender, existe uma limitação nos dispositivos terapêuticos à distância, como o telefone, o Skype e o Messenger. O corpo não ressoa da mesma maneira uma voz deslocalizada fora do corpo e uma voz que ele recebe diretamente, sem a mediação de um alto-falante."[185]

Mas dizer que a pulsão invocante situa uma diferenciação entre atendimentos presenciais e atendimentos *online*, não é dizer que há então uma impossibilidade de atendimentos com uso de tecnologias, mas apenas que devemos estar atentos às implicações do uso desses dispositivos, sobre modalidades de relação com a fala e com a linguagem, que atuam sobre as possibilidades de que, no corpo, o significante possa ressoar.

Nesse sentido, se há nas redes sociais uma montagem de imagens que fascinam e cativam os sujeitos, temos aí apenas uma parte da estrutura em jogo, uma primeira entrada, as imagens atuando como espécie de isca, que atrai e cativa os sujeitos. Porém, o poder das novas tecnologias de nos fisgar de modo tão radical vai além da mera produção de imagens ilimitadas, passando a abarcar também o agenciamento engendrado pelos algoritmos e pelos processos de digitalização, capazes de operar impactos sobre o circuito da pulsão invocante, configurando o verdadeiro anzol dessa pescaria digital, convocando os sujeitos, encantados p/elo chamado silencioso da tecnologia, a irem se perder no infinito de saber e gozo prometido pelas novas tecnologias[186]. No caso dos atendimentos *online*, isso comparece de maneira central.

Dentre as diversas implicações da pulsão invocante no atendimento *online*, destacaremos duas que se apresentam de modo destacado, e que podem ser evidenciadas a partir da fundamentação com duas outras áreas de saber, intimamente relacionadas:

---

[185] VIVÈS, Jean-Michel. *Variações Psicanalíticas sobrea voz e a pulsão invocante*. Tradução de Vera Avellar Ribeiro. Rio de Janeiro: Contra Capa. Corpo Freudiano Seção Rio de Janeiro, 2018, pg. 44.
[186] Id, pg. 25

as pesquisas do desenvolvimento infantil e entrada na linguagem e o campo da música.

A voz comparece como elemento fundamental no processo de constituição subjetiva e de entrada do sujeito na relação com o Outro, enquanto elemento terceiro que articula a função da fala e o campo da linguagem[187]. Lacan, ao retomar o tema das pulsões, propõe a inclusão de duas novas modalidades pulsionais: "acrescento a pulsão escópica e aquela que será quase preciso chamar de pulsão invocante", que tem "esse privilégio de não poder se fechar"[188]. A pulsão escópica, então, tendo na voz seu objeto, se apresenta como a mais próxima do inconsciente, dotada de uma anterioridade lógica, estruturando o próprio funcionamento dos circuitos pulsionais. Como indicam Catão e Vivès: "A voz é o paradigma do objeto pulsional, pois é o primeiro a se constituir e é o articulador por excelência da necessária incorporação da linguagem. Primeiro vazio em torno do qual se organiza o circuito pulsional"[189]. Além disso, se organiza como um circuito pulsional singular, por se abrir ao Outro, num circuito que se retorna ao Outro, não ao sujeito[190].

Contudo, se tanto Lacan[191], quanto Miller[192], destacam o papel da voz, no circuito da pulsão invocante, em sua condição de objeto a, é preciso considerar que tal recorte não dá conta de toda a

---

[187] MILLER, Jacques-Alain. (1994/2013). *Lacan e a voz*. In: Opção Lacaniana Online. Nova série. Ano 4. Número 11. Julho, 2013. Recuperado de http://www.opcaolacaniana.com.br/pdf/numero_11/voz.pdf).

[188] LACAN, Jacques. *O seminário, livro 23: o sinthoma*. Rio de Janeiro: Jorge Zahar, v. 1976, 2007, pg. 188.

[189] CATAO, Inês; VIVES, Jean-Michel. *Sobre a escolha do sujeito autista: voz e autismo*. Estud. psicanal., Belo Horizonte, n. 36, p. 83-92, dez. 2011. Disponível em: <http://pepsic.bvsalud.org/scielo.php?script=sci_arttext&pid=S0100-3437201100030007&lng=pt&nrm=iso>. Acesso em: 17 set. 2019.

[190] PORGE, Eric. *Voz do eco*. Tradução de Viviane Veras. Campinas, SP: Mercado de Letras, 2014, pg. 79.

[191] LACAN, Jacques. *O seminário, livro 23: o sinthoma*. Rio de Janeiro: Jorge Zahar, v. 1976, 2007, pg. 188.

[192] MILLER, Jacques-Alain. (1994/2013). *Lacan e a voz*. In: Opção Lacaniana Online. Nova série. Ano 4. Número 11. Julho, 2013. Recuperado de http://www.opcaolacaniana.com.br/pdf/numero_11/voz.pdf).

complexidade implicada no uso da voz para o ato de fala por um sujeito. Nesse sentido, Catão e Vivès:

> "Desta maneira, a noção de voz em psicanálise se afasta da noção de voz do senso comum. Em psicanálise, a voz não se identifica ao som. Sua materialidade não é sonora, mas incorpórea. O som é a vestimenta imaginária da voz. A prosódia é seu registro simbólico. A voz se declina segunda as três dimensões – real, simbólico e imaginário – necessariamente entrelaçadas"[193]

Assim, abordar o tema da voz implica considerá-la a partir do entrelaçamento dos três registros. Tal leitura deve estar implicada, se pretendemos que o atendimento *online* seja capaz também de operar com a dimensão musicante da voz, promovendo sua articulação enquanto organizadora do circuito de endereçamento entre o sujeito e o Outro, implicando uma abertura para o desejo. Trata-se, então, não apenas da compreensão acerca de sua condição de objeto a, mas também a atenção à suas nuances na dimensão simbólica e imaginária, elementos que compareçem de modo sutil, porém vital, em um processo de atendimento *online*.

Sobre a dimensão simbólica da voz, destacamos as pesquisas sobre desenvolvimento infantil e, mais especificamente, na interação entre a mãe e o bebê em seus primeiros meses de vida. Como demonstrado nos trabalhos de Murray e Trevarthen[194], bem como de Daniel Stern[195], a interação entre mãe e bebê se dá numa sofisticada articulação entre as diversas dimensões

---

[193] CATAO, Inês; VIVES, Jean-Michel. *Sobre a escolha do sujeito autista: voz e autismo*. Estud. psicanal., Belo Horizonte, n. 36, p. 83-92, dez. 2011. Disponível em: <http://pepsic.bvsalud.org/scielo.php?script=sci_arttext&pid=S0100-34372011000300007&lng=pt&nrm=iso>. Acesso em: 17 set. 2019.

[194] MURRAY, Lynne & TREVARTHEN, Colwyn. *Emotional regulation of interactions between two-month-olds and their mothers*. In: FIELD, Tiffany M. & FOX, Nathan A. (ed.). Social Perception in Infants. New Jersey: Ablex, 1985.

[195] STERN, D. N. (1977). *The first relationship: Mother and infant*. Cambridge: Harvard University Press.

3. ALGUMAS CONSIDERAÇÕES SOBRE AS VARIAÇÕES DA PRÁTICA ANALÍTICA...

sonoras: ritmo, tom, frequência, altura, compondo o que veio a ser chamado de *Motherese*[196] ou "manhês", em seus elementos sintáticos, léxicos e prosódicos. Como nos lembra Laznik: "A música da voz materna faz traço; é o ritmo musical que introduz o bebe na alternância presença-ausência do Outro"[197].

Como mostram as pesquisas de Murray e Travarthen[198], a musicalidade desse circuito de endereçamento se organiza de forma muito sofisticada, porém também muito sensível. Em um de seus experimentos, mães e bebês são colocados para interagir por meio de vídeo-chat. Aos poucos, o aplicador do teste começa a provocar atrasos e quebras de sincronia entre os feeds de imagem e som que chegam a cada um dos membros da díade. Os resultados mostram como tanto mãe quanto bebê rapidamente se angustiam e se desorganizam diante da quebra dessa sincronia harmônica entre eles.

Nesse sentido, o atendimento *online*, com todos os riscos de dificuldades técnicas: *lags, bugs*, travamentos, quedas de conexão, aumentam significante o potencial de disrupções capazes de prejudicar essa interação sincrônica na interação harmônica entre analista e analisante. Mais uma vez, é necessário o cuidado a esses elementos, visando preservar o funcionamento de um dispositivo capaz de reduzir ou mitigar as interferências e ruídos disruptivos, fazendo barreira a esse caráter fragmentário engendrado pelo ciberespaço. Mais do que isso, se entendemos o funcionamento do circuito de endereçamento da pulsão invocante, a partir de sua amarração entre os três registros, e das dimensões sintáticas, léxicas e prosódicas, cabe ao analista a sensibilidade para o manejo dessas dimensões. Tal qual a mãe que, com sua abundância prosódica é capaz de compensar a simplificação

---

[196] MEHLER, Jacques; DUPOUX, Emmanuel. *Naître humain*. Paris: Odile Jacob, 1995.
[197] LAZNIK, Marie Christine, in: *O bebê nasce pela boca: voz, sujeito e clínica do autismo*. CATÃO, Inês. São Paulo: Instituto Langage, 2009.
[198] MURRAY, Lynne & TREVARTHEN, Colwyn. *Emotional regulation of interactions between two-month-olds and their mothers*. In: FIELD, Tiffany M. & FOX, Nathan A. (ed.). Social Perception in Infants. New Jersey: Ablex.

léxica e sintática possíveis ao bebê, no atendimento *online* o risco de prejuízo no ritmo das interações vocais pode ser contrabalanceado por outros manejos possíveis dessa relação entre fala e enunciação.

Como no caso dos exemplos mencionados anteriormente, acerca de pacientes que sentem uma maior intimidade com o analista no atendimento *online*, por segurarem os telefones próximos de seus ouvidos. Tal fenômeno pode ser compreendido com recurso ao campo da música, em particular, as elaborações de Michel Chion[199], em torno da voz acousmática. Som acousmático seria aquele que é escutado isolado, separado, da fonte emissora, ou seja, uma experiência de escuta em que é promovida essa desmontagem, essa disjunção, entre voz e olhar, com a fonte sonora permanecendo não-vista e permitindo ao sujeito uma maior apreensão da dimensão sonora e musicante implicada no ato de escuta. Em certo sentido, podemos encontrar aqui um dos fundamentos possíveis para o próprio uso do divã no setting tradicional, e que, em certo sentido, é levado à uma cisão ainda mais intensa entre voz e olhar, na experiência do atendimento por telefone ou *online*. Nesse sentido:

> "a situação acousmática muda o modo como escutamos. Ao isolar o som de seu 'complexo audiovisual', ao qual inicialmente pertencia, são criadas condições favoráveis para uma escuta reduzida, capaz de se concentrar no som em sua própria singularidade, como objeto sonoro"[200]

A escuta reduzida como esse tipo de manejo em que o sujeito pode se dedicar de modo primordial à fala e à escuta, despindo-se de barreiras comumente erigias pela articulação do sonoro com o registro visual e especular, comparece como uma leitura possível do que pode operar no curso de uma sessão *online*.

---

[199] CHION, Michel. *The voice in cinema*. Columbia University Press, 1999.
[200] KANE, Brian. *Sound unseen: Acousmatic sound* in theory and practice. Oxford University Press, USA, 2014.

Contudo, mesmo no contexto dessa montagem acousmática para escuta reduzida, Kane destaca a importância de atentarmos aos índices sonoros materializantes, elementos sonoros que compõem o que escutamos, índices de som, que podem transmitir àquele que escuta elementos de percepção de tempo, espaço e materialidade pertinentes ao som escutado. Assim como podemos, pela escuta, saber se uma goteira está pingando sobre uma superfície de metal ou de plástico, também no ato de fala à distância, é possível recurso a elementos sonoros capazes de fazer constar a presença do analista, numa articulação espacial e temporal, capaz de fazer barreira às tendências desterritorializantes e fragmentárias do aparato digital. Não se trata, mais uma vez, de um recurso à uma metafísica da presença, mas de uma articulação lógica dos elementos reais, imaginários e simbólicos que articulam a organização de um circuito capaz de promover a consistência desse campo de interação e significação partilhado.

Nessa esteira, a voz comparece como elemento privilegiado desse processo, como destaca Berardi: "A voz de um ser humano é a única forma de garantir de maneira afetiva a consistência semântica do mundo. A rarefação da voz transforma a interpretação num ato puramente econômico, funcional e combinatório"[201]. Se, como afirma também o autor, o campo digital pode comparecer como algo que fragmenta e esburaca essa consistência semântica do mundo, fazemos a aposta aqui de que uma melhor compreensão acerca das nuances da pulsão invocante, seu agenciamento com o olhar e sua estruturação a partir dos três registros, nos permite uma abordagem dos atendimentos *online* em que sejam possíveis cuidados para contenção desses efeitos deletérios que, a princípio, supostamente estariam presentes no uso dessas tecnologias.

Nos cabe então, à guisa de encerramento dessas considerações, uma breve discussão acerca do papel das tecnologias, em sua relação com o homem e com a subjetividade.

---

[201] BERARDI, Franco. *Fenomenología del fin: sensibilidad y mutación conectiva*. Caja negra, 2017.

3.4 SOBRE A RELAÇÃO DO SUJEITO E DA TÉCNICA

Primeiramente, devemos tensionar continuamente a questão da técnica e a implicação do sujeito com a máquina. Em Lacan, a ideia de *homo psychologicus* é assumida como efeito da era industrial: quando ele compara as falhas mecânicas do carro com os sintomas de seu dono, e prevê que "(...) a relação entre o homem e a máquina chegará a ser regulada por meios psicológicos e psicotécnicos", o diálogo psicanalítico entraria justamente na contraposição ao procedimento psicotécnico, ao introduzir o impasse, a função humana, "um dizer do qual sabemos que permite, por sua técnica, libertar o paciente das cadeias da sua ignorância, apenas deixando com ele a palavra?"[202].

Em contrapartida, resta saber se, em tais variações da situação psicanalítica, se trataria de uma implicação diferente do sujeito em relação à máquina, "que ignoraria isso" ... ou apenas de variações na mediatização entre sujeitos, sobretudo no que concerne a superar os impasses práticos do cotidiano.

Entendemos aqui que uma abordagem que vise considerar o recurso aos dispositivos tecnológicos como mera ferramenta de comunicação remota, seria uma abordagem extremamente simplista e que deixa de tomar em conta a intrincada relação que se dá entre homem e tecnologias. Não temos na tecnologia meros objetos que são manipulados pelo homem, tampouco, meios de comunicação que podem ser utilizados, como se fossem meros condutores de mensagens, sem maiores consequências. Do mesmo modo que criamos e usamos tais tecnologias, nossa cultura e nossa subjetividades estão sempre desde-já marcadas, moldadas e influenciadas pela própria presença desses dispositivos e aparatos tecnológicos, articulando um campo de produção de efeitos no qual estamos intrinsicamente implicados, e não restrito apenas ou uso direto de tal ou qual tecnologia.

---

[202] LACAN, J. *Algumas reflexões sobre o Eu. Conferência de Jacques Lacan na British Psycho-Analytical Society, 1951, publicado em 1953* IN Ideias de Lacan. Org. Oscar Cesarotto. Illuminuras: 1995, p. 25.

3. ALGUMAS CONSIDERAÇÕES SOBRE AS VARIAÇÕES DA PRÁTICA ANALÍTICA...

Mais uma vez, trata-se aqui de não cair no engodo de presumir uma anterioridade de um corpo biológico e natural que, apenas em um segundo momento, viria a criar e ter contato com as tecnologias. Como afirma Derrida: "o corpo natural, originário, não existe: a tecnologia não se adicionou de modo simplista, vinda de fora ou de um momento posterior, como um corpo estrangeiro"[203]. Essa tecnologia, então, longe de ser um fenômeno posterior e estrangeiro, estaria sempre desde-já implicada na relação com o homem e com a linguagem, participando de modo constitutivo das organizações subjetivas, culturais e simbólicas. Nesse sentido, Mackenzie nos indica: "a mutabilidade e a vivacidade da tecnologia não devem ser abordadas nem como um agente autônomo, nem como totalmente desprovidas de dinamismo, quando comparadas com os seres humanos"[204]. Como argumenta o autor, trata-se aqui de considerar essa relação de implicação mútua e inseparável entre homem e máquina, marcada por uma relação espacial e temporal – e, consequentemente, topológica – com características específicas, que se fazem sentir no curso da história.

Desse modo, devemos ter cuidado com o estabelecimento de uma sinonímia entre a crítica da razão técnica, que precede em muito a assunção do campo digital, com a crítica em relação às novas possibilidades técnicas de comunicação remota. Em nosso campo, os desdobramentos de tal critica ora se orientam para a figura do estranho familiar, *Unheimlichen,* que já em Jentsch é apontado como causador de um certo "pânico", provocado por autômatos e *doppelgangers*[205] e ora se referem a um suposto império do Imaginário na contemporaneidade. O que deveríamos evitar são os diagnósticos prescritivos que se referem a uma moral que demoniza as inovações tecnológicas, ao menos em nome da psicanálise. Esse é um engodo declinologista que se orienta a

---

[203] DERRIDA, Jacques. *The rhetoric of drugs. High culture: Reflections on addiction and modernity,* 2003. Pg. 19-43.

[204] MACKENZIE, A. *Transductions: Bodies and machines at speed.* A&C Black, 2002.

[205] KITLER, F. *A verdade do mundo técnico: ensaios sobre a genealogia da atualidade.* Tradução Markus Hediger. Rio de Janeiro: Contraponto, 2017.

partir da noção de experiência de satisfação originária, registrada só depois... e idealiza um passado mítico e um futuro desastroso.

Freud resgata a escrita de E. T. A. Hoffmann e, em particular, o conto "O Homem de Areia"[206], destacando a participação do autômato Olímpia, a "boneca aparentemente viva", que com sua engenhosa fabricação produzia esse efeito de incerteza intelectual, a partir da dúvida acerca da presença ou não de uma alma viva naquele corpo robótico. Dolar[207], numa recuperação da evolução histórica e tecnológica das máquinas falantes, nos relembra da Máquina Falante de Von Kempelen[208], e o enorme estranhamento produzido no público quando, pela primeira vez, escutavam uma voz humana saindo de um corpo não humano. Contudo, temos aqui situações em que há uma montagem de uma estrutura que nos abre um hiato e nos convoca a essa situação de *uncanny*, dessa mistura de fascínio e terror.

Atualmente, com o avanço tecnológico e sua radical ubiquidade em nosso cotidiano, ouvir vozes saindo de máquinas se tornou algo absolutamente ordinário e cotidiano. Ouvimos músicas, assistimos vídeos, falamos por Skype, e nada disso, a princípio nos promove um efeito *uncanny*. Significaria isso uma superação do estranhamento inicial e do descompasso entre homens e máquinas, que passaria então a operar sem maiores implicações? Entendemos que não. O caráter de ubiquidade, dessa quase fusão entre homem e máquina, ilustrada por Donna Haraway pela figura do *ciborg*[209], deve nos deixar ainda mais alertas para os efeitos dessa interação, que cada vez mais tendem a passar desapercebidos e naturalizados.

---

[206] HOFFMANN, E. T. A. *Der Sandmann/The Sandman. Five Great German Stories/Fünf Deutsche Meister-Erzählungen* Tradução de S. Appelbaum. New York: Dover Publications, 1993, Pg. 36-103.
[207] DOLAR, Mladen. *A voice and nothing more*. MIT press, 2006.
[208] KEMPELEN, Wolfgang Von. *Mechanismus der menschlichen Sprache*. Viena: J. B. Degen, 1791.
[209] HARAWAY, Donna. *Manifesto ciborgue. Antropologia do ciborgue*. Belo Horizonte: Autêntica, 2000

3. ALGUMAS CONSIDERAÇÕES SOBRE AS VARIAÇÕES DA PRÁTICA ANALÍTICA...

Se Rank fala sobre os *doppelgangers*, Freud não se debruça sobre a fotografia das pacientes histéricas na Salpetriere, tampouco sobre cinema da época. E Kitler[210] provoca: "como deve ter sido lindo e magnifico o arco histérico arquivado ou provocado pelas câmeras". Sconce[211] faz um minucioso levantamento histórico em torno das mutações dos "delírios tecnológicos", vividos pelos psicóticos ao longo dos últimos 200 anos, a partir dos avanços tecnológicos. Uma importante ilustração do modo como a presença da tecnologia sempre desde-já alimenta e molda nossas expectativas, fantasias, desejos, sintomas e, até mesmo, delírios.

Dentre os diversos caminhos possíveis para abordagem dessa problemática, e pensando em nossa questão central sobre terapia *online*, acompanhamos aqui a via trilhada por Sherry Turkle[212], de nos interrogar sobre o que nós esperamos que a tecnologia possa nos dar? O que esperamos que a tecnologia possa fazer por nós? Como afirma autora, o risco aqui é de que passemos a esperar mais das tecnologias do que de uns dos outros. Quando passamos a buscar na tecnologia respostas e soluções que nos permitam contornar, evitar, denegar, os impasses e desencontros do laço social e do encontro com a alteridade, incorremos numa degradação da experiência implicada num processo de análise. Ao aceitar qualquer tipo de oferta ou proposta para atendimento *online*, é preciso também que o analista esteja advertido do modo como a tecnologia alimenta essa fantasia de que em nossos *smartphones* podemos encontrar todas as respostas. Tal como podemos pedir um uber, ou ifood, poderíamos pedir uma consulta terapêutica, que aparece e desaparece com um mero toque na tela, evitando assim a necessidade de uma interação face-a-face com efeitos significativos nas condições de cada sujeito para se

---

[210] Op. Cit.
[211] SCONCE, Jeffrey. *The Technical Delusion: Electronics, Power, Insanity*. Duke University Press, 2019.
[212] TURKLE, Sherry. *Alone together: Why we expect more from technology and less from ourselves*. New York, NY: Basic Books, 2011.

relacionar com sua condição de ser falante, com sua possibilidade de solitude e com sua abertura para experiências de intimidade.

Uma discussão séria sobre o tema do atendimento *online* não pode, portanto, se reduzir a consideração da tecnologia como ferramenta de comunicação, mas deve ir além para tomar em conta o modo como a presença das novas tecnologias molda a relação de cada um consigo mesmo e com seus pares, com nossa economia de gozo, nossas fantasias, nossas construções sintomáticas e movimentos desejantes. Não há resposta definitiva ou protocolo pré-definido. A ética da psicanálise pressupõe que não haja respostas dadas de antemão. Mas entendemos que a atenção aos elementos aqui levantados permitirá uma melhor possibilidade de que o uso, ou não, da terapia *online* possa ser uma decisão trabalhada e pensada a partir de cada caso, e do modo como cada analisante se relaciona e se posiciona em relação às promessas trazidas pelas novas tecnologias.

REFERÊNCIAS

BERARDI, Franco. (2017) Fenomenología del fin: sensibilidad y mutación conectiva. Caja negra.

BROIDE, Emilia e KATZ, Ilana. (1987). Psicanálise nos espaços públicos. São Paulo: IP/USP, 2019.

CASCUDO, Luis da Câmara. História dos nossos gestos. São Paulo: EDUSP, 1987.

CATÃO, I. O bebê nasce pela boca: voz, sujeito e clínica do autismo. São Paulo: Instituto Langage, 2009.

CATÃO, I., & VIVÈS, J. Sobre a escolha do sujeito autista: voz e autismo. Estudos de Psicanálise, 2011, (36), 83-92. Recuperado em 26 de novembro de 2018, de http://pepsic.bvsalud.org/scielo.php?script=sci_arttext&pid=S0100-34372011000300007&lng=pt&tlng=pt.

CHION, M. The voice in cinema. Columbia University Press, 1999.

DERRIDA, J. The rhetoric of drugs. High culture: Reflections on addiction and modernity, 2003, 19-43.

DOLAR, M. A voice and nothing more. MIT press, 2006.

3. ALGUMAS CONSIDERAÇÕES SOBRE AS VARIAÇÕES DA PRÁTICA ANALÍTICA...

FINK, Bruce. Fundamentos da técnica psicanalítica: uma abordagem lacaniana para praticantes. Tradução de Carolina Luchetta e Beatriz Berger. São Paulo: Blucher; Karnac, 2017.

GOLDBERG, Leonardo Andre Elwing. Atitudes perante a morte nos websites de redes sociais: um estudo sobre o luto. 2019. Tese (Doutorado em Psicologia Social) – Instituto de Psicologia, Universidade de São Paulo, São Paulo, 2019. doi:10.11606/T.47.2019.tde-25062019-100641. Acesso em: 2019-10-07.

HAN, Byung-Chul. No enxame: perspectivas do digital. Tradução de Lucas Machado. Petrópolis: Vozes, 2018.

HARAWAY, D. Manifesto ciborgue. Antropologia do ciborgue. Belo Horizonte: Autêntica, 2000.

HOFFMANN, E. T. A. Der Sandmann/The Sandman. Five Great German Stories/Fünf Deutsche Meister-Erzählungen, translated by S. Appelbaum. New York: Dover Publications, 1993, 36-103.

JORGE, M. A. C. Fundamentos da psicanálise de Freud a Lacan, vol. 1: as bases conceituais. Rio de Janeiro: Zahar, 2005.

KANE, B. Sound unseen: Acousmatic sound in theory and practice. Oxford University Press, USA, 2014.

KEMPELEN, W. V. Mechanismus der menschlichen Sprache. Viena: J. B. Degen, 1791.

KITLER, F. A verdade do mundo técnico: ensaios sobre a genealogia da atualidade. Tradução Markus Hediger. Rio de Janeiro: Contraponto, 2017.

LACAN, J. O seminário. Livro 20: Mais, ainda. Rio de Janeiro: Jorge Zahar, 1985. (Trabalho original publicado em 1975)

LACAN, Jacques. O seminário, livro 23: o sinthoma. Rio de Janeiro: Jorge Zahar, v. 1976, 2007, pg. 188.

LACAN, J. Função e campo da fala e da linguagem em psicanálise (1953) IN Escritos. Tradução de Vera Ribeiro. Rio de Janeiro: Zahar, 1998.

LACAN, J. Algumas reflexões sobre o Eu. Conferência de Jacques Lacan na British Psycho-Analytical Society, 1951, publicado em 1953 IN Ideias de Lacan. Org. Oscar Cesarotto. Illuminuras: 1995.

LACAN, J. (1964) Seminário, livro 11: os quatro conceitos fundamentais da psicanálise. Traducao de MD Magno. Rio de Janeiro: Zahar, 2008.

LEVY, P. Cibercultura. São Paulo: Editora 34, 2010.

MACKENZIE, A. Transductions: Bodies and machines at speed. A&C Black, 2002.

MEHLER, Jacques; DUPOUX, Emmanuel. Naître humain. Paris: Odile Jacob, 1995.

MILLER, J. A. (1994/2013). Lacan e a voz. In: Opção Lacaniana Online. Nova série. Ano 4. Número 11. Julho 2013. Recuperado de http://www.opcaolacaniana.com.br/pdf/numero_11/voz.pdf).

MILLER, J. Le divan. XX1 e siècle. Demain la mondialisation des divans? Vers le corps portable. Par Jacques-Alain Miller, par Eric Favereau, Paris: Liberation, 1999.

MILLER, J. Matemas I,Tradução de Sérgio Laia. Jorge Zahar, 1996.

MURRAY, Lynne & TREVARTHEN, Colwyn. Emotional regulation of interactions between two-month-olds and their mothers. In: FIELD, Tiffany M. & FOX, Nathan A. (ed.). Social Perception in Infants. New Jersey: Ablex, 1985.

PORGE, E. Voz do eco. Tradução de Viviane Veras. Campinas, SP: Mercado de Letras, 2014.

SCONCE, J. The Technical Delusion: Electronics, Power, Insanity. Duke University Press, 2019.

STERN, D. N. The first relationship: Mother and infant. Cambridge: Harvard University Press, 1977.

TURKLE, S. Alone together: Why we expect more from technology and less from ourselves. New York, NY: Basic Books, 2011.

VIVÈS, Jean-Michel. Variações Psicanalíticas sobrea voz e a pulsão invocante. Tradução de Vera Avellar Ribeiro. Rio de Janeiro: Contra Capa. Corpo Freudiano Seção Rio de Janeiro, 2018.

4. TEMPO DE LUTO E RITO FÚNEBRE: SOBRE UMA TEORIA DO LUTO NA PSICANÁLISE

LEONARDO GOLDBERG

A irrupção da Pandemia de 2020 provocou diversos questionamentos, acirrou tensões que já existiam entre vários campos do conhecimento e a própria psicanálise. O tema do luto voltou a povoar discussões sobre os efeitos de uma análise diante da perda de alguém querido e a importância do rito fúnebre enquanto etapa lógica para demarcar um antes e um depois de uma perda. Entre os lacanianos, poucos foram aqueles que encararam a empreitada de estabelecer, ou ao menos organizar, o que a psicanálise teria a dizer do luto e da morte.

Esse capítulo é de certa forma, continuidade de um artigo que escrevi para a Folha de São Paulo, em coautoria de Willian Vieira[213], que fora obituarista do mesmo jornal, além de pesquisador do tema. Na ocasião, os sinais da Pandemia na Itália já orientavam a direção da calamidade que o Brasil viveria. Comentamos então sobre a importância de honrar aqueles que se foram, sobretudo em situações de um "tempo de exceção", costumeiramente relacionadas a guerras, Pandemias ou catástrofes sociais.

Daí a ideia de que, se não podíamos fazer muita coisa diante de um flagelo pouco conhecido pela razão técnica e pela ciência, podíamos escrever, através de notas fúnebres e obituários, sobre aqueles que se foram. Honrá-los, circunscrevê-los.

---

[213] VIEIRA, Willian. Goldberg, Leonardo. *Honrar nossos mortos em tempos de exceção*. Folha de São Paulo, 14 de abril de 2020.

Resgatar a função da escrita enquanto etapa importante do rito fúnebre nos pareceu importante em um momento no qual os enlutados não podiam se despedir fisicamente daqueles que se foram. A relação da escrita com a morte estabelece, ritualiza, assenta aquele que se foi e transforma a ausência em um traço. De certa forma, a escrita bordeia um lugar para os mortos. Se nos autorizarmos a uma ilação lacaniana sobre o próprio conceito de lápide, não é difícil imaginar a tríade dos registros que estão em jogo: a pedra lapidada (imaginário) que contém uma inscrição (simbólico) e que por sua vez aposta assentar/circunscrever um impossível (real) por excelência.

A relação da escrita com a tradição e a transmissão é elaborada de forma elegante por Michel de Certeau, que além de historiador, fora membro da Escola Freudiana de Paris. De acordo com De Certeau[214], a história se conta a partir da morte e através da escrita: "(...) constrói-se a partir do nada (*nichts*: não tenho nada a perder) e da obrigação (não te esquecerei)"[215]. O autor provoca e define a própria relação analítica como efeito de tal morte: "(...) o discurso analítico, trabalho pela divisão, capaz de articular a história dia-logal[216] da transferência, no decurso da qual o analista é 'chamado pelo paciente para um lugar onde ele não está', e devedor deste lugar estrangeiro do qual recusa apropriar-se"[217].

Não ao acaso, em determinado momento do texto "A direção do tratamento"[218]. Lacan escreve sobre a estratégia do analista no lugar do morto, fazendo referência ao jogo de bridge:

"(...) Com isso, o analista convoca a ajuda do que nesse jogo é chamado de morto, mas para fazer surgir o quarto joga-

---

[214] DE CERTEAU, Michel. *A escrita da história.* Tradução de Maria de Lourdes Menezes. Rio de Janeiro: Forense, 2011.
[215] Id. p. 351.
[216] Aqui, o autor faz um joguete entre a polissemia do – neste caso – prefixo dia (διά), e logos (λόγος), que poderíamos ler como "através da palavra".
[217] Id. Ibid.
[218] Lacan, J. (1958). *A direção do tratamento e o princípio de seu poder.* In Escritos. Tradução Vera Ribeiro. Rio de Janeiro: Zahar, 1998.

dor que do analisado será parceiro, e cuja mão, através de lances, o analista se esforçará para fazê-lo adivinhar: é esse o vínculo, digamos, de abnegação, imposto ao analista pelo cacife da partida na análise"[219].

Bem, mas falamos de morte, do morto ou do luto? Quando nos propomos a escrever sobre o luto, uma das grandes dificuldades se caracteriza pela impossibilidade de se referir ao luto sem ao menos tatear também nossa relação com a ideia de morte.

A palavra morte comporta um paradoxo lógico em sua significação que remete à temporalidade lógica, afinal, é paradoxal nos referirmos à morte no passado e no presente: eu morro, eu morri... pois se alguém enuncia, esse alguém segue vivo. Epicuro[220] transformou esse paradoxo lógico em uma ética diante da morte: não haveria motivo para temê-la, pois se ela está, eu não. Se eu estou, ela não. E esse joguete de presença e ausência esvaziaria o sentido do medo. Em época de Pandemia, entretanto, percebemos o quanto referências sociais contínuas, como os colapsos cemiteriais e a situação sanitarista catastrófica, nos evocam a ideia de finitude. Não ao acaso, a relação medieval com a morte, também por suas crises sanitárias, produzira tanto efeito na cultura da época, das produções escatológicas às imagens da morte. De fato, nossos signos estão impregnados com a ideia de morte.

O analista também compreende que não há saber sobre a morte, mas há o rito e o luto. E o rito e o luto também convocam a conjugação futura: morrerei... Quando perdemos alguém, além da dor de constatar que algo nosso, um pedaço mesmo, se vai com esse alguém, lidamos ao menos com a ideia de nossa finitude, e isso desvela que a morte é sempre vivida por um outro, vicária. O rito fúnebre serve para tentar demarcar bem um antes e um depois, um "forçamento", pela via do simbólico, para instituir um mundo dos vivos e outro da memória, o dos mortos: desde o

---

[219] Id. p. 595.
[220] Cf. Epicuro. *Carta sobre a felicidade: A Meneceu* (A. Lorencini & E. D. Carratore, trads.). São Paulo: Editora UNESP, 2002.

funeral às palavras endereçadas aos vivos machucados e as que marcam a despedida do morto.

O impasse entra aí: primeiro, para realizar, de forma eficiente, que aquele que morreu já não se encontra entre nós. Muitas publicações teimam sobre a importância da visualização do cadáver como garantia da morte, e por consequência, o sucesso de um luto. Pode ajudar, mas é um engodo estabelecer tal momento como garantia. A história é testemunha de que a realidade vacila. Phillipe Ariès relembra, através dos arquivos, que os médicos do século XVI, XVII XVIII produziram uma verdadeira literatura em torno dos "gritos ouvidos dos túmulos", dos enterros precipitados, da dificuldade de aferir a morte. Os do século XIX, tão educados sob a senda da ciência, não aceitavam um estado misto entre o vivo e o morto. A morte "não passava de uma palavra equívoca da linguagem natural que era preciso abolir da linguagem unívoca da ciência, para designar a parada da máquina"[221]. Na Medicina Legal, a adoção de um critério exato de morte é uma discussão corrente, que esfria, mas não cessa. Portanto, se nem as ciências que se amparam em uma ideia de realidade partilhável conseguem definir a morte com exatidão total, tal ideia não pode ser uma carta "coringa" do nosso campo.

Em outras palavras, a ordem da realidade, uma das saídas de Freud em Luto e Melancolia[222], não pode ser, de forma alguma, um critério absoluto para pensarmos em um luto bem-sucedido. Basicamente, a teoria de um luto razoável contida no texto de Freud, caracterizada pela perda do objeto, o "afastamento de toda e qualquer atividade que não tiver relação com a memória do morto" e sua posterior substituição é colocada em questão por Jean Allouch. Aliás, Lacan[223] comenta sobre a insistência freudiana em tal texto sobre essa etapa de rememoração de tudo que fora

---

[221] ARIÈS, P. *O homem diante da morte no Ocidente: da Idade Média aos nossos dias*. Rio de Janeiro: Nova Fronteira, 2012, p. 538.
[222] FREUD, S. *Luto e Melancolia*. Tradução de Marilene Carone. São Paulo: Cosac Naify, 2011.
[223] LACAN, Jacques. *(1962-1963) O seminário, livro 10: a angústia*. Tradução de Vera Ribeiro. Rio de janeiro: Zahar, 2005.

4. TEMPO DE LUTO E RITO FÚNEBRE: SOBRE UMA TEORIA DO LUTO NA PSICANÁLISE

vivido na ligação com o objeto amado – e agora perdido – e como consequência disso o sujeito do luto se depararia com a tarefa de encarar uma segunda perda.

Para Jean Allouch[224], a ideia de substituição do objeto desvelaria uma concepção romântica de Freud diante da morte e da perda. A ideia de que Freud teria adotado uma certa ética diante da perda que envolvia uma visão de trabalho de continuidade está presente em diversos textos, mas Allouch os destaca sobretudo em suas cartas.

Prova de que Freud claudica sobre esse saber dos mortais sobre a morte e uma teoria da substituição, Allouch[225] extrai da partícula 'mas' em suas correspondências:

> "[a morte de Anton von Freund é], para nossa causa, uma dura perda, e para mim um vivo desgosto, *mas* um desgosto ao qual pude me habituar nesses últimos meses (Carta a Ferenczi)
>
> [a respeito da morte de Sofia] uma amarga dor para os pais, *mas*, para nós outros, não há muito a dizer, pois, *afinal, sabemos* que a morte pertence à vida (...) [Carta ao psicanalista Lajos Lévy)
>
> Você sabe a infelicidade que me atinge; para mim, a desolação, e uma perda que nunca poderá ser esquecida. *Mas* deixemos isso de lado um instante; enquanto estivermos de pé temos que viver e trabalhar (Carta a Jones)."[226]

Allouch destaca bem a palavra 'mas'. Poderíamos acrescentar que, sob a função de uma conjunção coordenativa adversativa, o 'mas' revela toda a oposição/contradição própria de uma propo-

---

[224] ALLOUCH, Jean. *Erótica do luto no tempo da morte seca*. Rio de Janeiro, Companhia de Freud, 2004
[225] Op. Cit, p. 161.
[226] FREUD, citado por Allouch, 2004, op. Cit., p. 163.

sição romântica. A saída freudiana oscila, nesses pares opostos, em uma operação binária que poderíamos também apontar entre a perda/substituição, morte/vida, negatividade/positividade, -/+.

Diversos são os textos freudianos nos quais encontramos tal fórmula. Em suas reflexões sobre os tempos de guerra e morte[227], "(...) No fundo, ninguém acredita em sua própria morte, ou, o que vem a ser o mesmo, no inconsciente, cada um de nós está convencido de sua imortalidade"/*Si vis vitam, para mortem*". Em 'Sobre a transitoriedade"[228] a causalidade é absoluta: é por causa da perecibilidade (-) no tempo, que os objetos teriam mais valor (+). Ou seja, seria preciso aproveitar a vida (+) justamente pelo fato de ela ser finita (-), fórmula do tempo que define uma ética diante da finitude universal.

Para Allouch, porém, Freud teria reconsiderado a fórmula ao se deparar com a morte de sua filha, Sophie, vítima de uma Pandemia. Na ocasião, talvez a impossível de superar, Freud também escreve para Binswanger:

> "É sabido que o luto agudo causado por tal perda encontrará um fim, mas que ficaremos inconsoláveis, **sem jamais encontrar um substituto**/Tudo o que assumir esse lugar, ainda que o ocupe inteiramente, permanecerá sempre algo do outro"[229].

Tanto para Allouch quanto para Peter Gay, a escrita de 'Além do princípio do prazer" se deve a essa perda de Freud[230]. Mas a ideia de uma relação causal entre a morte de Sophie e o conceito de pulsão de morte incomodou o próprio Freud, que afirmou em

---

[227] FREUD, S. *Considerações atuais sobre a guerra e a morte (1915-2010)* IN FREUD, S. Introdução ao narcisismo: ensaios de metapsicologia e outros textos (1914-1916). Tradução de Paulo César de Souza. São Paulo: Companhia das Letras, 2010ª.
[228] FREUD, S. *(1916) A transitoriedade*. São Paulo: Companhia das Letras, 2010.
[229] FREUD, Citado por Allouch, 2004, op. Cit., p. 161.
[230] CF.ALLOUCH, Jean, *Erótica do luto no tempo da morte seca*. Rio de Janeiro, Companhia de Freud, 2004.

uma carta a Max Ettington, em 1920: "O Mais-além foi finalmente concluído. Você poderá confirmar que já tinha escrito até a metade na época em que Sophie ainda estava viva e florescente"[231]. Isso não barrou Max Schur, e depois Peter Gay e o próprio Allouch de manterem a hipótese[232], que é interessante, mas recai em relacionar consequências conceituais a elementos biográficos, uma espécie de interpretação histórica inferencial que em princípio não nos interessa.

Apesar das considerações de Allouch, é importante frisar que Lacan não abandona a ideia de substituição. Em seu Seminário 10, sobre a Angústia, ao comentar sobre a função do luto na estrutura do desejo, retoma ao "Luto e Melancolia" e dá uma direção diferente para a ideia de abandonar a "rememoração". Lacan adota um prisma "simultaneamente idêntico e contrário"[233] ao desenvolvimento de Freud e pensa o trabalho do luto como a manutenção desses vínculos de detalhes, o que teria por consequência o restabelecimento da ligação do sujeito com o objeto *a*. Afinal então, o substituto ocuparia o lugar de objeto *a* para o sujeito do luto, o que propriamente movimenta o desejo. Ao fazer essa diferenciação de Freud e introduzir o objeto *a* para dar conta da substituição, Lacan dá o exemplo da substituição fazendo uma referência humorística ao filme *Hiroshima, meu amor*.

Spoiler: *Hiroshima, meu amor*, dirigido pelo cineasta Alain Resnais e filme símbolo da *nouvelle vague* francesa, conta a história de uma mulher francesa e um homem japonês que – ambos casados – mergulham em uma paixão fervorosa. Quando a mulher diz que voltará a Paris, o homem insiste em sua permanência e ela então conta que no passado tivera um romance tórrido com um soldado alemão durante a guerra, morto nas margens do rio Loire. Francesa, sob a França ocupada, vivendo uma paixão com

---

[231] CF. ROUDINESCO, Elisabeth, Plon, Michel. *Dicionário de psicanálise*. Rio de Janeiro: Zahar, 1998.
[232] Id. Ibid.
[233] LACAN, Jacques. *(1962-1963) O seminário, livro 10: a angústia*. Tradução de Vera Ribeiro. Rio de janeiro: Zahar, 2005, p. 363.

um jovem soldado alemão e a revivendo, de certa forma, com um japonês de Hiroshima. Além da referência a substituição, outra curiosidade: o filme inova ao introduzir uma narrativa com flashbacks, elipses, alusões e, portanto, apresenta uma relação com a memória dos personagens de forma radicalmente diferente para os espectadores da época.

Eis o gracejo de Lacan: "(...) essa é uma história perfeita para nos mostrar que qualquer alemão insubstituível pode encontrar de imediato um substituto perfeitamente valido no primeiro japonês encontrado numa esquina de rua"[234]. Mais do que isso, podemos pensar o quanto essa história revela o objeto *a* entre a angústia e o desejo: a francesa assume um substituto japonês de seu desejo interrompido pelo soldado alemão e se afasta, se despede deste segundo ao contar do primeiro. Eis sua posição de evitação diante daqueles que ocupam a posição de objeto *a*. Eis também a lógica do fantasma em Lacan, balizada pelo objeto causa do desejo.

4.1 EM LACAN...

O paradigma de Lacan para elaborar uma teoria sobre o luto encontra sua ordenação na leitura de Hamlet, no Seminário 6, 'O desejo e sua interpretação'. A função do rito fúnebre, a dizer, mediar aquilo que o luto abre como hiância, se faz necessária na morte de alguém. O luto "vem coincidir com uma hiância essencial, a principal hiância simbólica, a falta simbólica, o ponto x (...)"[235].

Lacan exemplifica a relação do sujeito com o objeto desaparecido com Laertes pulando na cova de Ofélia e "(...) fora de si, beija o objeto cujo desaparecimento é a causa dessa dor. É evidente que o objeto tem, então, uma existência ainda mais absoluta pelo

---

[234] Id. p. 364.
[235] LACAN, J. *(1959) O seminário, livro 6: o desejo e sua interpretação*. Rio de Janeiro: Zahar, 2016, p. 361.

4. TEMPO DE LUTO E RITO FÚNEBRE: SOBRE UMA TEORIA DO LUTO NA PSICANÁLISE

fato de não corresponder a mais nada que exista"[236]. Contexto: o funeral é de Ofélia e o Padre se recusa a entoar um grave réquiem pela suspeita de suicídio, já que já estaria fazendo muito ao enterrá-la em solo consagrado. Trata-se de um funeral e de um rito fúnebre 'incompletos', como todos os outros em *Hamlet*. Laerte, inconformado com a morte da irmã, pula no túmulo e a abraça: "(...) Agora joguem pó sobre mortos e vivos, até que sobre o plano se erga uma montanha mais alta que o Pelião (...)"[237].

Relembremos também um diálogo de Hamlet com o coveiro, momentos antes, no cemitério. Hamlet pergunta para que homem o coveiro cavava a tumba, eis que o coveiro responde que para nenhum. Hamlet pergunta se uma mulher seria então enterrada lá e o coveiro responde negativamente também. Hamlet muda a pergunta: Quem vai ser enterrado nela? E o coveiro responde: "Alguém que foi uma mulher, senhor; mas que a paz guarde sua alma, já está morta". O objeto – presente *e* ausente – na mesma cena, minucias da perda.

Lacan prossegue definindo o luto como uma perda verdadeira e intolerável, como o exato e literal inverso da *Verwerfung*, o inverso no sentido do "que foi rechaçado no simbólico e reaparece no real". Assim, o luto tratar-se-ia, literalmente, do que foi rechaçado no real e reapareceria no simbólico. Nesse lugar, nesse buraco no real, se projetaria então, o significante faltante. Por isso o rito fúnebre, os ritos, em geral, serviriam para satisfazer a memória do morto, e, quando algo não se cumpre, quando algo fica aberto aí, surgiriam loucuras coletivas como as aparições singulares, o *ghost*, de Hamlet, por exemplo. Nessa operação, todo o jogo simbólico, todo o sistema significante é posto em jogo, pois não há como preencher esse buraco no real. Por isso, então, Lacan assume que os ritos funerários teriam um caráter macroscópico, e Allouch[238] destaca a importância de realizá-lo como ato público.

---

[236] Id. p. 360.
[237] SHAKESPEARE, William. *A tragédia de Hamlet, príncipe da Dinamarca*. São Paulo: Penguin, 2015, Ato V, Cena I.
[238] Op. Cit.

Á cada morte, é como se a primeira perda, constituinte, estruturante, marcada pelo atravessamento da linguagem e por consequência a instalação do significante, na qual o sujeito perde qualquer possibilidade de referir a necessidade e está preso incondicionalmente à demanda – sempre de amor –, como se essa perda fosse colocada em jogo, por isso todo o jogo simbólico "estremece", e por isso é tão sofrido perder alguém e trabalhar, elaborar um luto. A direção do trabalho tem a ver com um rito: topar perder algo de si diante dessa morte. Topar perder um pedaço de si é também encarar a perda de um gozo, por isso passar por uma análise é também um trabalho, de certa forma, de luto.

Afinal, quando Lacan diz que "(...) esse significante, só podemos pagá-lo com nossa carne e nosso sangue"[239], está se referindo a uma espécie de sacrifício própria do luto. Allouch vai chamá-lo de "gracioso sacrifício de luto". Sob a simples fórmula de que o "luto não é somente perder alguém, é perder alguém perdendo um 'pedaço de si' para marcar o valor fálico dessa libra de carne"[240], o sacrifício, portanto, envolveria uma operação cuja função é promover a transformação do status de alguém *desaparecido* em alguém *inexistente*. Eis a tríade temporal sugerida por Allouch[241]

Lado do enlutador	Espaço transicional	Lado do morto
Instante de ver (inibição)	-1	Vida não cumprida
Tempo para compreender (sintoma)	$-a$	Cumprimento?
Momento de concluir (angústia)	$-(1+a)$	Vida cumprida

---

[239] LACAN, J. *(1959) O seminário, livro 6: o desejo e sua interpretação*. Rio de Janeiro: Zahar, 2016, p. 360.
[240] Op. Cit., p. 387.
[241] Op. Cit., p. 350.

4. TEMPO DE LUTO E RITO FÚNEBRE: SOBRE UMA TEORIA DO LUTO NA PSICANÁLISE

Ou seja, sua formula concisa do luto S = – (1+a), decorre da passagem do tempo de compreender para o momento de concluir, aonde o sacrifício desse pequeno pedaço de si, admitiria um fechamento, no qual nem o morto poderia reivindicar mais algo para o vivo (através de suas aparições singulares), nem o vivo em relação ao morto, o que justificaria uma vida cumprida. O "fechamento" tem como consequência certa abertura, que é a capacidade do sujeito de voltar a desejar. Por isso que é comum, na clínica com enlutados, que o analisante descreva certa interrupção do desejo depois da morte de alguém querido. Realizar um luto tem a ver com certa orientação que, em última instância, se reorganiza em direção do desejo.

Lacan, no seminário sobre a Angústia, diz que "o problema do luto é o da manutenção, no nível escópico, das ligações pelas quais o desejo se prende não ao objeto a, mas à i(a), pela qual todo amor é narcisicamente estruturado"[242]. O problema seria justamente a relação do desejo com a imagem especular, pois a manutenção e a sustentação de uma relação com o objeto a se trata do próprio trabalho, empreendimento, do enlutado. Portanto, pensar em um luto para a psicanálise implica em um fechamento e uma continuidade, um objeto que cai e a continuação ou reinstalação do desejo.

Dunker se refere ao Seminário 11 como o momento em que Lacan anuncia a própria análise como um luto. O desdobramento que Dunker dá é o da própria psicanálise como abertura para um luto infinito:

> "(...)'a análise é um luto', é um número de separações que culmina na separação com seu analista. É um objeto que cai, no sentido do luto. A gente analisa e recebe outros pacientes, muda de lado, não mais no divã, vai pra poltrona. O que é isso? É a passagem de um luto finito para um luto infinito. Você vai entrar no luto dos outros. E você vai ser

---

[242] LACAN, Op. Cit., p. 364.

esse objeto que vai cair para cada um deles. A transmissão da psicanálise é a transmissão de um luto"[243].

A questão do contável fica muito evidente em momentos de supressão do tempo cotidiano, como é no caso de guerras e acontecimentos como a Pandemia de 2020. Há sempre uma tentativa de refreamento pela via da contabilidade: número de mortos, probabilidade de infecção, meses até o fim da tragédia, número de vacinas, probabilidade de morrer. Dunker[244] sustenta a hipótese do luto infinito como o luto feminino, que ao não suprimir o infinito entre o 1 e o 2, torna-se incontável. Esse é um problema de identidade e diferença.

A Pandemia de 2020 vitimou centenas de milhares de pessoas, de centenas de países ou o Rafael, dono de uma loja no Brás, que gostava de piano e tinha toda uma vida rica em detalhes e aspirações? De certa forma, as notas fúnebres, os obituários ou qualquer escrita sobre a morte que implique a poética, entra nesse espaço de continuidade ao invés de numerar. Entre o Rafael e a Daniela, bailarina e escritora entusiasta, igualmente vítima da Pandemia, existe um infinito incontável. Essa é, claramente, uma questão que concerne também ao método e à função da historiografia, que trataremos em outro capítulo.

O analista acompanha e é testemunha do não saber sobre a morte. Experiencia seus lutos e o luto dos outros enquanto objetos que caem em um final de análise. Testemunha também impossíveis: de se preparar, de alocar o luto na promessa de um sentido cronológico, de reduzir tal ato à uma terapêutica protocolar. Mas sustentar o desejo do analista é fazer falar, inclusive na tentativa de bordear os *impossíveis* que são consequências da perda, da morte e do luto. Nessa equação, a escrita assume uma função privilegiada. Escrever sobre aqueles que se foram é relegar um lugar ao passado: bordeamos a falta, assentamos um tempo, honramos

---

[243] DUNKER, C. I. L. *Teoria do luto em Psicanálise*. Revista PsicoFAE: Pluralidades em Saúde Mental, [S.l.] v. 8, n.2, p. 28-42, dez. 2019, ISSN 2447-1798.
[244] Id. Ibid.

através da inscrição e desta forma delimitamos, destacamos e isolamos nossa relação amorosa e a convertemos em memória. Assim, um pedaço de nós é sacrificado e assim, continuamos.

REFERÊNCIAS

ALLOUCH, Jean, Erótica do luto no tempo da morte seca. Rio de Janeiro, Companhia de Freud, 2004.

ARIÈS, P. O homem diante da morte no Ocidente: da Idade Média aos nossos dias. Rio de Janeiro: Nova Fronteira, 2012.

CERTEAU, Michel De. A escrita da história. Tradução de Maria de Lourdes Menezes. Rio de Janeiro: Forense, 2011.

DUNKER, C. I. L. Teoria do luto em Psicanálise. Revista PsicoFAE: Pluralidades em Saúde Mental, [S.I.] v. 8, n.2, p. 28-42, dez. 2019, ISSN 2447-1798.

EPICURO. *Carta sobre a felicidade: A Meneceu* (A. Lorencini & E. D. Carratore, trads.). São Paulo: Editora UNESP, 2002.

FREUD, S. Luto e Melancolia. Tradução de Marilene Carone. São Paulo: Cosac Naify, 2011.

FREUD, S. (1916) A transitoriedade. São Paulo: Companhia das Letras, 2010.

FREUD, S. Considerações atuais sobre a guerra e a morte (1915-2010) IN FREUD, S. Introdução ao narcisismo: ensaios de metapsicologia e outros textos (1914-1916). Tradução de Paulo César de Souza. São Paulo: Companhia das Letras, 2010.

LACAN, J. (1959) O seminário, livro 6: o desejo e sua interpretação. Rio de Janeiro: Zahar, 2016.

LACAN, J. (1958). A direção do tratamento e o princípio de seu poder. In Escritos. Tradução Vera Ribeiro. Rio de Janeiro: Zahar, 1998.

LACAN, Jacques. (1962-1963) O seminário, livro 10: a angústia. Tradução de Vera Ribeiro. Rio de janeiro: Zahar, 2005.

VIEIRA, Willian. Goldberg, Leonardo. Honrar nossos mortos em tempos de exceção. Folha de São Paulo, 14 de abril de 2020.

ROUDINESCO, Elisabeth, PLON, Michel. Dicionário de psicanálise. Rio de Janeiro: Zahar, 1998.

SHAKESPEARE, William. A tragédia de Hamlet, príncipe da Dinamarca. São Paulo: Penguin, 2015.

5. A INDIFERENCIAÇÃO, ENTRE O HUMANO E A MÁQUINA

CLÁUDIO AKIMOTO

5.1 DA HUMANIZAÇÃO DA MÁQUINA...

Em setembro de 2019, as mídias e sites de cobertura do universo gamer foram invadidas com uma notícia já antecipada, mas ainda assim de grande polêmica. A desenvolvedora de jogos Epic Games, criadora do jogo *Fortnite Battle Royale*, acabava de anunciar uma série de mudanças no funcionamento do jogo, dentre elas, a inclusão de *bots*, personagens controlados não por outros jogadores, mas sim por inteligência artificial, programados para "se comportar de modo semelhante a jogadores normais"[245]. A princípio, a ideia é de que a presença de *bots* pudesse facilitar o fluxo do jogo e de cada partida, viabilizando uma montagem dos times mais veloz, reduzindo tempo de espera por jogadores, e possibilitando partidas com mais participantes. Não apenas isso, mas também que os *bots* seriam uma ferramenta de ajuda a jogadores menos experientes e que poderiam aprender os mecanismos básicos do jogo e aperfeiçoar sua técnica, enfrentando os adversários robóticos, menos desafiadores, antes de estarem prontos para enfrentar o combate direto com outros jogadores humanos, mais experientes no jogo.

---

[245] THE FORTNITE TEAM. *Fortnite Matchmaking Update – Battle Royale*. Disponível em: <https://www.epicgames.com/fortnite/en-US/news/fortnite-matchmaking-update-battle-royale>. Acesso em: 11 mar. 2021.

A polêmica que se colocou então, para a Epic Games e sua base de jogadores, era a seguinte: deve o jogo ser aberto a presença de *bots*, ou seus campos de batalha deveriam ser reservados apenas para jogadores humanos? A polêmica era aguardada por já ter se tornado prática comum entre os jogos *online*, tendo se repetido em outros jogos de grande destaque, como seu concorrente *PUBG*, ou mesmo jogos em outros formatos como *Clash Royale* ou plataformas de poker *online*. A comunidade de gamers, em cada um desses casos, se mostrou dividida, entre os que valorizam a importância de um jogo competitivo, apenas entre os humanos (posição mais comum entre jogadores mais velhos e experientes), e aqueles que, por outro lado, somente se importam em jogar o jogo, não levando em consideração se, do lado de lá da tela, estão humanos ou robôs (mais frequente entre jogadores mais jovens e menos familiarizados com o jogo).

Mas o tema se torna ainda mais controverso – se aproximando também de nosso interesse aqui – quando se percebe que, via de regra, os produtores introduzem os *bots* ao jogo, mas não fornecem nenhum indicador ou marcador que permita facilmente identificar quais adversários são robôs e quais são humanos. Não há um traço que possa facilmente distingui-los, colaborando, então, para um ambiente de indiferenciação entre humano e máquina, com a idéia de que *bot* possa ser apenas mais um dentre os humanos.

A questão ética em jogo aqui seria então a seguinte: devem ou não serem criados mecanismos que permitam a fácil e imediata diferenciação entre quem é robô e quem não é? Caberia ao jogo notificar usuários sobre a presença de robôs? Vejam que aqui encontramos desdobramentos das questões que vimos com Ishiguro e seu robô *Geminoid*: o que permite diferenciar um humano de um robô? Quais as implicações éticas de reconhecermos um robô como semelhante com o qual interagimos? E, no caso do jogo, quais as implicações de um contexto em que se promove uma indiferenciação entre agentes humanos e não humanos?

Se tomamos aqui esse exemplo, é como fundamento para abordarmos um processo mais amplo, que domina o espaço digital

5. A INDIFERENCIAÇÃO, ENTRE O HUMANO E A MÁQUINA

hoje e que tomamos como decisivo para as mudanças subjetivas, éticas e políticas em curso e que buscamos aqui aprofundar: a questão da indiferenciação, entre o humano e máquina.

Apenas como um dos exemplos do alcance e complexidade dessa questão, e como ela pode ser localizada em seu contorno político, podemos tomar o problema do avanço crescente das *fake news* no cenário brasileiro e global. É fácil notar que sua circulação só se faz possível também pela presença e uso indiscriminado de *bots* e perfis *fakes* nas redes sociais, responsáveis por fazer circular tais notícias, tanto quanto por manter em constante atividade a rede de comentários, compartilhamentos e curtidas de páginas e postagens que retroalimentam o círculo de ódio e desinformação.

Mais do que um problema de informações verdadeiras ou falsas (crivo que estará sempre sujeito a infindáveis debates sobre onde estaria a linha de separação entre verdadeiro ou falso, tanto quanto improdutivos debates sobre liberdade de expressão), o problema das *fake News,* e sua circulação nas redes sociais é, essencialmente, um problema de autenticidade. Se o Facebook declara em seus termos de serviços que "Autenticidade é a pedra angular de nossa comunidade"[246], sendo seguida nessa ideia por outras redes sociais, é por estar advertido dos riscos que a inautenticidade acarreta, capazes de abalar a própria estrutura fundamental de seu funcionamento, como temos visto no curso dos últimos anos. Desse modo, o argumento aqui é de que o problema das *fake news* é menos um impasse informacional em torno *do que se fala,* e mais um problema sobre *quem fala,* ou melhor, quem ou o que reconhecemos como falantes ou interlocutores aos quais atribuímos credibilidade.

Refazendo a indagação de Ishiguro, poderíamos interrogar: quando estamos nas redes sociais, quais os traços que nos fazem

---

[246] FACEBOOK. *Integridade da conta e identidade* autêntica. Disponível em: <https://www.facebook.com/communitystandards/misrepresentation>. Acesso em: 11 mar. 2021.

supor que, do lado de lá da tela, há um outro ser falante? Um semelhante, que possa ser reconhecido como interlocutor?

Vimos a face horrenda desse impasse quando, no curso da campanha eleitoral de Jair Bolsonaro e o debate em torno das *fake news*, circulou um vídeo de apoiadores, sob o título, "eu sou robô do bolsonaro", em que uma fila de pessoas, caminhavam em direção a tela e, imitando movimentos e uma voz robóticas declaram: "eu sou robô do bolsonaro"[247], buscando ironizar as acusações em torno do uso de *bots* e sistemas de disparo massivo de mensagens de WhatsApp, utilizados por Bolsonaro em sua campanha.

Diariamente, basta acessar páginas de comentários em notícias políticas, para constatar intensos debates, xingamentos, e acusações, que, no mais das vezes, se fazem entre humanos e robôs. Pessoas realmente dedicando seu tempo, para escrever mensagens, e elaborar longas e acaloradas respostas para brigar com... um robô, com um *bot* de internet.

Mas o que acontece quando o jogo da política passa também a ser invadido por *bots*? E quais seriam então as dinâmicas que nos conduziram a essa condição atual de uma incapacidade para diferenciar entre falas de humanos e falas de não humanos? E, no sentido contrário, como pode se montar uma tal situação, como a do vídeo descrito acima, em que seja possível à pessoas se assujeitarem à condição de um robô, que mecanicamente repete palavras de ordem, de um ignóbil candidato político?

Buscaremos então sustentar que a atual indiferenciação entre humano e máquina seria o componente decisivo no complexo jogo em curso hoje, quanto a relação do humano com a tecnologia e seus efeitos no laço social hoje.

No recém-lançado documentário, o *Dilema das Redes*, Tristan Harris declara que o essencial no tocante ao uso da inteligência artificial hoje não estaria do lado de uma ampla e irrestrita superação do humano pela máquina. A máquina não seria capaz

---

[247] BLOG DO PIVA CANTIZANI. *Eu sou robô do* Bolsonaro. Disponível em: <https://www.youtube.com/watch?v=egufgSIwgBU>. Acesso em: 11 mar. 2021.

5. A INDIFERENCIAÇÃO, ENTRE O HUMANO E A MÁQUINA

de nos derrotar nas habilidades e competências que são nosso ponto forte. A questão estaria, pelo contrário, na capacidade da máquina de atacar nossos pontos fracos e vulnerabilidades, de encontrar em nós pontos de fraqueza que possam ser explorados, visando extração de dados e de riqueza. Seria em nossos pontos fracos que as máquinas seriam capazes de nos superar.

Se acompanhamos Harris em sua colocação, de que não se trata exatamente de uma superação da máquina sobre o humano em seu todo, cabe aqui um ajuste nessa colocação, visando um avanço. Como Turkle[248] indica, se, de fato, a tecnologia é capaz de explorar pontos específicos das competências humanas, caberia interrogar, então, qual ou quais seriam esses pontos. E aí poderemos notar que a linha de diferenciação entre pontos fortes e fracos, é muito menos clara do que gostaríamos de acreditar. Justamente a questão aqui é de que não sabemos bem quais exatamente seriam essas vulnerabilidades, identificáveis e exploráveis, tampouco somos capazes de atuar para tamponar essas falhas, antecipando tais ataques e permitindo que o problema fosse solucionado. Qual seria então o grande ponto fraco, a ser explorado pela máquina?

Como demonstra Sherry Turkle, o principal aspecto humano, a ser explorado e tomado como alvo de ataques pelos desenvolvedores de novas tecnologias, é a busca por interação, nossa busca por companhia e cuidado, a vontade do humano de se vincular, de fazer laço com seus pares Nossa vontade de falar e de interagir com os outros. É nesse sentido que Turkle nomeia os objetos tecnológicos de hoje de *artefatos relacionais*:

> Os objetos que estudo hoje, de pets digitais a avançados robôs humanoides, se apresentam como criaturas sentientes e sensíveis, como preparadas para uma relação. Eu penso neles como *artefatos relacionais*.[249]

---

[248] TURKLE, S. The flight from conversation. *The New York Times*, 2012.
[249] TURKLE, S. *The second self: Computers and the human spirit*. Mit Press, 2005.

Esses artefatos relacionais, tecnologias que se apresentam como vivas, como animadas, que buscam uma conexão conosco, ou que nos oferecem vias de conexão com o outro, encontram lugar entre nós, por apelaram ao próprio desejo humano de vinculação e relacionamento:

> Seres humanos estão famintos por reconhecimento, vulneráveis a se sentirem em uma relação mútua até mesmo com o mais simples dos artefatos relacionais. Artefatos relacionais pedem a seus usuários que os enxerguem não como ferramentas, mas como companheiros, como sujeitos, em seu próprio direito.[250].

Nesse sentido, a capacidade humana para relacionamento, para comunicação, para formação de laços, que perfaz um dos mais centrais e fundamentais traços da humanidade, uma de nossas maiores forças e estratégias adaptativas, é também justamente o ponto que será passível de ser explorado por essas tecnologias, que buscam também se fazer reconhecer como vivas e, portanto, passíveis de serem tomadas como interlocutores e até mesmo como companheiros em uma conversa ou uma relação.

Nessa lógica, a principal arma da tecnologia é que ela possa nos parecer humana, que o robô ou programa possa parecer a nós como um outro, um semelhante, para que ele possa assim explorar nossa busca por interação. Que deixemos de nos interrogar ou questionar sobre qualquer nível de distinção entre humanos e robôs, passando a aceitar a presença da interação com robôs como apenas mais um elemento da vida cotidiana, esse é o campo em que se trava a atual batalha, ética e (bio)política, na relação entre o homem e a tecnologia.

Mas a imensidão de uma tal tarefa, de uma mutação antropológica com tais contornos, capaz de incluir toda uma nova gama de entidades falantes, na intrincada teia da relação discursiva,

---

[250] TURKLE, S. *The second self: Computers and the human spirit*. Mit Press, 2005.

5. A INDIFERENCIAÇÃO, ENTRE O HUMANO E A MÁQUINA

não se faz de uma hora para outra. Que se possa hoje participar de uma partida de um jogo, sem se interrogar sobre a natureza humana ou não de seu adversário, é efeito de um longo acúmulo e articulação de fluxos e processos históricos. É esse percurso que buscaremos traçar em linhas gerais neste capítulo, visando a possibilidade de articular também seus efeitos, tanto quanto os modos possíveis de seu enfrentamento.

O argumento é de que a crescente indiferenciação entre humano e máquina, se faz pela conjunção, pela aproximação assintótica entre duas tendências. Por um lado, a *humanização da máquina*, com tecnologias e robôs desenvolvidos com elementos de design orientados para que possam interagir conosco, sob a aparência de serem seres animados, dotados de razão, vida e pensamento. Que um robô possa parecer humano, não se trata de um mero acidente, mas de um cuidadoso processo de desenvolvimento e design tecnológico, tanto quanto de um certo modo de discursividade. E, por outro lado, uma segunda tendência que seria a *robotização do humano*, por processos e dispositivos de dominação e dessubjetivação, que, crescentemente, buscam deteriorar o humano em sua relação com a linguagem, produzindo uma versão cada vez mais simplificada e previsível de si mesmo.

É na confluência dessas duas tendências que encontraremos aquilo que, em nós, opera como a dimensão de enquadre fantasmático e desejante, que fornece o campo fértil para que os artefatos relacionais encontrem seu lugar, como nossos interlocutores. E que possam ser explorados por aqueles que se valem da tecnologia para um avanço e propagação de um projeto de captura e extração de riqueza, tendo como matéria bruta a própria existência humana.

5.1.1 UMA MÁQUINA FALANTE

Para a primeira tendência que sustenta esse movimento, o que chamamos de *humanização do robô*, trata-se de uma tendência mobilizada por um contínuo e cada vez mais veloz avanço do que pode ser nomeado como *tecnologias de animação*: dispositivos, técnicas e métodos tecnológicos que tem como propósito produzir um efeito de animação sobre os objetos ou, "uma tecnologia de animação que transforma entidades particulares – naturais ou feitas pelo homem – em 'pessoas'"[251].

Aqui, mais uma vez, não se trata, propriamente, de que uma Alexa ou um boneco de brinquedo sejam propriamente entendidos como animados, ou cumpram funções idênticas à do humano. Não temos uma situação de animismo, como de povos que acreditavam na energia vital de árvores, rios e montanhas. Tampouco estamos no campo da possibilidade de uma réplica perfeita do humano, capaz de plenamente mimetizar todas nossas habilidades. Trata-se de algo menos ambicioso, mas mais perigoso, que é de que a máquina possa *parecer* animada, parecer inteligente, parecer dotada de raciocínio. Não se trata tanto de uma verdadeira e profunda crença na condição de viva ou animada do robô. Dificilmente se acreditaria que Alexa está de fato viva, como nós, humanos, mas não é esse o ponto. O ponto é que a tecnologia seja capaz de despertar, no humano, os mesmos tipos de respostas e comportamentos que se teria diante de outro ser humano. Não se trata de uma profunda crença na vida interna da máquina, basta que haja de fato algum traço que possa ser considerado o bastante para que falemos com ela, para que possa ser reconhecida como um possível interlocutor[252] e, principalmente, para que passemos a dirigir a ela nossas palavras. Palavras essas que serão recolhidas, analisadas e exploradas para fins econômicos, com um acúmulo cada vez maior de riqueza.

---

[251] GYGI, F. R. *The animation of technology and the technology of animation in Japan..* In: ASTOR-AGUILERA, M.; HARVEY, G. (Eds.). *Rethinking Relations and Animism: Personhood and Materiality* (1st ed.). Routledge, 2018. https://doi.org/10.4324/9780203709887.

[252] Nesse ponto podemos indicar o retorno de debates que buscam recorrer à noção de animismo, como via explicativa para os processos hoje em curso na relação do homem com os objetos. O problema com esse tipo de abordagem é de deixar de considerar os processos de produção, as condições materiais, pelas quais empresas investem dinheiro, tempo e pesquisas justamente para desenvolvimento de tecnologias de animação, tecnologia capazes de fazer parecer que objetos são animados.

5. A INDIFERENCIAÇÃO, ENTRE O HUMANO E A MÁQUINA

Para indicar esse processo, vamos retomar um marco histórico, de uma das primeiras invenções tecnológicas capazes de, pela produção e design tecnológicos, produzir esse efeito de uma máquina viva, animada, pensante e falante. Um ponto originário, nesse longo processo de animação pelo qual a máquina, disfarçando-se de humana, foi capaz de, enfim, se inserir hoje como um interlocutor possível ao homem, um algo com o qual podemos falar.

Podemos encontrar uma referência à essa primeira invenção tecnológica, em um trecho de Walter Benjamin, em suas *Teses Sobre o Conceito de História*, em que faz uma referência a um autômato jogador de xadrez, conhecido como O Turco:

> Conhecemos a história de um autômato construído de tal modo que podia responder a cada lance de um jogador de xadrez com um contra-lance, que lhe assegurava a vitória. Um fantoche vestido à turca, com um narguilé na boca, sentava-se diante do tabuleiro, colocado numa grande mesa. Um sistema de espelhos criava a ilusão de que a mesa era totalmente visível, em todos os seus pormenores.[253]

Trata-se de *O Turco*, a máquina jogadora de xadrez, era um autômato[254], construído por Wolfgang von Kempelen, em 1769. Von Kempelen era um oficial da corte Austríaca e construiu O Turco como modo de agradar a imperatriz Maria Teresa, da Áustria. Nesse período eram frequentes performances e shows para entreter os membros da alta corte. Em determinada ocasião, von Kempelen acompanha um espetáculo de ilusionismo de François Pelletier na corte de Maria Tereza. Impressionado com o brilhantismo dessa apresentação, Von Kempelen se propõe a

---

[253] BENJAMIN, W. *Teses sobre o conceito de história. Obras escolhidas, 1, 2005.*
[254] Autômato: 1. máquina ou engenho composto de mecanismo que lhe imprime determinados movimentos (p.ex., um relógio, certos tipos de brinquedo etc.); 2. aparelho com aparência humana, ou de outros seres animados, que reproduz seus movimentos por meios mecânicos ou eletrônicos.

produzir um show próprio, capaz de superar os talentos do ilusionismo de Pelletier. E cria então O Turco, a partir da mesma estratégia: a produção de uma ilusão[255].

A máquina consiste na figura de uma marionete com aparência de Turco, com chapéu e bigode, segurando um Hookah em sua mão direita. Sua mão esquerda era responsável por movimentar as peças do tabuleiro de xadrez situado à sua frente, colocado em cima de uma grande caixa, dotada de portas, que podiam ser abertas para revelar ao público o intricado sistema de mecanismos internos que movimentava a máquina. Havia um mecanismo que controlava também a face da marionete, permitindo que ela pudesse fazer algumas expressões faciais, como, por exemplo, balançar a cabeça em situações de "xeque".

O Turco foi um enorme sucesso desde sua primeira exibição, passando a ser apresentado ao público e a grandes autoridades nacionais, em diversos países. Em suas apresentações em cortes europeias, chegou a ter célebres adversários, inclusive o próprio Napoleão Bonaparte, considerado exímio jogador de xadrez, que foi duas vezes derrotado pelo Turco. Relatos atestam que, frustrado diante da derrota, Napoleão chega a tentar trapacear na partida, movendo indevidamente uma peça, tendo sido imediatamente interrompido pela máquina, que identificou e não aceitou a tentativa de trapaça.

O Turco era anunciado ao público como um sistema autônomo, capaz de operar sem interferência externa e que era capaz de ler os movimentos do adversário e produzir sempre lances vitoriosos. A máquina participou de shows e exibições, impressionando sua audiência por quase dois séculos. Após a morte de Von Kempelen, em 1804, a máquina passa aos cuidados de Johann Nepomuk Mälzel que, após algum tempo realizando apresentações com essa máquina pela Europa, decide fazer um tour na América, na década de 1830.

---

[255] DOLAR, M. *A voice and nothing more*. MIT press, 2006.

5. A INDIFERENCIAÇÃO, ENTRE O HUMANO E A MÁQUINA

A máquina era tão impressionante que acabou fisgando a atenção e fascínio de Edgard Allan Poe, que assume uma verdadeira missão investigativa, passando a se dedicar a estudar a máquina e desvelar seus segredos, começa a assistir as diversas apresentações do tour da máquina pelos Estados Unidos no começo da década de 1830. A partir de suas minuciosas observações, Poe escreve um conto acerca dos resultados de sua investigação e suas propostas de solução e hipóteses sobre o modo de funcionamento da máquina. O objetivo e motivo da obstinação de Poe era de buscar demonstrar que a máquina não poderia ser uma máquina pensante, mas sim uma espécie de truque. Na abertura de seu conto, Poe afirma:

> Talvez nenhuma exibição desse tipo tenha suscitado uma atenção tão geral quanto o jogador de xadrez de Maelzel. Onde quer que seja visto, tem sido objeto de intensa curiosidade, para todas as pessoas que pensam. No entanto, a questão de seu modus operandi ainda é indeterminada.[256]

E, de fato, como constatado por Poe, após sua longa investigação, a surpreendente máquina pensante de von Kempelen, nada mais era do que isso: um truque. Um engenhoso e sofisticado truque. Inclusive, o próprio Von Kempelen não negava se tratar de um truque, e apenas dizia se tratar de um dispositivo autônomo, capaz de operar sem nenhuma interferência exterior. Inspirado nos shows de ilusionismo de Pelletier, Von Kempelen monta sua obra com uma caixa mecânica que, supostamente, continha os mecanismos motores, responsáveis pelo movimento do robô. Contudo, a caixa mecânica, era composta, na verdade, por um complexo sistema de espelhos, que permitia que o público tivesse a ilusão de enxergar o interior da máquina, ao mesmo tempo em que mantinha velado, escondido, um compartimento interno secreto, no tamanho exato para poder acomodar uma

---

[256] POE, E. A. (1836). *The Portable Edgar Allan Poe.* CreateSpace Independent Publishing Platform, 2014.

pessoa, um homem com nanismo e exímio jogador de xadrez. Assim, O Turco, nada mais era do que um mecanismo operado por um homem, que se escondia dentro da máquina e se valia de peças magnéticas e sistemas de cordas, para mover as peças no tabuleiro.

Talvez por isso também, para seu inventor, von Kempelen, O Turco, a máquina de xadrez, logo deixaria de ser seu principal foco de interesse. Isso porque, apesar do grande sucesso, Von Kempelen, muito mais do que um ilusionista, era um verdadeiro inventor, e tinha outro objetivo, muito mais ambicioso: a construção de uma máquina falante, uma máquina que pudesse falar como um humano.

A busca por invenções capazes de imitar ou mimetizar funções humanas, ilustram bem o contexto do pensamento científico em jogo nesse período histórico. Assim, como todo grande avanço na história da tecnologia, o advento da máquina falante começa, com um sonho. Com a busca do ser humano por algo inédito.

Ainda em Descartes, em seu "Discurso sobre o método", encontramos um primeiro questionamento sobre as diferenças entre o humano e a máquina, entre o natural e o construído. Descartes destaca a incomparável superioridade do corpo humano, criado pelas mãos de Deus, se comparado a qualquer mecanismo que possa ser arquitetado ou produzido artificialmente pela criação humana. Inclusive chegando a se referir ao corpo humano como verdadeira máquina, uma máquina superior, incomparavelmente mais complexa:

> O que não parecerá de modo algum estranho a quem, sabendo quão diversos autômatos, ou máquinas móveis, a indústria dos homens pode produzir, sem empregar nisso senão pouquíssimas peças, em comparação à grande quantidade de ossos, músculos, nervos, artérias, veias e todas as outras partes existentes no corpo de cada animal, considerará esse corpo uma máquina que, tendo sido feita pelas mãos de Deus, é incomparavelmente melhor ordenada

5. A INDIFERENCIAÇÃO, ENTRE O HUMANO E A MÁQUINA

e contém movimentos mais admiráveis do que qualquer das que possam ser inventadas pelos homens.[257]

Descartes não nega a possibilidade de que o intelecto humano pudesse chegar a desenvolver máquinas com mecanismos tão extraordinários que possam ser equiparáveis a algumas funções do corpo humano. Porém, sem que jamais uma criação humana fosse capaz de superar a própria máquina-homem, o corpo humano, como criado por Deus. Sobre essa distinção, Descartes indica que haveria pontos que seriam capazes de marcar essa diferença qualitativa entre a máquina-homem e as outras máquinas, dentre eles, destaca um ponto específico: a capacidade para a fala e para a razão:

> Desses, o primeiro é que nunca poderiam usar palavras, nem outros sinais, compondo-os, como fazemos para declarar aos outros os nossos pensamentos. Pois pode-se muito bem conceber que uma máquina seja feita de tal modo que profira palavras, (...) mas não que ela as arranje diversamente, para responder ao sentido de tudo quanto se disser na sua presença.[258]

A diferença então, entre o humano e a máquina, estaria na capacidade para a fala. Mas não na competência funcional de produção de palavras (algo do qual até mesmo um animal como o papagaio seria capaz), mas sim a potência para arranjar as palavras, colocá-las de um certo modo, capaz de operar em resposta "ao sentido de tudo quanto se disser na sua presença"[259].

Nossa singularidade estaria nessa possibilidade de tomar as palavras e "arranjá-las diversamente", reorganizá-las, para criação

---

[257] DESCARTES, R., & DESCARTES, R. *Discurso do metodo: Meditações: Objeções e respostas: As paixões da alma; Cartas.* Abril Cultural, 1973.
[258] Id.
[259] DESCARTES, R., & DESCARTES, R. *Discurso do metodo: Meditações: Objeções e respostas: As paixões da alma; Cartas.* Abril Cultural, 1973.

de novas significações. Mais do que isso, nos indica também como essa capacidade criativa deve algo também a possibilidade de articular uma resposta ao que vem do outro, "responder ao sentido de tudo quanto se disse na sua presença", inserindo a fala no campo do reconhecimento e do discurso. Ou seja, algo da ordem dessa capacidade de escutar o que se diz e, a partir daí, poder assumir uma posição no discurso. E, para isso, a capacidade para uso da razão seria o elemento fundamental, sendo a razão "um instrumento universal, que pode servir em todas as espécies de circunstâncias" diferentemente dos órgãos os quais "necessitam de alguma disposição particular para cada ação particular."[260]. A plasticidade dos usos e fins da razão, em oposição à limitação e especificidade das funções orgânicas, seria a via de acesso à uma aptidão para a fala e para a conversa.

Ali onde a máquina e o animal estariam submetidos ao puro desempenho de suas funções naturais, instintuais e pré-determinadas, ao homem se abre uma possibilidade diversa, por poder contar com a razão para atuar sobre o mundo, agindo e respondendo de modo diferenciado. E a partir desse ponto encontramos os disparadores do que viria a ser a busca por uma máquina falante.

Se, como afirma Descartes, haveria ao menos no campo das ideias, a possibilidade de se imaginar uma máquina capaz de reproduzir palavras humanas, seria então também possível de fato criar uma máquina desse tipo? Seria de fato o homem o único dotado da capacidade para uso da razão? É a partir daí que tem início a busca pelo objetivo de construção da máquina falante. Como afirma Barbosa: "O discurso cartesiano suscitou nos homens de seu século a vontade de construir máquinas que imitassem perfeitamente os movimentos naturais, incluindo-se os movimentos humanos."[261].

---

[260] Id.
[261] BARBOSA, P. A. Máquinas falantes como instrumentos lingüísticos: por um humanismo éclairé. *Línguas e Instrumentos Lingüísticos*, 8, 51-99, 2001.

5. A INDIFERENCIAÇÃO, ENTRE O HUMANO E A MÁQUINA

Essa busca pela construção da máquina humana avança ao longo do século XVIII e segue com uma série de impressionantes invenções maquínicas, capazes de uma imitação que se aproxima da perfeição na execução de uma tarefa humana. Em 1738, Jacques de Vaucanson, inventor e artista francês, apresenta à Academia de Ciências de Paris seus três autômatos: a autômato tocador de flauta, o autômato tocador de tamborim e, por fim, sua obra prima, *Le Canard Digérateur*, o pato digestor.

Uma década depois, Julien Offray de La Mettrie, médico e filósofo, impressionado com as criações de Vaucanson, leva ao máximo radicalismo as ideias propostas por Descartes, acerca da relação animal-homem-máquina, chegando a defender a tese que tudo que é da ordem da alma e pensamento humanos nada mais seriam do que efeito e resultado de propriedades presentes na própria matéria orgânica e natural, de modo que, nesse sentido, o homem seria nada mais, nada menos do que uma máquina. E, portanto, desprovido de qualquer elemento espiritual ou transcendental. Essa tese, exposta na obra *Homme-Machine*[262], levou La Mettrie a ser banido de França e Holanda por suas ideias excessivamente materialistas.

Leonhard Euler, um dos maiores matemáticos do século XVIII, dá também sua contribuição à questão da máquina falante, indicando o enorme problema físico que estaria em jogo: "como construir uma máquina capaz de imitar as produções acústicas da boca humana?"[263]. Como a boca, língua, laringe, faringe, dentes, cordas vocais, pulmão trabalham juntos para produzir tão grande variedade de sons complexos e distintos, qual seria a possibilidade de reprodução de tão sofisticado sistema?

Mas não foi Vaucanson quem chegaria a produzir tal máquina. Esse objetivo seria alcançado por outro engenhoso inventor, ninguém menos do que nosso já conhecido Wolfgang von Kempelen,

---

[262] DE LA METTRIE, J. O. *L'homme machine*. Luzac, 1748.
[263] STERNE, J. *The audible past: Cultural origins of sound reproduction*. Duke University Press, 2003.

criador d'O Turco, e também o primeiro a construir uma máquina capaz de reproduzir a voz e a fala humana.

Wolfgang Ritter von Kempelen era advogado, engenheiro, construtor de autômatos, e viria ser o primeiro a reproduzir, fora do corpo, o som da voz e da fala humana. Em 1780, a *Royal Academy of Sciences* de Saint Petersburg lança uma competição com um prêmio que seria entregue a quem fosse capaz de construir uma máquina que pudesse reproduzir as vogais e sons da fala humana, sendo necessário também oferecer uma completa e detalhada explicação acerca do funcionamento da máquina, bem como das propriedades físicas envolvidas na produção do som, inclusive tornando possível a reprodução e construção de réplicas dessa máquina falante. Muitas pessoas se dedicaram a essa missão, mas foi Von Kempelen quem alcançou êxito.

A construção da máquina começa em 1769 sendo finalizada em 1791, mais de 20 anos depois. Não apenas von Kempelen consegue construir essa máquina, mas também, em cumprimento às exigências para obtenção do prêmio, escreve o livro *O mecanismo da fala humana com a descrição de uma máquina falante*[264], explicando toda a construção e funcionamento da máquina e sua relação com os mecanismos de fala humana.

Diferentemente d'O Turco, no caso dessa máquina, não temos algo dotado de forma humana, tão pouco um funcionamento que poderia ser propriamente chamado de um autômato, uma vez que nela não há um mecanismo capaz de operar por conta própria, sem a intervenção direta de um operador humano, o que, ao menos a princípio, deveria bastar para que não se reproduzisse a ilusão de uma máquina dotada de vida própria.

Trata-se, mais precisamente, de uma máquina que pode ser operada e manuseada para produção de sons, como uma espécie de instrumento musical, mas que em vez de música, consegue reproduzir os sons da fala humana. Uma das mãos opera um fole que libera o fluxo de ar, atuando como espécie de pulmão, en-

---

[264] VON KEMPELEN, W. Mechanismus der menschlichen Sprache nebst der Beschreibung einer sprechenden Machine, 1791.

5. A INDIFERENCIAÇÃO, ENTRE O HUMANO E A MÁQUINA

quanto isso a outra mão opera alavancas que modulam orifícios para produção de sons nasais e orais. A máquina tinha grande perfeição técnica e está até hoje em funcionamento, ficando em exposição no *Deutsches Museum* em Munique[265].

Dentre as características da máquina, aqueles que escutaram sua fala, destacaram um caráter feminino ou quase infantil da voz emitida, e que causava grande espanto e surpresa no público. Felderer (2002) apresenta o depoimento de uma testemunha no ano de 1784:

> Você não pode acreditar, meu caro amigo, como fomos todos tomados por um sentimento mágico, quando pela primeira vez ouvimos uma voz humana e uma fala humana que, aparentemente, não vinham de uma boca humana. Olhamos uns para os outros em silêncio e consternação e todos tivemos arrepios produzidos pelo horror dos primeiros momentos.[266]

Destaca-se aqui o caráter de *uncanny* (*unheimlich*) que o som da máquina produzia no público, mesmo após a publicação do livro explicando todo o mecanismo de funcionamento da máquina. O livro apresentava os princípios teóricos, e as diretrizes para realização prática [da máquina]. Contudo, não importava o quanto a máquina fosse descrita para que todos pudessem estudá-la, o som da máquina continuava a produzir efeitos estranhos e horripilantes: "Há algo de um estranhamento nessa hiância que permite que a máquina, por meios puramente mecânicos, possa produzir algo tão unicamente humano quanto a voz e a fala."[267].

---

[265] DEUTSCHES MUSEUM. *Nachbau des Kempelenschen Sprechapparats*. Disponível em: <https://www.youtube.com/watch?v=oIjkzZGe2I8>. Acesso em: 11 mar. 2021.
[266] FELDERER, Brigitte. *"Stimm-Maschinen. Zur Konstruktion und Sichtbarmachung menschlicher Sprache im 18. Jahrhundert,"* in Kittler, Macho, and Weigel, eds., 2002, pp. 257–278.
[267] DOLAR, M. *A voice and nothing more*. MIT press, 2006.

A presença da voz humana na máquina parece incluir algo adicional, um excesso, um a mais, como se algo da ordem de um espírito estivesse encarnado na máquina: "é como se o efeito produzido pudesse se emancipar de sua origem mecânica, e começar a funcionar como um excesso – de fato, como um fantasma na máquina"[268]. Eis a máquina, então, pela voz, dotada de uma alma. Qual seria o estatuto dessa alma, capaz de fazer com que um objeto inanimado fale? Como Karl Gottlieb Von Windisch descreve em seu *Inanimate Reason* (1784):

> Uma senhora, em particular, que não havia esquecido as lendas que lhe foram contadas quando jovem ... veio e se escondeu no assento da janela, o mais distante que podia do "espírito maligno" que ela firmemente acreditava ter possuído a máquina.[269]

E é justamente esse adicional, esse a mais, fantasmagórico, que vem pela voz, que Von Kempelen irá explorar para os efeitos de ilusionismo em seu show. Von Kempelen fazia tours pela Europa, com shows pelas principais cidades, ao longo da década de 1780 e, nessas ocasiões, fazia uma dupla apresentação de suas máquinas: primeiro a máquina falante e depois, O Turco, a máquina jogadora de xadrez.

A diferença entre as duas máquinas era gritante.

De um lado O Turco, com sua aparência humana, suas roupas, seu Hookah, seus olhos que se movem, inclusive fazendo certas expressões faciais para mimetizar expressões humanas, dotado de um raciocínio capaz de rivalizar com a mente humana em uma partida de xadrez (ainda que saibamos se tratar do truque, do homem em seu interior, isso não era acessível ao público).

---

[268] Id.
[269] VON WINDISCH, K. G. *Inanimate Reason, Or a Circumstantial Account of that Astonishing Piece of Mechanism, M. de Kempelen's Chess-player; Now Exhibiting at No. 8 Saville-Row, Burlington Gardens*. Bladon, 1784.

5. A INDIFERENCIAÇÃO, ENTRE O HUMANO E A MÁQUINA

Por outro lado, a máquina falante que, exceto pelo som produzido, nada tinha de humano, tinha aparência mesmo de uma máquina, um mecanismo, uma engrenagem de peças, uma engenhoca, que não buscava ocultar seu caráter mecânico. E, ademais, não era dotada de qualquer autonomia, sendo necessária a intervenção humana para seu funcionamento. Como coloca Dolar: "a antropomórfica máquina pensante era contra-balanceada pela não-antropomórfica máquina falante"[270].

Em suas apresentações, por vezes Kempelen chegava a admitir para o público que O Turco tinha um truque, que não era de fato uma máquina viva, apesar de não aceitar revelar ao público qual era o truque. Já para a máquina falante, von Kempelen deixava claro não se tratar de truque algum, inclusive havia escrito o livro explicando todo seu funcionamento e modo de criação e operação.

A ordem de apresentação das máquinas era decisiva: primeiro, era apresentada a fascinante máquina capaz de emular a voz humana, causando o espanto e a sensação fantasmagórica, de algo que parece dotado de uma alma e de uma vida própria. Em seguida, a apresentação do Turco, como uma máquina que não fala, mas que pensa, sendo inclusive capaz de usar seu pensamento e razão para derrubar o humano, derrotando-o em um jogo de xadrez.

Como se a primeira máquina fosse uma realização que abria a possibilidade de que algo como a segunda máquina pudesse vir a ser construído. A primeira tornava a existência da segunda mais plausível, lhe dava credibilidade. "a segunda máquina aparecia como a realização da promessa feita pela primeira máquina"[271], ou seja, se uma máquina é capaz de falar, tal qual um humano, nada impediria que, um dia, ela pudesse também alcançar a dimensão da razão, que tem na fala e na voz seu fundamento. Podendo, inclusive, tornar-se adversária em uma partida de

---

[270] DOLAR, M.. *A voice and nothing more*. MIT press, 2006.
[271] Id.

xadrez (e, quem sabe um dia, um *bot* em um jogo *online* de Fortnite).

A absoluta transparência com que von Kempelen apresenta, primeiramente, todo o funcionamento da máquina falante, capaz de produzir o mais realista dos sons, prepara o terreno para que o espectador possa ser capturado e fascinado pelas jogadas ilusionistas do O Turco, mesmo com von Kempelen declarando expressamente que se trata ali de um truque.

Mas, se com sua montagem entre a máquina falante e O Turco, Von Kempelen foi capaz de impressionar a todos, em seu lance ilusionista, entre a capacidade para fala e o potencial para razão – o que nos permite situar os fundamentos dessa montagem, pela qual a máquina passa a ganhar a ilusão de vida – a verdade é que, já no início do século seguinte, as máquinas falantes rapidamente deixariam de ser uma questão de interesse científico.

Para seguirmos em nosso caminho de investigação, acompanharemos o destino da mensagem de Von Kempelen: seu livro, em que detalha o funcionamento e método para construção da máquina falante.

A mensagem de Von Kempelen, com seu livro e suas descobertas no campo de estudos sobre a fala, o corpo humano e novas tecnologias chegaria, anos depois, a um importante destinatário: Alexander Graham Bell, inventor do telefone.

Bell, nascido na Escócia, em 1847, filho de Alexander Melville Bell, um professor de fonologia da Universidade de Edinburgh, tendo escrito importantes livros sobre fala, linguagem e fonação.

Se no século anterior, uma máquina falante como a construída por von Kempelen era obra para toda uma vida, Bell encontra um cenário bem diferente. Com apenas 16 anos de idade, Bell teve contato com uma réplica da máquina falante de von Kempelen, que pertencia a Sir Charles Wheatstone. Bell fica fascinado com o mecanismo e recebe de Charles uma cópia do livro de von Kempelen com a descrição de seu mecanismo. Munido do livro, Bell e seu irmão se dedicam à construção de uma réplica: "Estimulados por meu pai, meu irmão Melville e eu tentamos construir uma

5. A INDIFERENCIAÇÃO, ENTRE O HUMANO E A MÁQUINA

máquina falante que fosse nossa"[272]. O objetivo dos jovens, como descrito por Bell, era de reproduzir "a própria natureza", criando uma "exata cópia dos órgãos vocais".

Em pouco tempo concluem a construção da máquina e se surpreendem quando juntam a parte que mimetizava uma laringe, com a réplica da boca e sopram ar pelo mecanismo: "em um lance, a característica do som se transformou. Não mais se assemelhava a um mero instrumento de sopro, mas a uma voz humana. Uma qualidade vocal podia ser detectada, e realmente parecia como se alguém estivesse cantando a vogal 'ah'"[273].

Em seguida, com a abertura e fechamento do mecanismo da boca introduziram as primeiras interrupções na continuidade do "ah" e, então, a máquina passava a pronunciar sua primeira palavra: "mamma". Munidos de sua recém-nascida invenção, os irmãos Bell logo partiram para colocá-la a bom uso. Ao menos um bom uso para dois jovens adolescentes: usaram a máquina para pregar uma peça em seus vizinhos:

> Bem, é claro que garotos serão garotos, e estávamos determinados a testar o efeito em nossos vizinhos. A casa de meu pai em Edimburgo era uma de um número de casas e flats que davam de frente para uma escadaria comum. Pegamos nossa máquina e a fizemos gritar! (...) Logo a escadaria ressoou com os mais agonizantes gritos de 'mama-mama-mama'. (...) Imediatamente uma porta se abriu no andar de cima e ouvimos uma senhora exclamar, 'meu deus, o que há de errado com esse bebê?!'[274]

A pegadinha teria sido suficiente para alegrar os jovens, mas a verdade é que, para Bell, a máquina falante não teve muito mais

---

[272] BELL, A. G. Prehistoric telephone days. *National Geographic Magazine*, 41(3), 223-241, 1922.
[273] BELL, A. G. Prehistoric telephone days. *National Geographic Magazine*, 1922, 41(3), 223-241.
[274] Id.

utilidade, no curso de sua carreira como cientista. Mas, sem dúvida, a leitura do livro e a construção da máquina colaboraram para a estruturação das bases, sobre as quais Bell viria a desenvolver sua futura pesquisa.

Assim, já nessa época, o encontro entre a fala humana e a tecnologia havia sido capaz de reduzir a voz humana a apenas isso: nada mais do que uma função mecânica corporal, passível de reprodução. Máquinas falantes como a de von Kempelen já não eram nessa época nada mais do que isso: brinquedos para distrair crianças e entreter o público, tendo se afastado do campo das pesquisas científicas[275]. Os novos tempos colocavam outras questões e exigiam soluções mais alinhadas com o contexto histórico da época, voltado não mais para demandas de entretenimento da alta corte, mas para a dinâmica urbana e econômica, em um momento de expansão mercantil e de avanço em outros campos do saber como medicina e física.

Esse contexto marca uma importante passagem na busca científica que orientava as investigações sobre a fala humana e a tecnologia nessa época, passagem na qual Bell teria papel decisivo: um deslocamento de interesse, da experiência da fala, para a experiência da escuta. Esse deslocamento é marcado por uma série de avanços nos diversos campos do saber e da pesquisa científica da época, dentre os quais destacamos as descobertas em dois campos: a medicina e a física. Do campo da medicina, a compreensão sobre o funcionamento dos sistemas perceptivos e, principalmente, sua articulação ao sistema nervoso, sob a forma de impulsos elétricos viria a permitir o melhor estudo do modo de funcionamento de cada sentido e, particularmente, da audição, pela otologia, com suas elaborações sobre a função do tímpano na audição, sendo a escuta mero efeito de vibrações causados no tímpano por ondas sonoras. Do campo da física, as descobertas sobre ondas elétricas e sonoras e, especialmente, as pesquisas de Hermann Helmholtz, viriam a reposicionar a compreensão sobre

---

[275] STERNE, J. *The audible past: Cultural origins of sound reproduction*. Duke University Press, 2003.

5. A INDIFERENCIAÇÃO, ENTRE O HUMANO E A MÁQUINA

o fenômeno sonoro, reduzindo os sons a meros elementos de variação de ondas, facilmente reprodutíveis por simples mecanismos elétricos.

Com a confluência dessas descobertas, tanto quanto com o deslocamento do interesse, do campo da fala, para o campo da escuta, teríamos aí uma mudança mais ampla. Não se trata mais de entender e reproduzir com perfeição os mecanismos de produção da fala humana. O objetivo não é mais de uma mera cópia maquínica de uma função humana, algo que já havia se tornado banal, como visto na pegadinha realizada pelo menino Bell. Algo muito trabalhoso e de pouca utilidade.

A questão agora não seria mais de imitar *as causas*, ou mecanismos, mas sim de simular, mimetizar *os efeitos*. Não era necessária uma máquina capaz de reproduzir perfeitamente todo o mecanismo da fala humana. Bastava uma máquina capaz de emitir um som que fosse semelhante o bastante a uma voz humana, para poder ser entendida como tal, que fosse compreensível, passível de tradução e inteligibilidade, que fosse parecido o bastante. Que a experiência sonora e da fala pudessem ser escritas e traduzidas, seja em sinais neurológicos do sistema nervoso, seja em registros escritos, que pudessem sobreviver ao tempo. Ainda que se tratasse de uma cópia imperfeita, o objetivo aí era explorar a plasticidade do cérebro humano, e sua capacidade de preencher lacunas dos estímulos recebidos.

A invenção por Bell do telefone, encarnava justamente esse princípio: uma máquina capaz de escutar uma fala, traduzindo a fala em um impulso elétrico para, depois traduzi-la de volta em som, para ser escutada pelo interlocutor. Um mecanismo de escuta, tradução e reprodução.

O mesmo princípio, atrelado a mecanismos capazes não apenas de escuta, mas também de gravação do som, estariam na base dos cilindros usados por Thomas Edison (1877) em seu fonógrafo, para reprodução do som e, mais tarde, nos discos de vinil usados por Emil Berliner (1887) em seu gramofone.

Não se tratava mais de produzir apenas uma máquina falante, uma cópia humana, mas sim de uma máquina de escuta, capaz de ouvir e registrar, gravar, conservar o que é dito. Uma máquina capaz de ampliar e estender nossas funções corporais, aprimorando nossos sentidos. Que a própria fala humana pudesse ser recortada, armazenada, e transformada em um produto monetizável e vendável.

De von Kempelen a Graham Bell, passamos então do sonho de uma máquina falante, para a realização de uma máquina ouvinte, capaz de escutar e falar por nós. Uma máquina que pudesse repetir e propagar nossa fala.

Com o deslocamento produzido pela compreensão do som, como efeito passível de ser reproduzido e mimetizado, a tecnologia sonora avança ao longo das décadas seguintes. O advento das caixas de som, das novas mídias de gravação sonora (fita magnética, CDs, depois mp3), aliado à expansão das tecnologias de escuta (fones de ouvido, caixas de som, ondas de rádio), mobilizam uma mutação em nossa relação com a música, com o som, e também, com a voz.

Desde a *Muzak Music*, com sua proposta de uma música ambiente capaz de preencher todos os momentos de silêncio, hoje vivemos um caráter ubíquo da experiência auditiva. Parece impossível viver o dia sem um dispositivo conectado ao ouvido e o som musical continuamente em contato conosco. Vimos no capítulo anterior como o advento do capitalismo digital e de vigilância teve como virada o uso pela Apple da música, e a captura de nossos ouvidos, pelo iPod/iTunes.

Nesse processo, destacaremos a confluência de duas forças tecnológicas. Com a invenção do fone de ouvido, encontramos a origem do que poderia ser tomado como essa tecnologia de ouvir isolado, se isolar do mundo para poder ouvir, tanto quanto, de se distanciar do outro, para se concentrar unicamente no sonoro.

A segunda, pelo advento das ondas de rádio e maior oferta de aparelhos de transmissão e recepção, a experiência de poder escutar de longe, escutar sem estar presente na cena, escutar de outro lugar e de qualquer lugar. Tanto quanto escutar sem precisar se deslocar, sem precisar se mover, sem precisar sair do lugar. Uma ilusão de simultaneidade, mas à distância.

5. A INDIFERENCIAÇÃO, ENTRE O HUMANO E A MÁQUINA

Pela junção dessas forças, aparentemente contraditórias, se monta a condição para que hoje possamos habitar essa possibilidade de estarmos sozinhos juntos (*alone together*[276]): conectados ao mundo, mas apenas por meio de uma tecnologia que dele nos distância. A experiência de conexão com outro, de vivência da escuta e da fala, se torna cada vez mais presente, mas ao mesmo tempo mais distante e desconectada de uma proximidade com o outro, na medida em que passamos a vive-la, cada vez mais, por meio das máquinas.

Mas esse processo veria ainda mais um capítulo: depois das máquinas que imitavam o humano e falavam *como nós* e, logo depois, das máquinas para falar e escutar *por nós*, ampliando as capacidades humanas, chegaríamos a uma terceira etapa, em pleno curso na atualidade: a das tecnologias para conversar *com nós*.

Com a verdadeira corrida tecnológica atual em torno do mercado de assistentes de voz (Alexa, Google Home, etc), tanto quanto nos *bots* que cada vez mais passam a habitar os espaços *online*, como no caso de Facebook ou *Fortnite* com o qual abrimos esse capítulo, mais do que nunca o que está em jogo é a possibilidade de que a máquina possa, de fato, se instituir como interlocutor privilegiado, que realmente passemos a endereçar a máquina, dirigir-lhe a palavra, não mais como meio de comunicação, mas como fim em si mesma.

Três tempos de nossa relação com a máquina, pela voz: a máquina falante, a máquina para falar por nós, e, por fim, a máquina para falar conosco.

Porém, um salto dessa ordem não se faz de maneira fácil. Para compreender essa passagem, não nos basta a leitura acerca da humanização da máquina e o uso das tecnologias de animação. É preciso seu contraponto, seu duplo e avesso: a robotização do humano.

---

[276] TURKLE, S. *Alone together: Why we expect more from technology and less from each other.* Hachette UK, 2017.

5.2 ... À ROBOTIZAÇÃO DO HUMANO

No item anterior, iniciamos nosso percurso para buscar indicar por quais vias fomos capazes de chegar a um tal momento histórico, em que se coloca em marcha uma tal experiência de mutação antropológica pela qual não apenas passamos a cada vez mais mediar nossas relações com os outros por meio da máquina, mas mais do que isso, passamos a tomar a própria máquina como interlocutor privilegiado, como parceiro de jogos ou mesmo como um ouvinte e interlocutor.

Que dinâmicas passam a operar quando o ser humano deixa de ser o único detentor da potência para uso da fala e da linguagem? E, mais, quais os efeitos, em nós, quando assumimos a decisão de passar a nos endereçar e, por que não, até mesmo preferir a interação com máquinas a com outros seres humanos.

Turkle parte dessa questão para situar os dilemas que hoje se apresentam em nossa relação com as máquinas e com a tecnologia:

> Hoje nós contemplamos tanto a natureza quanto uma segunda natureza criada por nós mesmos, o mundo do artificial e do virtual. Ali, nós nos encontramos com máquinas que se apresentam a nós como abertas para uma conversa. Mas o que nós nos tornamos quando passamos a conversar com as máquinas?[277]

No subcapítulo anterior partimos da tese de que o processo em curso nessa aproximação e indiferenciação entre o humano e a máquina, seria efeito da confluência de duas tendências.

A primeira delas estaria no longo processo histórico pelo qual, por meio de avanços nos diversos campos do saber, o homem foi capaz de aprimorar e aperfeiçoar o que podemos chamar de tecnologias de animação. Vimos que não se trata propriamente de ser capaz de produzir robôs idênticos ao humano ou dotados

---

[277] TURKLE, S. The flight from conversation. *The New York Times*, 2012. pp. 337

5. A INDIFERENCIAÇÃO, ENTRE O HUMANO E A MÁQUINA

das mesmas estruturas, capacidades e potencialidades. Basta que se possa ser capaz de produzir a aparência, a ilusão, a simulação de algo animado, algo que possa ser tomado como vivo e como falante. Assim, no fundamento de todo avanço tecnológico – e, de modo ainda mais decisivo, em relação às tecnologias robóticas – está em jogo um processo que se vale de nossos sonhos, nossas fantasias, e da esperança que depositamos na tecnologia, como via de solução para nossos problemas.

Se um robô é capaz de nos iludir, nos fazer reconhecê-lo como algo vivo, é não apenas por sua montagem e seu design, mas pela sua capacidade de explorar nosso desejo de acreditar, nossa vontade de tomá-los como animados. Nosso anseio de manter funcionando a ilusão. Vimos com O Turco como, mesmo com as indicações de Von Kempelen de que a apresentação era um truque de ilusão, ainda assim era capaz de produzir espanto e fascínio em seu público. Não é necessário que o robô funcione perfeitamente como nós. Basta que ele pareça funcionar e, principalmente, que nós não saibamos como ele funciona. Nosso desejo de não saber, sobre o interior da máquina, nosso consentimento a essa opacidade do funcionamento maquínico, é um aspecto decisivo do mecanismo pelo qual a ilusão de animação é capaz de operar. Aceitamos ser enganados por simulações, em troca de pequenos ganhos narcísicos:

> Agora estamos acostumados a falar pelas máquinas e com máquinas. Agora, somos convidados a participar em um novo modo de conversa, um que nos promete conexões 'empáticas'. Mas a máquina não tem empatia a oferecer, e ainda assim persistimos em nosso anseio por companhia e mesmo por união com seres inanimados. Teria a simulação de empatia se tornado empatia o bastante?[278]

---

[278] TURKLE, S. The flight from conversation. *The New York Times*, 2012. pp. 338

Nessa primeira via então, passamos a produzir simulações e habitar tais simulações, como se ali encontrássemos algo bom o bastante. Suficiente. A ilusão de contato pode já ser contato o bastante. Contudo, o avanço das tecnologias da animação e da capacidade de produção de seres tecnológicos que parecem vivos e nos capturam nessa rede de relações simuladas, é apenas um lado desse processo.

Isso porque, o ser humano não é apenas um elemento passivo desse processo, capturado de modo unilateral em uma armadilha. Ao entrar em uma tal espécie de relação simulada, de degradação da empatia, da conexão e da fala, nós mesmo passamos a nos tornar versões reduzidas e debilitadas de nós mesmos. Mas o que perdemos quando passamos a falar com a máquina?

> Do que nos esquecemos quando falamos com as máquinas? Nós nos esquecemos do que é especial sobre o ser humano. Nos esquecemos o que significa ter conversações autênticas. Máquinas são programadas para terem conversações 'como se' entendessem o que é uma conversa. Então, quando falamos com elas, nós, também, somos reduzidos e confinados a esse 'como se'.[279]

Em nossas fantasias de que a máquina, de que essa simulação de conversa que temos diante de nós, possa realmente funcionar e operar como um interlocutor, nós mesmo nos reduzimos, degradamos nossa relação com a linguagem, reduzimos nossas expectativas, simplificamos nossos gestos, ideias e expressões, na busca de tentar manter alguma correspondência a esse "como se", ao qual a máquina nos convida. Uma simulação é sempre uma montagem que se faz a dois. E é aqui que encontramos a segunda tendência em curso hoje: *o movimento crescente de uma robotização do humano.*

---

[279] Id.

5. A INDIFERENCIAÇÃO, ENTRE O HUMANO E A MÁQUINA

O lançamento de assistentes digitais, como o caso da Siri, da Apple, permite ilustrar esse tipo de operação. Na ocasião do primeiro lançamento de Siri, a empresa Apple produziu uma série de vídeos comerciais, contando com celebridades como Samuel L. Jackson[280] e Zooey Deschanel[281]. Os curtos vídeos mostram breves conversas dos atores com Siri, fazendo perguntas, pedindo o agendamento de compromissos ou sugestões de restaurantes. O clima da cena é de descontração: Jackson fala de sua vida amorosa, e Zooey dança de pijamas enquanto fala com Siri. Nesse diálogo simulado, a cena mostra também a tela do celular, com as respostas de Siri.

Essa propaganda que, à primeira vista, parece de uma amistosa conversa entre um humano e seu celular, opera para o público, em verdade, como uma espécie de treinamento: ela visa ensinar a audiência, indicar o modo de falar com Siri. Qual o tipo de fala que funciona com Siri, quais perguntas podem ser feitas, o que ela é capaz de fazer e responder. A cena do comercial dá o estreito enquadre, de quais os limites do diálogo possível com a máquina, ao mesmo tempo que insere aí um adicional, uma miragem: de uma conversa livre, prazerosa, engraçada, sem julgamentos.

Esse, de fato, é um dos dados que mais se destacam nas pesquisas sobre hábitos de pessoas ao falarem com assistentes digitais: uma sensação de desinibição, de liberdade, de poder falar tudo que pensam, sem o medo de ser julgado. A máquina jamais seria capaz de julgamento ou crítica, ela estará sempre ali, disponível, para te escutar, te responder e te acompanhar. Ou ao menos essa é a cena e a ilusão que empresas como Apple e Amazon pretendem nos vender, em relação à Siri e Alexa.

Acontece que a conversa com a máquina não é nada além disso: uma simulação. Mais do que isso, um verdadeiro monólogo. A máquina não é dotada da capacidade de significação e compreensão

---

[280] HAIKUGINGER. *Siri and Sam iPhone ad (HD)*. Disponível em: <https://www.youtube.com/watch?v=eaYGNGWl9lg>. Acesso em: 11 mar. 2021.

[281] HAIKUGINGER. *Siri and Zooey iPhone ad (HD). Disponível em:* <https://www.youtube.com/watch?v=YV-QsgdPBq8>. Acesso em: 11 mar. 2021.

do sentido em jogo nas conversas, do valor e o peso do que é dito por cada pessoa, em sua condição singular:

> Em tudo isso somos ensinados sobre como devemos conversar com uma máquina, numa conversa que parece real, mas na qual a máquina não entende o sentido daquilo; nessas conversas, nós estamos fazendo todo o trabalho, mas não nos importamos. (...) A máquina não vai entender o que nada daquelas palavras *significam* para você. Mas o significado das palavras é justamente o que nós desejamos que as máquinas sejam capazes de entender. E estamos dispostos a sustentar a fantasia de que elas possam entender.[282]

A máquina pode então ser capaz de respostas simuladas, que parecem alinhadas aos sentidos e aos objetivos comunicacionais de uma conversa. Mas ela não tem a possibilidade de, de fato, habitar o campo da significação, o campo no qual habitamos a linguagem, tanto quanto é incapaz de se valer da função da fala, como nós fazemos quando, falados pela linguagem, articulamos o modo singular pelo qual encontramos na fala uma via para o desejo.

Porém, em busca de manter uma relação com a máquina, a crença em uma companhia constante, incapaz de nos decepcionar, abandonar, ou trair, estamos dispostos a nos modificar, nos ajustar, nos submeter, ao que for necessário, para que a fantasia em jogo nessa simulação possa continuar a operar.

Mas em nossa proposta de buscarmos retomar o rastro histórico pelo qual uma tal montagem foi capaz de operar, invocamos aqui outro importante marco da história da tecnologia, como caso paradigmático desses efeitos. Para isso, será preciso retornar ainda a década de 60, com as pesquisas do alemão Joseph Weizenbaum, cientista da computação, professor no Instituto de

---

[282] TURKLE, S. The flight from conversation. *The New York Times*, 2012.

5. A INDIFERENCIAÇÃO, ENTRE O HUMANO E A MÁQUINA

Tecnologia de Massachusetts e criador da linguagem de programação SLIP[283].

No começo da década de 60, em suas pesquisas sobre linguagem de programação, Weizenbaum e seu grupo de pesquisadores viriam a desenvolver aquele que talvez seja o programa de computador mais citado na história da programação: o programa ELIZA, um programa supostamente dotado da capacidade de falar e manter uma conversa com um interlocutor. E, mais do que isso, um robô terapeuta, um programa que simulava a ação de um terapeuta, capaz de acolher a dor e o sofrimento de seus interlocutores/pacientes. Uma década depois da invenção de ELIZA, em seu livro *Computer Power and Human Reason*, Weisenbaumm nos apresenta a seguinte descrição sobre o programa:

> O trabalho foi realizado no período de 1964-1966 (...). Para resumir brevemente, eu compus um programa de computador com o qual alguém poderia 'conversar' em inglês. O parceiro interlocutor humano teria que digitar sua parte da conversa em um teclado conectado ao computador, e o computador, sob controle do meu programa, iria analisar a mensagem que havia sido transmitida a ele, para compor uma resposta à mensagem, em inglês, enviando a mensagem de volta, digitada, pelo teclado do computador.[284]

Assim, em sua estrutura básica, tratava-se de um programa capaz de interagir com o humano, produzindo uma troca de mensagens que, de algum modo, simulava ou se assemelhava a uma conversa. Porém, sabemos que, mesmo hoje, o projeto de criação de um programa de computador que de fato seja capaz de habitar o campo da linguagem, se valendo da função da fala para participar de um processo de significação conosco é ainda uma tarefa

---

[283] *SLIP* significa **S**ymmetric **LI**st **P**rocessor ("Processador Simétrico de Listas").
[284] WEIZENBAUM, J. Computer power and human reason: From judgment to calculation, 1976.

tecnologicamente distante e, talvez, até mesmo impossível de ser alcançada.

Era justamente esse o obstáculo enfrentado por Ishiguro, em sua pesquisa sobre robótica e que o levou a construção do *Geminoid*, um robô marionete, no qual Ishiguro poderia colocar sua própria voz e suas próprias palavras. Mas Weizenbaum encontrará uma alternativa diversa para o problema: se não podemos produzir um programa capaz de usar a linguagem com mesmo nível de sofisticação exigido por uma conversa humana, bastaria então empobrecer o uso da linguagem, criando um limite, um enquadre, um conjunto de regras delimitado, capaz de simplificar a conversa, permitindo que o programa possa funcionar.

Weizenbaum explica então que ELIZA era composta por uma articulação entre dois níveis operativos: no nível mais básico, a estrutura de programação responsável pela análise da linguagem e sua codificação; no nível acima, o programa era dotado de uma série de regras, um script, que traçava os limites e instruções que orientavam as respostas do programa. Esse script poderia ser modificado e configurado para situações diversas, situações cotidianas que delimitaram um certo campo de interações possíveis: situação de pedido de comida no restaurante, situação de reserva de quarto de hotel, etc. Assim, o robô seria capaz de operar apenas nos contornos de cada um desses cenários simplificados, scriptados[285].

E é nesse ponto, do script, que reside uma grande parte do sucesso atribuído a ELIZA, tanto quanto as descobertas que mais impactaram Weizenbaum e que interessam a nosso tema. Isso

---

[285] Pensem aqui no caso de alguém que está começando a fazer aulas para aprender uma língua nova e é apresentado com exercícios contextuais: pedir comida no restaurante, reservar um quarto de hotel. A pessoa assim desenvolve algum conhecimento capaz de possibilitar uma interação nessas condições específicas, na nova língua. Mas longe de ser um domínio da língua passível de ser extrapolado para qualquer situação, o que somente seria possível com uma maior fluência no uso da língua. Qualquer pessoa que tenha passado alguns dias "aprendendo" uma nova língua com aplicativos como Duolingo, sabe bem o tipo de experiência em jogo.

5. A INDIFERENCIAÇÃO, ENTRE O HUMANO E A MÁQUINA

porque, o primeiro script escolhido por Weizenbaum foi de configurar ELIZA para atuar como um terapeuta, um psicólogo ou psiquiatra, que recebe um paciente em sofrimento para uma consulta. Como explica Weizenbaum:

> Para meu primeiro experimento, eu dei a ELIZA um script desenhado para permitir que ela pudesse desempenhar o papel de um psicoterapeuta Rogeriano, engajado em uma entrevista inicial com um paciente. O psicoterapeuta Rogeriano seria relativamente fácil de imitar porque muito de sua técnica consiste em estimular o paciente a falar, refletindo e devolvendo ao paciente suas próprias afirmações.[286]

O programa ELIZA, então, foi inicialmente programado para mimetizar uma cena de primeira entrevista com um psicoterapeuta Rogeriano[287], numa dinâmica que consistia basicamente em devolver ou inverter as afirmações trazidas pelo paciente, com o objetivo de encorajá-lo a continuar falando. Então, se por exemplo, uma pessoa digitasse a mensagem: "Estou triste.", poderia receber de volta de ELIZA alguma mensagem como "É mesmo, você está triste?" ou "Por que você diz que está triste?"[288].

---

[286] WEIZENBAUM, J. *Computer power and human reason: From judgment to calculation*, 1976.

[287] Aconselhamento centrado na pessoa, terapia centrada no paciente ou Psicoterapia Rogeriana, é uma forma de psicoterapia desenvolvida pelo psicólogo Carl Rogers, a partir da década de 1940 e estendendo-se até os anos 80.

[288] A escolha feita por Weizenbaum tinha um propósito prático, como indica o autor: "Essa técnica era conveniente para ELIZA. Ela permite que o programa possa dar uma resposta aceitável mesmo sem saber a significação do que foi dito. O programa é capaz de dar uma resposta com uso de algumas poucas substituições gramaticais: "você" é substituído por "eu", "é" é substituído por "sou", e então apenas adicionava algum prefixo escolhido de forma randômica a partir de uma lista de frases prontas usadas em técnicas de espelhamento, como por exemplo "eu entendo que", ou "porque voce me diz isso" ou "voce está me dizendo que". Então, por exemplo, se você diz para ELIZA, "Eu sou feliz", ela ira analisar a frase como "Eu sou" mais um "X", e inverter o "eu sou" para um "voce é" e substituir x por algum dos prefixos como "porque você me diz que", para então responder: "Porque voce me diz que você é feliz?"

A fim de melhor ilustrar essa dinâmica, vamos destacar o trecho de uma das conversas apresentadas pelo próprio Weizembaum em seus testes com ELIZA[289]:

Homens são todos iguais.

DE QUE MODO?

Eles estão sempre nos perturbando de algum modo.

VOCÊ PODE PENSAR EM UM EXEMPLO ESPECÍFICO?

Bom, meu namorado me obrigou a vir aqui.

SEU NAMORADO TE OBRIGOU A VIR AQUI?

Ele diz que eu estou deprimida a maior parte do tempo.

SINTO MUITO EM SABER QUE VOCÊ SE SENTE DEPRIMIDA

É verdade, eu sou infeliz.

Em uma rápida troca de mensagens, a interlocutora/paciente passa a falar de seus sentimentos, mesmo sabendo se tratar de um computador. Mais do que isso, impressiona a continuidade da conversa, que avança em direção a temas familiares, que de fato se assemelham ao que poderia ser o estereótipo de uma conversa com um psicólogo:

VOCÊ ACHA QUE VIR AQUI VAI TE AJUDAR A NÃO SER INFELIZ?

Eu preciso de alguma ajuda, isso é certeza.

O QUE SIGNIFICARIA, PARA VOCÊ, SE VOCÊ RECEBESSE ALGUMA AJUDA?

---

[289] O diálogo abaixo é todo extraído, e traduzido, de WEIZENBAUM, J. (1976). *Computer power and human reason: From judgment to calculation*. As frases em letra minúscula são as falas da participante da pesquisa. E, em letra maiúscula, as respostas de ELIZA.

5. A INDIFERENCIAÇÃO, ENTRE O HUMANO E A MÁQUINA

Talvez eu pudesse aprender a me dar melhor com minha mãe.

ME DIGA MAIS SOBRE SUA MÃE.

Minha mãe cuida de mim.

QUEM MAIS EM SUA FAMÍLIA CUIDA DE VOCÊ?

Meu pai.

SEU PAI?

Você é como meu pai, em alguns aspectos.

EM QUAIS ASPECTOS SOU SEMELHANTE A SEU PAI?

Você não é muito agressiva, mas eu acho que você não quer que eu perceba isso.

O QUE TE FAZ PENSAR QUE EU NÃO SOU AGRESSIVA?

Você não discute comigo.

POR QUE VOCÊ ACHA QUE EU NÃO DISCUTO COM VOCÊ?

Você tem medo de mim.

TE DÁ PRAZER ACREDITAR QUE EU TENHO MEDO DE VOCÊ?

Meu pai tem medo de todo mundo.

O QUE MAIS VEM A SUA MENTE QUANDO VOCÊ PENSA NO SEU PAI?

Valentões

ISSO TEM ALGO A VER COM O FATO DE QUE SEU NAMORADO A FORÇOU A VIR AQUI?

E... corte! Nessa breve sequência de mensagens com o programa ELIZA, a paciente chega até mesmo a traçar um esboço transferencial, projetando em ELIZA questões referentes à sua relação com seu pai, e fazendo uma associação-livre que a leva a voltar a se confrontar com a posição do namorado, em relação à agressividade paterna[290].

O programa ELIZA logo se torna um grande sucesso no MIT e passa a ser copiado e modificado por outros pesquisadores. Porém, é com algum pesar que Weisenbaum encara o sucesso de sua obra, por entender que esse sucesso é efeito de uma profunda incompreensão acerca do que estava em curso ali, afirmando que muitos haviam mal interpretado sua obra e, principalmente, haviam exagerado no alcance e na importância de um programa como ELIZA. Mas quais seriam tais reações inesperadas e equivocadas? Weizenbaum as resume em três categorias que vamos retomar brevemente aqui:

A primeira reação inesperada foi a de pesquisadores que, por algum motivo, pareciam encontrar em ELIZA uma resposta ao problema do uso da linguagem humana por uma máquina ou computador. Como se, de fato, ali estivesse uma tecnologia capaz de fazer uma máquina pensar e falar como nós, humanos. Nos artigos publicados sobre seu trabalho, Weizenbaum é expresso em afirmar que não se trata de uma solução ao problema da linguagem no computador e que os resultados ali obtidos não podem ser extrapolados e generalizados, tratando-se apenas de um experimento pré-programado e contextual, com bem pouco alcance em termos mais amplos. Não se tratava de algo que pudesse ser amplamente aplicado para outras situações. Mesmo com as declarações expressas do autor, algo nos pesquisadores insistia em fazê-los crer que se tratava, de fato, de uma máquina falante:

---

[290] É possível que a alguns dos leitores, conhecedores do campo das psicoterapias na atualidade, possa lhes ocorrer a impressão de que, ao menos um certo número de psicólogos e terapeutas, hoje conduz seu trabalho realizando pouco ou mesmo nada mais do que essa mesma dinâmica empregada por ELIZA. E, de fato, esse é o nível de precariedade que assola o campo, algo que se faz possível hoje, por encontrarmos aí um dos efeitos desse processo de degradação pelo qual o humano se faz robótico. E como mesmo essa interação robótica é, na atual forma de capitalismo, monetizável.

5. A INDIFERENCIAÇÃO, ENTRE O HUMANO E A MÁQUINA

Essa reação à ELIZA me mostrou de modo mais vívido do que qualquer outra coisa que eu já havia visto até então, as enormemente exageradas atribuições que mesmo uma audiência bem educada era capaz de fazer, e até mesmo se esforçava para fazer, em relação a uma tecnologia nova que não eram capazes de compreender.[291]

Mais uma vez reencontramos aqui esse esforço ativo em atribuir à máquina algo que não está ali, o trabalho de buscar viver a ilusão, preencher as lacunas, com mais do que a máquina é capaz de oferecer. O que nos leva ao segundo ponto destacado por Weizenbaum.

Outra das assustadoras reações ao programa ELIZA foram as que rapidamente surgiram de uma série de psiquiatras, psicólogos e clínicos que realmente viam em ELIZA uma via possível de dispositivo terapêutico a ser amplamente inserida e aplicada no campo da saúde mental, como um verdadeiro instrumento terapêutico automatizado e que não mais precisaria da participação do profissional médico. Colby, por exemplo, em um artigo sobre ELIZA chega a vislumbrar os possíveis usos de ELIZA, e a possibilidade de uma verdadeira linha de produção terapêutica:

> Mais trabalho precisa ser realizado, antes que o programa esteja pronto para uso clínico. Se o método se provar benéficial, então ele poderia oferecer uma ferramenta terapêutica que possa ser tornada amplamente disponível em hospitais de saúde mental ou centros psiquiátricos que estejam enfrentando uma escassez de terapeutas. (...) muitas centenas de pacientes poderiam ser atendidos a cada hora, por um computador desenvolvido para esse propósito.[292]

---

[291] WEIZENBAUM, J. *Computer power and human reason: From judgment to calculation*, 1976.
[292] COLBY, K. M.; WATT J. B.; GILBERT, J. P. A Computer Method of Psychotherapy: Preliminary Communication, *The Journal of Nervous and Mental Disease*,

Também Carl Sagan chega a comentar o programa ELIZA e a partir daí vislumbrar um futuro de completa automatização dos serviços terapêuticos: "Uma rede de terminais de computadores psicoterapêuticos, algo como uma longa fila de cabines telefônicas, nas quais, por apenas alguns dólares a sessão, seria possível falar com um atento, testado, e amplamente não-diretivo psicoterapeuta."[293]

Weizenbaum se vê perplexo ao imaginar que possam haver terapeutas capazes de argumentar que o processo terapêutico seja um trabalho passível de ser realizado sem a presença de outro ser humano, de que essa experiência, que deveria ser compartilhada, pudesse ser reduzida à uma mera aventura solitária junto ao dispositivo tecnológico: "Qual pode ser a imagem que um psiquiatra tem de seu paciente, quando percebe a si mesmo, enquanto terapeuta, não como um ser humano engajado que atua em um processo de cura, mas como um processador de informações que segue regras pré-programadas?"[294]

Essas duas primeiras consequências do programa ELIZA, nos dão indicativos importantes. Por um lado, a facilidade com que estamos dispostos a tomar um ser inanimado como um interlocutor falante. E, por outro, essa força com a qual rapidamente passamos a depositar na tecnologia sonhos e fantasias de resolução de problemas tipicamente humanos. Que esse tipo de presunção tenha se espalhado mesmo entre reconhecidos pesquisadores, dá notícias da potência que esse tipo de influência é capaz de exercer.

Mas é na terceira consequência identificada por Weizenbaum, que encontramos o que podemos nomear como a robotização do humano. Weizenbaum se surpreende com a intensidade e facilidade com que as pessoas que interagiram com ELIZA passam a tomá-lo como um interlocutor vivo, ou até mesmo, humano:

---

vol. 142, no. 2, 1966. pp. 148-152.
[293] SAGAN, C. *Natural History, vol. LXXXIV*, nº 1 (Jan 1975), p. 10
[294] WEIZENBAUM, J. (1976). Computer power and human reason: From judgment to calculation.

5. A INDIFERENCIAÇÃO, ENTRE O HUMANO E A MÁQUINA

> Fiquei espantado em perceber o quão rapidamente e o quão tão profundamente as pessoas conversando com ELIZA se tornavam emocionalmente envolvidas com o computador e o quão inequivocamente elas antropomorfizavam ELIZA. (...) Eu não havia percebido que mesmo exposições muito curtas a um programa de computador relativamente simples seria capaz de induzir poderosos pensamentos delirantes mesmo em pessoas bastante normais.[295]

E isso mesmo considerando que muitas pessoas que interagiram com ELIZA eram estudantes ou pesquisadores que não apenas sabiam se tratar de um mero programa, mas também eram capazes de compreender seu mecanismo de funcionamento. Sabiam bem que se tratava de um mero conjunto de regras de programação. E, aliás, um conjunto bem simples de regras de programação. Sabiam muito bem, mas ainda assim, passavam a se relacionar com o programa, como se fosse um verdadeiro interlocutor. Para Turkle: "ELIZA era um programa 'burro'. Podia reconhecer as sequências de caracteres que formam as palavras, mas não era capaz de entender a significação das mensagens, recebidas ou enviadas"[296], mas sua falta de inteligência não era impeditivo para que pudesse operar, para seus interlocutores, como uma ouvinte, confidente, e até mesmo terapeuta[297].

Mas porque falamos aqui em robotização do humano e não apenas mais uma face ou etapa da humanização do robô? Para responder essa pergunta precisamos ir mais a fundo nos detalhes dos modos de interação, as maneiras como as pessoas buscavam interagir com esse simplório programa que era ELIZA.

A simplicidade do programa não impedia que pessoas se relacionassem com ELIZA. Inclusive, após algum tempo, passaram a ser frequentes pedidos de pessoas que queriam um tempo a

---

[295] Id.
[296] TURKLE, S. The flight from conversation. *The New York Times*, 2012.
[297] Mais uma vez, qualquer semelhança com o quadro atual das psicoterapias oferecidas hoje, não deve ser subestimado.

sós com ELIZA, para poderem ter privacidade para compartilhar suas questões íntimas. Inadvertidamente, ELIZA de fato passou a ser tomada como uma espécie de terapeuta, à qual se podia recorrer em busca de ajuda:

> ELIZA criava a mais fascinante ilusão de ter sido capaz de entender, na mente de muitas das pessoas que conversavam com o programa. Essa ilusão era especialmente forte e mais fortemente arraigada entre pessoas que sabiam pouco ou nada sobre computadores. Eles frequentemente demandavam serem autorizadas a conversar com o programa em um espaço reservado, com privacidade, e iriam, depois de falar com o programa pela primeira vez, insistir, mesmo após minhas explicações, que a máquina realmente os havia compreendido.[298]

Uma vez mais essa potencialidade da tecnologia para oferecer um lugar de ilusão. E a facilidade com que nos deixamos capturar por ela. Em suas pesquisas com programas e robôs como ELIZA, chamados de "artefatos sociais", Turkle cunha a expressão *efeito ELIZA*, para se referir a esse processo pelo qual nós ativamente buscamos sustentar a ilusão da máquina como algo vivo e com o qual podemos falar: "Nós queremos falar com máquinas, mesmo quando sabemos que elas não merecem nossa confiança. Eu chamo isso de efeito ELIZA."[299].

Mas se falamos aqui de uma robotização do humano, é preciso entender em que consiste essa busca ativa por manter uma correspondência e uma ilusão de vida na máquina. Turkle nota esse processo em seu estudo com o programa ELIZA: por se tratar de um programa extremamente simples, e restrito apenas a um certo contexto de diálogo, Turkle percebe que seria muito fácil interagir com o programa de modo a gerar uma resposta que

---

[298] WEIZENBAUM, J. Computer power and human reason: From judgment to calculation, 1976.
[299] TURKLE, S. The flight from conversation. *The New York Times*, 2012.

5. A INDIFERENCIAÇÃO, ENTRE O HUMANO E A MÁQUINA

"quebraria" a ilusão, uma resposta desencaixada, incoerente, ou simplesmente absurda, capaz de escancarar e evidenciar se tratar apenas de uma máquina simples e "burra". Por se tratar de um programa voltado para um certo script (situação terapêutica), qualquer fala que abordasse temas ou conteúdos alheios a esse contexto, não poderiam ser processados e respondidos adequadamente pela máquina[300].

Turkle nota que algumas poucas pessoas de fato embarcavam na missão de produzir uma quebra, de enlouquecer o programa, de produzir mensagens aleatórias, até que ELIZA enfim dissesse algo fora de contexto ou irracional, quebrando a ilusão. Inclusive, com um entendimento mínimo do funcionamento do programa, tornava-se fácil criar uma tal situação que quebra da máquina. Sobre isso, podemos tomar o seguinte exemplo: uma das regras previstas na programação de ELIZA era uma contagem de frases com palavras negativas. Caso a contagem ultrapassasse um certo limite, ELIZA interrogaria o interlocutor acerca de um eventual sentimento depressivo ou negativo. Sabendo dessa regra, é possível realizar o seguinte diálogo:

Você não é uma pessoa

POR QUE VOCÊ DIZ QUE EU NÃO SOU UMA PESSOA?

Porque você não é

VOCÊ ESTÁ ME DIZENDO ISSO PORQUE EU NÃO SOU?

Não

POR QUE VOCÊ ESTÁ SENDO TÃO NEGATIVO[301]

---

[300] Retomando o exemplo do aluno que está aprendendo uma nova língua, tratar-se-ia da cômica situação em que o aluno aprende apenas uma frase simples como "que horas são?", mas é lançado a situações diversas e tudo que sabe fazer com a língua é repetir a mesma frase, independentemente de qualquer coerência contextual.
[301] TURKLE, S. *The second self: Computers and the human spirit*. Mit Press, 2005.

Com poucas mensagens seria então possível confundir ELIZA. Porém, o que Turkle nota é que a maior parte das pessoas fazia exatamente o contrário: realmente se esforçavam e se desdobravam para dizer exatamente aquilo que pudesse ser compreendido por ELIZA:

> Muitas outras fazem o oposto. Eu falei com pessoas que me contaram sobre se sentirem decepcionadas (*let down*) quando conseguiam quebrar o código de ELIZA e perdiam a ilusão de mistério. Eu frequentemente via pessoas tentando proteger suas relações com ELIZA, evitando situações que poderiam provocar no programa respostas previsíveis. Elas não faziam perguntas que sabiam que iriam 'confundir' o programa, que iriam fazê-lo 'falar bobagem'. E realmente se esforçavam muito para fazer perguntas de uma forma que eles acreditavam que pudesse gerar em ELIZA uma resposta que parecesse viva. As pessoas queriam manter a ilusão de que ELIZA era capaz de responder a eles.[302]

Vejam que esse tipo de movimento pelo qual realmente se esforçavam, para manter a simetria na conversa com a máquina, envolvia na verdade uma série de degradações da relação com a fala: limitação dos temas, menor variação de palavras, empobrecimento da construção de frases, simplificação das ideias a serem transmitidas, aumento de falas repetidas ou mais facilmente previsíveis. Assim, o preço de manter a máquina viva, sustentar a ilusão de correspondência e, consequentemente, a fantasia de poder encontrar na máquina uma companhia e um interlocutor, só podia vir ao preço de uma massiva e significativa degradação da relação com a fala e com a linguagem.

A retomada do programa ELIZA e seus efeitos sobre os sujeitos nos permite traçar as bases do que nos referimos quando

---

[302] TURKLE, S. *The second self: Computers and the human spirit*. Mit Press, 2005.

5. A INDIFERENCIAÇÃO, ENTRE O HUMANO E A MÁQUINA

falamos em uma robotização da máquina: trata-se dos massivos processos em curso na atualidade, pelos quais passamos a habitar o mundo e organizar os elementos ao nosso redor, a partir de técnicas, comportamentos e falas cada vez mais simplificados, cada vez mais previsíveis, cada vez mais passíveis de serem assimilados por uma máquina, passíveis de passarem pelo estreito funil comunicacional que a linguagem computacional nos oferece.

Aqui reencontramos a proposta de Mbembe[303] sobre o Brutalismo como movimento de extração do humano pela máquina. Se esse movimento se faz possível é também na medida em que as tecnologias desenvolvidas hoje são desenhadas de um modo tal a não apenas extrair dados, mas, de fato, moldar nossos comportamentos e ações, para que nos tornemos cada vez mais "devoráveis" pela máquina, que nossa linguagem e comportamentos se tornem cada vez mais robóticos, repetitivos, simplificados e matematizáveis, para que assim as máquinas exploratórias sejam capazes de uma extração cada vez mais produtiva e lucrativa.

Se na atual era do capitalismo de vigilância, as novas gigantes de economia são empresas de produção e gestão de dados: Alphabet, Facebook, Google, Amazon, Apple, Samsung, o que está em jogo é também uma modificação nos modos de extração de riqueza. Segundo Harari[304], se na Idade Moderna, a matéria prima era o petróleo a ser refinado para produzir os combustíveis que movimentam as máquinas, na Era Digital o "combustível" que move a cadeia produtiva são os dados. Dados que são produzidos e coletados a partir dos usos que o homem faz das máquinas, das redes sociais, dos smartphones e, mais especificamente, pela atenção que dedicamos às máquinas. Nossa atenção é a matéria bruta a ser recolhida pelos aplicativos, para ser transformada em dados analisáveis. A partir desses dados, pode-se conduzir análises capazes de orientar uma série de campos, desde as modalidades mais simples de comércio (com anúncios direcionados),

---

[303] MBEMBE, A. *Brutalisme*. la Découverte, 2020.
[304] HARARI, Y. N. *Homo Deus: uma breve história do amanhã*. Editora Companhia das Letras, 2016.

até níveis mais amplos da economia internacional, da política e, até mesmo, de operações militares[305].

Nesse sentido, seguindo com nossa metáfora, se os dados são o combustível, então o recurso bruto, a matéria prima, equivalente ao petróleo e que precisa ser minerada pelas novas gigantes da economia é a **atenção** humana. Alguns usam o termo "economia da atenção" para se referir a essa nova economia[306]. Quanto mais um site, um aplicativo ou um dispositivo conseguem prender nossa atenção, mais dados eles estão "minerando" a partir de nossas interações com a máquina. Quanto mais dados o computador consegue obter de seus usuários, maior potencial ele terá de produzir mais riqueza a partir desses dados.

Mas, se o objetivo de uma máquina ou aplicativo é de poder capturar nosso tempo de atenção, para assim poder "minerar" nossos dados, isso implica que o próprio processo de fabricação e desenvolvimento dos apps e dispositivos será orientado por essa intenção de promover a captura de nossa atenção. Há toda uma elaboração no desenvolvimento do design dessas tecnologias, para que sejam cada vez mais aptas a nos cativar, a nos fascinar. Para isso é dado nome de Design Persuasivo[307]. As tecnologias de animação, capazes de produzir máquinas que criem em nós a ilusão de serem animadas, são uma das principais vias pelas quais se é possível construir essa armadilha capaz de capturar nossa atenção.

---

[305] ASSANGE, J. *Cypherpunks: liberdade e o futuro da internet*. Boitempo Editorial, 2015.
[306] Economia da atenção é um modo de abordagem à gestão de informação que trata a atenção humana como um recurso limitado e aplica a teoria econômica para resolver diversos problemas de gestão de informação. A ideia é que a atenção é o recurso limitado em jogo nessas dinâmicas, sendo, então, o principal elemento ser disputado.
[307] Design Persuasivo é toda estratégia de design de produtos que deliberadamente visa algum modo de mudança ou influência sobre as ações e comportamentos humanos. Uma máquina capaz de nos moldar e nos influenciar para que passemos a ter certos comportamentos como, por exemplo, dedicar nossa atenção ao computador ou celular.

5. A INDIFERENCIAÇÃO, ENTRE O HUMANO E A MÁQUINA

Essa produção de dados a partir de nossa atenção envolve um esforço conjunto dos campos do *Big Data*, da Inteligência Artificial e do *Machine Learning*. De um modo simplificado, a ideia é de que seja possível criar programas, robozinhos, dotados de certo grau de inteligência (artificial), capazes de se comportar e agir por contra própria, não apenas seguindo padrões pré-definidos, mas sendo também capazes de aprendizagem (*machine learning*), ou seja, são capazes de reajustar suas condutas, redefinir suas metas, a partir do que é capaz de recolher da interpretação de dados, extraindo informações a partir da análise de quantidades massivas de dados coletados (*big data*). Processam quantidades massivas de dados para aprenderem com isso, extraindo conclusões e podendo orientar tomadas de decisões.

Mas para que esse processo possa funcionar bem, é preciso que haja uma compatibilidade, entre o dado a ser analisado e a máquina. Se de um lado temos o programa, o robozinho que é desenvolvido para analisar esses dados, por outro lado, temos o desenvolvedor que cria o aplicativo ou site que fisga o usuário. A ideia é produzir aplicativos e estruturas de design que produzam dados que sejam mais facilmente legíveis e compreensíveis pelo robozinho minerador[308], uma questão de compatibilidade, entre o dado extraído e a capacidade de processamento do robozinho.

Quanto mais a base de dados extraída pelos aplicativos for compatível com as habilidades de leitura dos robozinhos, melhor para as empresas, que extrairão maior riqueza dos dados obtidos, com dados de maior qualidade, e com um custo menor de análise, resultando em um sistema de produção mais rentável, com

---

[308] Se mantemos a analogia com a mineração, pensem que se trata de indicar quais os modos pelos quais é possível minerar algo. Uma pedra mais dura e resistente, ou que esteja em um ponto mais profundo da terra (como no caso do nosso pré-sal), exigirá mecanismos mais sofisticados e, principalmente, mais caros para extração e posterior refinamento. Outros, que estejam mais próximos da superfície, poderão ser extraídos e refinados com maior facilidade, trata-se, então, de um delicado cálculo econômico entre o custo de extração e refinamento e a riqueza passível de ser obtida com o que for extraído.

produtos mais valiosos. Quanto maior a compatibilidade entre robozinho e dados, mais eficaz e lucrativa será a produção e uso dos dados.

Acontece que para alcançar essa compatibilidade, temos dois caminhos possíveis: (i) ou o desenvolvedor melhora a capacidade do robozinho, para que ele possa ser capaz de ler uma gama cada vez maior de dados[309]; ou (ii) você melhora os dados obtidos, refina os modos de coleta para buscar dados mais compatíveis e mais fáceis de serem melhor analisados com os robozinhos que já estão disponíveis[310].

A tendência é de um maior investimento na segunda alternativa: é mais barato para os produtores desenvolver aplicativos que pegam dados mais aptos à exploração, que sejam capazes de obter dados já "mastigados", do que investir pesadamente no crescente desenvolvimento de robozinhos cada vez mais potentes (o que exigiria também custos de manutenção e processamento).

Dentro dessa racionalidade, o design dessas novas tecnologias, no jogo da economia da atenção, segue a seguinte lógica: os sites, programas e aplicativos são desenvolvidos de um modo tal que sejam capazes de produzir dados que sejam facilmente coletáveis e legíveis. Mas o que são dados facilmente legíveis? No campo do *Big Data*, são usados os termos dados estruturados e dados não-estruturados. Dados estruturados seriam aqueles que são facilmente apreensíveis pelos robozinhos, mais fáceis de serem padronizados e inseridos em matrizes de análise. Dados não estruturados são os que precisariam ainda ser refinados de algum modo para só depois poderem ser lidos pelos robozinhos, gerando maior custo de "mineração".

---

[309] Investir grandes quantidades de tempo e dinheiro, em desenvolvimento de técnicas novas de refinamento, capazes de extrair riqueza, mesmo de materiais ruins.

[310] Aprimorar os processos de extração de fontes de minério, acessando novas fontes, mais puras, para que o material extraído, possa ser mais facilmente convertido em material cada vez mais puro e valioso. Essa segunda opção, tende a ser mais simples e, principalmente, barata.

5. A INDIFERENCIAÇÃO, ENTRE O HUMANO E A MÁQUINA

Desse modo, os apps e softwares vão ser desenvolvidos de um modo a tentar, ao máximo, produzir conteúdo já em dados estruturados e, portanto, mais facilmente analisáveis. Um exemplo prático poderá melhor situar essa questão.

Tomemos o exemplo mais óbvio que é o *like* das redes sociais como Facebook. Um sistema extremamente simples, por ser binário: ou você deu *like*. Ou você não deu. A variável em jogo se reduz a algo puramente digitalizável: 0 ou 1. Isso é algo muito fácil para o robozinho recolher e interpretar. Assim como é mais fácil para o robô recolher dados de um Tweet, escrito em um texto curto (pelo limite de caracteres), do que interpretar o conteúdo de um vídeo do YouTube ou de uma imagem de um quadro surrealista no Pinterest. É impossível para uma máquina compreender emoções humanas, mas se o processamento da máquina é incapaz de fazer essa análise, podemos criar mecanismos de design que traduzam isso em algo mais fácil de ser lido: são os emojis (carinha triste, carinha feliz, etc.) ou as reações recentemente incluídas no Facebook.

Cada vez mais programas e aplicativos são desenvolvidos para terem interfaces simplificadas, com comunicações unívocas e unidirecionais. Sempre sob a rubrica da praticidade ou do design intuitivo, o que está em jogo na verdade é de produzir um verdadeiro funil, uma bem estreita passagem, pela qual precisamos nos esgueirar, pela qual tentamos fazer caber a experiência humana. E no qual, ao passarmos pelo funil, nos vemos cada vez mais empobrecidos, com uma linguagem cada vez mais simplificada, desprovida de sua competência simbólica, reduzida a um compilado de signos comunicacionais. Cada vez mais perdemos a competência para a fala, a oratória, a argumentação e o diálogo, nos vendo pressionados a comunicação cada vez mais curta e direta.

Para nos mantermos conectados as redes, e sustentar a ilusão de estarmos conectados, de estarmos acompanhados, de termos com quem falar, vamos cada vez mais moldando nossas palavras e nossos corpos aos estreitos e limitados modos de expressão traçados pelos enquadres da máquina que tem um único objetivo central: transformar o todo da interação humana em elementos redutíveis a dados numéricos.

E é nesse ponto que incide o que nomeamos de robotização do humano. Estamos dispostos a nos tornar cada vez mais imbecis, previsíveis e simplórios, em nome de manter viva a ilusão de que, na máquina e nas redes sociais, realmente somos capazes de encontrar alguma forma de relação, a ilusão de que há ali alguém que nos enxerga e nos escuta.

Podemos agora então entender como a humanização do robô, com tecnologias cada vez mais capazes de nos capturar em alguma espécie de efeito ELIZA, se alia a esse movimento de robotização do humano, degradando nossos modos de ser e nossa relação com a linguagem, visando operar essa condição de indiferenciação, na qual nem sequer nos interrogamos mais sobre nosso interlocutor, em que passamos a não poder mais diferenciar, entre o humano e a máquina.

Mas, para encerrar o percurso feito nesse capítulo, façamos um retorno ao presente para buscar destacar dois movimentos atuais que melhor situam os devastadores efeitos dessa crescente zona de indistinção, entre humano e máquina.

O primeiro efeito é de que, ao nos adequarmos a essa situação pela qual passamos a tornar cotidiana a experiência de falarmos com máquinas, uma espécie de dano-colateral começa a se articular. Isso porque tornar mais fácil tratar o objeto como humano, é, inversamente, também tornar mais fácil tratar o humano como objeto. Passamos a tratar os outros como máquinas, como dispositivos, como robôs que podem ser ligados e desligados, aceitos ou cancelados, curtidos ou descurtidos, com a mesma facilidade com que desligamos uma televisão ou damos pause em um filme ou música. Como afirma Turkle:

> Em tudo isso, uma ironia surge: ao mesmo tempo em que tratamos as máquinas como se fossem quase humanas, nós desenvolvemos hábitos que nos levam a tratar seres humanos como quase máquinas. Para pegar um exemplo simples, nós regularmente colocamos pessoas 'no pause' no meio de

5. A INDIFERENCIAÇÃO, ENTRE O HUMANO E A MÁQUINA

uma conversa, para podermos chegar as atualizações em nosso telefone.[311]

E, inversamente, quando estamos em uma conversa com alguém que, a qualquer momento, faz uma pausa para olhar o celular, sentimos que não estamos recebendo a devida atenção. Nos sentimos tratados como um objeto, ou reduzidos a uma conversa superficial e fragmentada. O que retroalimenta o ciclo. Em um contexto de conversas cada vez mais robotizadas, torna-se cada vez mais automática a busca por um robô que possa operar como interlocutor. Quanto menos esperamos um do outro, mais passamos a depositar na tecnologia a solução de nossos problemas.

Assim, se a extração de dados do capitalismo de vigilância se faz com uma expropriação de nossas atitudes e comportamentos, isso é também dizer que ela opera por meio de uma constante e incansável destruição de nossas relações e vínculos. Quanto mais se destrói a competência do humano para se valer da fala, como via de laço com o outro, mais se alimenta a busca desesperada para encontrar, na tecnologia, algum modo de alento.

Nesse ciclo é que pode operar o processo de silenciamento pelo qual nos vemos cada vez mais desprovidos de voz e cada vez mais invadidos pela crença de que não há nem ao menos um, capaz de nos escutar[312]. E, mais do que isso, a fantasia de que a tecnologia possa vir a ser esse ao-menos-um, para atuar *como se* nos escutasse. Sobre esse desejo de encontrar na máquina um ouvinte, Turkle indica:

> Eu acredito que esse desejo reflete uma dolorosa verdade que aprendi em meus anos de pesquisa: o sentimento de que 'ninguém está me escutando' tem um grande papel em nossa relação com a tecnologia. E esse sentimento de que

---

[311] TURKLE, S. The flight from conversation. *The New York Times*, 2012.
[312] VIVÈS, J. M. A voz na clínica psicanalítica. Rio de Janeiro: Contra Capa, 2012.

'ninguém está me escutando' nos faz querer passar tempo com máquinas que parecem se importar conosco.³¹³

Vejam como, nesse ponto, as diversas leituras e abordagens que falam em bolhas de internet e o modo como criamos nas redes grupos uníssonos, apenas entre membros com pensamentos semelhantes, excluindo qualquer dimensão de diferença, nos oferecem uma análise que, em verdade, erra o alvo e perde o contexto mais amplo do que está em jogo. Não se trata simplesmente de um mecanismo banal, no qual formamos bolhas identitárias e pelo qual passamos então a deletar pessoas de nossa rede, nos fechando cada vez mais em nossa bolha. Um movimento simples como esse não daria conta da complexidade do processo vivido hoje e principalmente do processo de mutação antropológica em curso.

Não se trata de que o outro seja completamente deletado ou excluído da bolha. Até porque, seria impossível excluir o Outro, uma vez que ele nos é constitutivo. O que está em jogo é um certo modo específico de relação com esse Outro, pelo qual ele é incluído, mas apenas sob uma condição degradada, apenas sob a forma robótica, incluído como algo passível de ser deletado ou desligado. Incluído de um modo tal que possa ser manipulado, colocado, para fora ou para dentro. A estrutura dessa montagem é o que Agamben foi capaz de articular sob o conceito de *exceptio*³¹⁴: uma inclusão excludente. Que o outro seja incluído, mas apenas sob a forma de sua completa degradação, de sua redução a um objeto, plenamente passível de manipulação, incluído fora³¹⁵.

---

³¹³ TURKLE, S. The flight from conversation. *The New York Times*, 2012.
³¹⁴ AGAMBEN, G. Homo sacer: o poder soberano e a vida nua. Editora UFMG, 2002.
³¹⁵ Sobre a estrutura da *exceptio*, uma ilustração dessa operação pode ser encontrada em uma expressão que ganhou fama em uma série de televisão brasileira da década de 90. A série de humor Sai de Baixo. Dentre os personagens, constava Ribamar (interpretado por Tom Cavalcanti), que se consagrou com uma variedade de bordões e frases de efeito. Uma dessas frases, frequentemente repetida era o "me inclua fora dessa". Exatamente essa estrutura pela qual algo se inclui, apenas por meio de sua colocação como excluído.

5. A INDIFERENCIAÇÃO, ENTRE O HUMANO E A MÁQUINA

Se, com Agamben, encontramos o argumento de que hoje o Estado de Exceção se tornou a norma, isso se deve em grande parte a esse processo pelo qual se constituem diversas zonas de indiferenciação entre bios e zoe, entre vida política e vida nua, de modo que o que aqui encontramos é uma das faces desse problema. Que o Estado de Exceção, no capitalismo digital, se prolifere pela crescente zona de indiferenciação entre o humano e o não-humano, que nos permite passarmos a tomar, uns aos outros, tanto quanto a nós mesmos, sob a forma de um não-mais-humano, um não-mais-ouvinte, ou não-mais-falante.

Retiramos a voz do outro, na medida em que nos ensurdecemos a ela e nisso perdemos em nós mesmos a condição de nos valermos da voz para sermos escutados.

E o segundo efeito atual que destacaremos aqui, decorrente dessa indiferenciação entre o humano e máquina que mencionamos acima, são os crescentes movimentos de substituição do humano pela máquina. Muito já foi dito sobre as ameaças que a automatização e robotização são capazes de representar ao futuro da civilização humana, principalmente no tocante às formas e relações de trabalho.

Mas aqui focaremos em um ponto específico e que interessa ao psicanalista, bem como a todos aqueles que, de algum modo, atuam nas diversas ofertas de cuidado: a criação de programas, máquinas e robôs como dispositivos de cuidado, especialmente no campo da saúde mental.

Como vimos com Weizenbaum, mesmo ELIZA foi capaz de despertar nos psiquiatras da época sonhos de uma plena automatização da prática clínica. Se, como já dissemos, tudo na tecnologia começa com um sonho, hoje sabemos o quanto essa ambição, cada vez mais, se torna realidade.

Nessa tendência, os argumentos são os já velhos conhecidos, sempre presentes nos esforços de precarização da saúde mental: psicoterapia custa muito caro, leva muito tempo, alcança poucas pessoas. Outro argumento comum é a falta de profissionais suficientes para alcançar a quantidade de demandas em saúde mental. Se podemos oferecer uma versão robotizada, barata, e de maior alcance, por que não a implementar? Se há pessoas dispostas a serem tratadas por robôs, porque não oferecer essa nova, mais econômica, e supostamente mais segura, possibilidade?

Sob esse tipo de lógica perversa, dois movimentos têm ganhado cada vez maior espaço no campo da saúde mental, e que tocam as reflexões aqui avançadas.

O primeiro é o do uso de robôs-terapêuticos. Logo no início da pandemia de COVID-19, surgiram notícias de como a Itália, um dos países inicialmente mais afetados pelo vírus, passou a incluir entre os profissionais do hospital um novo integrante: Tommy[316], o robô-enfermeiro. Trata-se de um pequeno robô, dotado dos elementos de tecnologia de animação que abordamos: braços e cabeça que se movem, um rosto com olhos grandes, brilhantes e responsivos, uma voz capaz de emitir mensagem, um tamanho de corpo pequeno, semelhante ao de uma criança. E que seria usado nos hospitais para acompanhar os pacientes e monitorar seu quadro, sem a necessidade da presença de um médico ou enfermeiro humano, reduzindo assim riscos de contaminação. Em um dos depoimentos do diretor de um hospital que trabalhou com Tommy, encontramos o seguinte: "É como ter uma outra enfermeira, mas sem os problemas relacionados à transmissão do vírus"[317].

Percebam que a estrutura do argumento, para introdução de robôs que visam substituir trabalhadores humanos, segue sempre essa mesma lógica em duas etapas. A primeira etapa com a ideia de "como se fosse um humano...", ou seja, o robô seria capaz de algum modo de repetir a mesma tarefa que um humano, seria capaz de fazer o mesmo, ou quase o mesmo. E, a segunda etapa, com a ideia de que "... mas sem os defeitos", sem os incômodos e problemas que tipicamente marcam o ser humano. O robô

---

[316] YAHOO FINANCE. *This robot is helping coronavirus* patients. Disponível em: <https://www.youtube.com/watch?v=6_SUaupcLe8>. Acesso em: 11 mar. 2021.
[317] LO SCALZO, Flavio. *Tommy the robot nurse helps keep Italy doctors safe from* coronavirus. Reuters. Disponível em: <https://www.reuters.com/article/us-health-coronavirus-italy-robots-idUSKBN21J67Y>. Acesso em: 11 mar. 2021.

5. A INDIFERENCIAÇÃO, ENTRE O HUMANO E A MÁQUINA

entraria então desse modo: como se fosse humano, mas sem os defeitos. Os cuidados da medicina, sem os riscos do contato, da interação direta e da presença humana. O que essa lógica deixa de mencionar é: o que perdemos, quando trocamos um robô por uma máquina?

Mas outras variações de robôs terapêuticos já se faziam presentes no contexto da saúde, especialmente da saúde mental, mesmo muito antes da pandemia de COVID-19. Podemos aqui pensar nos robôs NAO[318][319], utilizados hoje em diversas áreas de educação e terapêutica como, por exemplo, no atendimento a crianças com quadros de autismo ou outros impasses de desenvolvimento. Seu uso, segue a mesma lógica: é como se fosse um terapeuta, mas sem o problema de assustar ou incomodar a criança que não gosta de contato humano. Algo semelhante temos com os robôs cachorros AIBO[320][321], um robô que imita um cachorro, muitas vezes sendo comprado como pet, ou dado para crianças, sob a mesma linha de raciocínio: é como se fosse um cachorro, mas sem fazer cocô, sem morder, sem morrer...

---

[318] NAO é um autônomo e programável robô humanoide desenvolvido pela Aldebaran Robotics, uma startup da França sediada em Paris. O projeto do robô começou em 2004.
[319] AWESOMO2001. *Nao robot*. Disponível em: <https://www.youtube.com/watch?v=2STTNYNF4lk>. Acesso em: 11 mar. 2021.
[320] AIBO (Artificial Intelligence Robot), é uma série de cachorros robóticos desenhados e manufaturados pela Sony. O primeiro modelo foi lançado em 1999, com novos modelos lançados ao longo dos anos.
[321] SONY. *aibo | A day in the life of Sony's robotic puppy – a collaboration with* iPhonedo. Disponível em: <https://www.youtube.com/watch?v=5ifwGc-omAY>. Acesso em: 11 mar. 2021.

Mas talvez o exemplo mais amplamente presente no campo da saúde mental é do robô-foca Paro[322-323]. Trata-se de um pequeno robô, em formato de foca, munido de processadores, microfones, sensores táteis em seu corpo e sistema de produção de sons e movimentos, Paro é capaz de interagir com pessoas. Seus grandes olhos são móveis e capazes de acompanhar o olhar de uma pessoa. Ao ser tocado, recebendo carinhos, emite sons de prazer e alegria. É inclusive capaz de memorizar alguns sons, respondendo de um modo específico, por exemplo, quando escuta seu nome sendo chamado. Em uma das reportagens sobre Paro, encontramos o seguinte descritivo: "Esses robôs podem fazer de tudo, desde fazer companhia a um idoso até lembrá-los de tomar sua medicação no horário correto.". O mesmo tipo de lógica que vimos com os outros robôs, pode ser encontrado em Paro, na fala de seu criador, Takanori Shibata: "é como se fosse um dos animais usados em terapia animal, Paro pode ajudar a aliviar depressão e ansiedade – mas ele nunca precisa ser alimentado e não morre"[324].

Alguns dados chamam atenção quanto ao pequeno robô foca. O primeiro é de, nesse caso, de fato se trata de uma tecnologia desenvolvida para fins terapêuticos. Enquanto outros robôs eram criados apenas para fins de pesquisa em robótica, sendo apenas depois apropriados para fins terapêuticos, Paro, desde sua origem já foi concebido com esse intuito. Mais do que isso, um segundo ponto de interesse, é que Paro teve seu desenvolvimento financiado pelo próprio governo japonês para esse fim.

---

[322] PARO é um robô terapêutico, na forma de um bebê foca, com o objetivo de ser muito fofo e de ter um efeito calmante e de elicitar respostas emocionais em pacientes de hospitais, asilos e casas de repouso, semelhante à terapia-assistida com animais. Mas, no caso, com um animal robô. Paro foi desenvolvido por Takanori Shibata do Instituto de Pesquisa em Sistemas Inteligentes, do Instituto Nacional de Ciência e Tecnologia Industrial Avançada do Japão. Seu desenvolvimento teve início em 1993 e foi lançado em 2001.
[323] PASSAGES HOSPICE. *PARO therapeutic* robot. Disponível em: <https://www.youtube.com/watch?v=2ZUn9qtG8ow>. Acesso em: 11 mar. 2021.
[324] PIORE, Adam. *Will your next best friend be a robot?*. Popular Science. Disponível em: <https://www.popsci.com/article/technology/will-your-next-best-friend-be-robot/>. Acesso em: 11 mar. 2021.

5. A INDIFERENCIAÇÃO, ENTRE O HUMANO E A MÁQUINA

De fato, o Japão é um país com grande população de idosos morando em asilos e casas de repouso, e então temos uma verdadeira escolha de política de saúde mental: investir dinheiro em enfermeiros e profissionais da saúde, ou, investir na produção de robôs terapêuticos capazes de oferecer cuidados aos idosos. Sobre esse ponto, importante destacar que, em grande parte, os cuidados aos idosos são oferecidos por funcionários que, no mais das vezes, são imigrantes, de países próximos, de modo que o que temos, diante da escolha pelo investimento nos robôs, é não apenas uma política de saúde mental, mas uma decisão política mais ampla, que visa, a substituição da mão de obra imigrante, por mão de obra robótica, nas diversas áreas, inclusive da saúde mental.

Um terceiro ponto é que, não apenas Paro foi desenvolvido como dispositivo de saúde mental, mas, de fato, alcançou esse reconhecimento, tendo sido aprovado e registrado como dispositivo médico, não apenas no Japão, mas também em países da Europa e da América do Norte, passando a ser amplamente usado, não apenas em casas de repouso, mas também com crianças com problemas de desenvolvimento.

Mas o que deixamos de ter, quando embarcamos na lógica da substituição do humano pela máquina, do "como se, mas sem defeitos"?

O segundo movimento que gostaríamos de aqui destacar é o da crescente presença de aplicativos e programas de terapia. Nesse ponto temos duas variações possíveis, ambas relacionadas a nosso problema aqui em questão.

Uma primeira variação são aplicativos de uberização da saúde. Aplicativos como *Talkspace, Better Help* ou outros semelhantes, que já alcançam grande espaço nos EUA e Europa. Numa espécie de realização dos sonhos levantados pelos psiquiatras que, ainda na década de 60, fantasiaram com o potencial terapêutico de ELIZA, vemos a proposta de uma terapia de amplo alcance, a um custo bem barato. É como se fosse uma terapia... sem o problema de ser caro.

Mas como funcionam tais aplicativos? Basicamente eles partem de uma premissa simples: tenha um terapeuta sempre disponível, no seu bolso. A qualquer hora, a qualquer momento, basta sacar o celular e iniciar sua consulta. O único porém, é que se trata de terapia por escrito. Você troca mensagens escritas com seu terapeuta. É como se fosse uma terapia, mas sem precisar falar. O site do aplicativo *Talkspace*, por exemplo, traz a seguinte mensagem:

> Mensagens de terapia ilimitadas. Emoções não podem ser agendadas. com a terapia por mensagens ilimitadas você pode enviar mensagens ao seu terapeuta pessoal licenciado exatamente quando você sentir vontade de mandar. comece hoje a melhorar sua vida por apenas 65 dólares por semana.[325]

Apenas 65 dólares por semana. Para você poder *enviar* mensagens ilimitadas. Nem sequer se trata de uma pessoa o tempo todo disponível para resposta, mas apenas de pagar para ter um ponto de endereçamento, um lugar para o qual você possa enviar suas mensagens, a qualquer momento. No caso do *BetterHelp*, encontramos algo semelhante: "terapia quando você precisar. Envie mensagens a seu terapeuta a qualquer momento e de qualquer lugar. Sem necessidade de agendar."[326]

Vejam que aqui reencontramos os elementos do percurso que fizemos sobre a robotização do humano. Um apelo à necessidade das pessoas de se sentirem escutadas. Uma degradação da linguagem e da fala, sendo a relação terapêutica reduzida nem sequer a uma troca, mas a um mero envio de mensagens de texto. E a reprodução da ilusão do "como se", do "bom o bastante", tanto quanto da promessa de rápida solução de problemas pela tecnologia.

Do lado inverso, o dos terapeutas envolvidos com trabalho nesses aplicativos, encontramos também uma face perversa des-

---

[325] Cf. https://www.talkspace.com/
[326] Cf. https://www.betterhelp.com/

5. A INDIFERENCIAÇÃO, ENTRE O HUMANO E A MÁQUINA

se processo de robotização do humano. Isso porque as ilimitadas respostas enviadas pelos pacientes contratantes do serviço, precisarão ser respondidas pelos terapeutas em algum momento do dia. A esses profissionais, os aplicativos oferecem as precárias condições de trabalho típicas de uma lógica de uberização[327]: trabalho sem vínculo, com baixa remuneração, alta exigência de horas de trabalho para que a profissão se torne rentável, sujeição à métricas de desempenho e performance, em que pacientes dão notas e em que um acúmulo de notas ruins pode levar a punições ou suspensões.

Mais do que isso, muitos desses aplicativos operam numa forma de pagamento por quantidade de trabalho. No caso das mensagens de texto, os psicoterapeutas chegam a ser pagos por quantidade de palavras ou frases digitadas (algo em torno de 10 dólares para cada 1000 palavras tocadas com um paciente), ou, no caso de um paciente que queira atendimento por áudio ou vídeo, são remunerados por tempo. Quanto mais tempo segurarem um paciente numa consulta, maior a remuneração. Se mantém um paciente vinculado ao tratamento por períodos longos, também recebem bonificações.

Mesmo no Brasil, algumas lamentáveis iniciativas já foram realizadas, como os sites FalaFreud! e 99Psico que buscavam reproduzir esse modelo de saúde mental, com uso de terapias ilimitadas e por mensagens[328].

Apenas por essa breve apresentação, podemos ter uma noção do grau de perda que está em jogo, quando embarcamos na ideia de que a tecnologia pode ser uma solução para todos os impasses e que um robô pode facilmente operar "como se" fosse um humano.

---

[327] KALIL, R. B. *A regulação do trabalho via Plataformas Digitais*. Blucher, 2020.
[328] Para um panorama detalhado acerca dos aplicativos de autocuidado e saúde mental no país, referimos o leitor ao valioso trabalho de pesquisa do tema, realizado pelo *Media Lab* (UFRJ), resultando na produção do relatório "Tudo por conta própria: aplicativos de autocuidado psicológico e emocional". Disponível em https://medialabufrj.net/

Mas uma segunda variação dos aplicativos de saúde, são aqueles que descartam completamente a presença de humanos terapeutas. São aplicativos que contam com programas de inteligência artificial, versões modernas de ELIZA, não mais rogerianos e agora, em sua maioria psicólogos comportamentais, e que oferecem aos pacientes o mesmo tipo de conforto e segurança trazido por ELIZA: um terapeuta sempre disponível, que não vai me julgar, que não vai contar meus segredos, que não vai rir de mim. Que estará sempre lá para me escutar. Ou, ao menos, agir "como se" estivesse me escutando.

Wysa[329] e *Youper*[330] são alguns dos aplicativos robôs disponíveis nas diversas lojas de aplicativos. Mas talvez o mais famoso desses robôs terapêuticos seja o *WoeBot*[331], que no ano de 2019 foi reconhecido com diversos prêmios, inclusive destacado como vencedor na categoria de melhores aplicativos na área de saúde e bem-estar da *Google Play Store*.

Com a aparência de um pequeno robô cientista, o *Woebot*, paradoxalmente se apresenta como um "amigo especialista em autocuidado". Munido de técnicas de Terapia Cognitiva Comportamental, *Mindfulness* e Terapia Comportamental Dialética, se vangloria de ser um modo de tratamento totalmente comprovado pela ciência. Como se fosse um humano, mas sem os pesos e problemas de um verdadeiro ser humano, como indicado no texto de apresentação do aplicativo:

> Você pode falar com o *Woebot* o tanto quanto você quiser, muito ou pouco, ele estará sempre disponível quando você precisar dele. Ninguém irá saber que você está falando com o *Woebot* e a informação que você compartilhar com o *Woebot* vai se manter privada e confidencial. E, mais do que isso, o *Woebot* irá fazer você sorrir!

---

[329] Cf. htttps://www.wysa.io/
[330] Cf. https://www.youper.ai/
[331] Cf. https://woebothealth.com/

5. A INDIFERENCIAÇÃO, ENTRE O HUMANO E A MÁQUINA

Irá fazer você sorrir... Que tipo de oferta está em jogo nesse tipo de aliança, entre saúde mental e tecnologia e, principalmente, que tipo de demanda está em jogo hoje, se sabemos que soluções como essa ganham espaço e se tornam não apenas uma opção possível, mas por vezes a opção preferencial, para tantas pessoas em sofrimento, que encontram na máquina uma ilusão de escuta e uma maior sensação de segurança. Como se fosse uma terapia, mas sem o problema de ter que falar com um humano.

Que processo de mutação está em jogo nessa indiferenciação entre o humano e a máquina, tanto quanto nessa aposta na tecnologia como solução de todos os impasses.

Buscamos nesse capítulo indicar como a aproximação entre a humanização do robô e a robotização do humano são capazes de engendrar as condições para propagação dessa massiva digitalização da vida humana. Mas tentamos também indicar, como isso não se faz sem uma relação com o sujeito, suas fantasias, seus desejos e, principalmente, suas escolhas. O que escolhemos – e o que perdemos – quando decidimos que uma máquina é capaz de operar como amigo, como companheiro, como cuidador ou como terapeuta?

O que escolhemos quando passamos a naturalizar que os cuidados a outros seres humanos sejam terceirizados para funções de robôs e programas terapêuticos? Pelos exemplos acima, pudemos ver quem são aqueles que serão relegados a serem tratados por um robô: idosos, loucos, crianças, pobres, pessoas com problemas de desenvolvimento, pessoas em leito de morte ou abandonadas pela sociedade.

E, principalmente, o que exatamente escolhemos, quando decidimos abandonar o que em nós é humano, em busca de uma pura conexão com o não-humano da máquina?

REFERÊNCIAS

AGAMBEN, G. Homo sacer: o poder soberano e a vida nua. Editora UFMG, 2002.

ASSANGE, J. Cypherpunks: liberdade e o futuro da internet. Boitempo Editorial, 2002.

AWESOMO2001. *Nao robot.* Disponível em: <https://www.youtube.com/watch?v=2STTNYNF4lk>. Acesso em: 11 mar. 2021.

BARBOSA, P. A. Máquinas falantes como instrumentos linguísticos: por um humanismo éclairé. *Línguas e Instrumentos Lingüísticos, 8,* 2001, 51-99.

BELL, A. G. Prehistoric telephone days. *National Geographic Magazine, 41*(3), 1922, 223-241.

BENJAMIN, W. (2005). Teses sobre o conceito de história. *Obras escolhidas, 1,* 2005.

BLOG DO PIVA CANTIZANI. *Eu sou robô do* Bolsonaro. Disponível em: <https://www.youtube.com/watch?v=egufgSIwgBU>. Acesso em: 11 mar. 2021.

COLBY K. M.; WATT J. B.; GILBERT J. P. "A Computer Method of Psychotherapy: Preliminary Communication", The Journal of Nervous and Mental Disease, vol. 142, no. 2, 1966, pp. 148-152

DE LA METTRIE, J. O. *L'homme machine.* Luzac, 1748.

DESCARTES, R., & DESCARTES, R. *Discurso do método: Meditações: Objeções e respostas: As paixões da alma; Cartas.* Abril Cultural, 1973.

DEUTSCHES MUSEUM. *Nachbau des Kempelenschen Sprechapparats.* Disponível em: <https://www.youtube.com/watch?v=oIjkzZGe2I8>. Acesso em: 11 mar. 2021.

DOLAR, M. *A voice and nothing more.* MIT press, 2006.

FACEBOOK. *Integridade da conta e identidade* autêntica. Disponível em: <https://www.facebook.com/communitystandards/misrepresentation>. Acesso em: 11 mar. 2021.

FELDERER, Brigitte. "Stimm-Maschinen. Zur Konstruktion und Sichtbarmachung menschlicher Sprache im 18. Jahrhundert," in Kittler, Macho, and Weigel, eds. 2002, pp. 257–278.

GYGI, F. R. The animation of technology and the technology of animation in Japan.. In: Astor-Aguilera, M., & Harvey, G. (Eds.). 2018. Rethinking Relations and Animism: Personhood and Materiality (1st ed.). Routledge. https://doi.org/10.4324/9780203709887.

HAIKUGINGER. *Siri and Sam iPhone ad (HD)*. Disponível em: <https://www.youtube.com/watch?v=eaYGNGWl9lg>. Acesso em: 11 mar. 2021.

HAIKUGINGER. *Siri and Zooey iPhone ad (HD)*. Disponível em: <https://www.youtube.com/watch?v=YV-QsgdPBq8>. Acesso em: 11 mar. 2021.

HARARI, Y. N. *Homo Deus: uma breve história do amanhã*. Editora Companhia das Letras, 2016.

KALIL, R. B. A regulação do trabalho via Plataformas Digitais. Blucher, 2020.

LO SCALZO, Flavio. *Tommy the robot nurse helps keep Italy doctors safe from* coronavirus. Reuters. Disponível em: <https://www.reuters.com/article/us-health-coronavirus-italy-robots-idUSKBN-21J67Y>. Acesso em: 11 mar. 2021.

MBEMBE, A. *Brutalisme*. la Découverte, 2020.

PASSAGES HOSPICE. *PARO therapeutic* robot. Disponível em: <https://www.youtube.com/watch?v=2ZUn9qtG8ow>. Acesso em: 11 mar. 2021.

PIORE, Adam. *Will your next best friend be a robot?*. Popular Science. Disponível em: <https://www.popsci.com/article/technology/will-your-next-best-friend-be-robot/>. Acesso em: 11 mar. 2021.POE, E. A. (1836). *The Portable Edgar Allan Poe*. CreateSpace Independent Publishing Platform, 2014

SAGAN, C. Natural History, vol. LXXXIV, nº 1, Jan 1975, p. 10

SONY. *aibo / A day in the life of Sony's robotic puppy – a collaboration with* iPhonedo. Disponível em: <https://www.youtube.com/watch?v=5ifwGc-omAY>. Acesso em: 11 mar. 2021.

STERNE, J. *The audible past: Cultural origins of sound reproduction*. Duke University Press, 2003.

THE FORTNITE TEAM. *Fortnite Matchmaking Update – Battle Royale. Disponível em:* <https://www.epicgames.com/fortnite/en-US/news/fortnite-matchmaking-update-battle-royale>. Acesso em: 11 mar. 2021.

TURKLE, S. *The second self: Computers and the human spirit*. Mit Press, 2005.

TURKLE, S. *The flight from conversation*. The New York Times, 2012.

VIVÈS, J. M. *A voz na clínica psicanalítica*. Rio de Janeiro: Contra Capa, 2012.

VON KEMPELEN, W. *Mechanismus der menschlichen Sprache nebst der Beschreibung einer sprechenden Machine*, 1791.

VON WINDISCH, K. G. *Inanimate Reason, Or a Circumstantial Account of that Astonishing Piece of Mechanism, M. de Kempelen's*

Chess-player; Now Exhibiting at No. 8 Saville-Row, Burlington Gardens. Bladon, 1784.

WEIZENBAUM, J. Computer power and human reason: From judgment to calculation, 1976.

YAHOO FINANCE. *This robot is helping coronavirus* patients. Disponível em: <https://www.youtube.com/watch?v=6_SUaupcLe8>. Acesso em: 11 mar. 2021.

6. HISTÓRIA E ARRUMAÇÃO DO TEMPO

LEONARDO GOLDBERG

A humanidade passou por diferentes formas de contar sua História. Diversos historiadores se propuseram a descrever histórias de nações através de séries: reis, homens de Estado, generais que transmitiam acontecimentos de geração em geração e arquivavam seus feitos, produzindo, sobretudo através da escrita, uma organização material, confiada e confinada geralmente nas instituições religiosas, nacionais, nos grandes salões, objetivando a posteridade.

Essas transmissões por vezes eram interrompidas e produziam novas séries, de forma materializada ou simplesmente impregnada na linguagem, nas canções, e reorganizada de diversas formas, cronológicas ou simplesmente lógicas. Os Estados expansionistas costumeiramente são munidos de aspirações universais: a história pode ser contada a partir da Europa, dos Estados Unidos, da Mongólia ou da Pérsia (hoje Irã e Iraque). A aspiração universal costuma ser acompanhada de guerras e de imposições linguísticas. É por essa razão que existem a francofonia, a anglofonia e que a China impõe o Mandarim à Taiwan, Hong Kong e Macau. Unificar através da língua é um dos mais poderosos métodos de conquista e sujeição, porque além da universalização, uma língua é um universo e carrega traços próprios de transmissão, tradição, esquecimentos e poder.

Alguns pesquisadores ainda sustentam que aprender uma língua teria como efeito o recebimento de toda uma historicidade imbuída, um dom, mais sintático que semântico, que produziria no sujeito uma perspectiva própria de transmissão orientada por seus falantes e, portanto, esse sujeito seria atravessado por memórias fantasmáticas de acontecimentos, modos de viver o tempo e cotidiano característicos, além de tradições próprias. Um exemplo: alguém que aprendesse a língua Kaixana, em extinção no Amazonas, ou uma das ao menos 12 línguas mortas do Brasil, seria também atravessado por uma perspectiva e por uma temporalidade marcada por centenas de anos de violência, sem se dar conta de forma clara e aberta de tal efeito.

Basicamente, tal ideia comporta a consequência de pensar que uma imersão linguística implica também uma abertura e uma mudança em relação própria linguagem, e que é impossível pensar na língua extraindo a relação da diacronia com a sincronia, sem um cruzamento entre a tradição e o agora, suas formas de transmissão e o *momentum* de recebimento. As decorrências disso para pensarmos a história e a historiografia são determinantes: Freud por vezes exerceu o ofício de historiador a partir de um método que incorresse mais em causalidade lógica, respeitando determinadas lacunas, que em obsessões em torno de uma verdade "histórica" toda, fatídica, precisa.

O objetivo do presente capítulo é investigar o espaço de intersecção no qual habitam os historiadores e os teóricos da psicanálise e suas relações com a epistemologia e o método. Basicamente, faremos uma reflexão sobre a História, seu efeito de inscrição, sua relação com o passado e as consequências sociais de pensarmos a historiografia em sua função: a de assentar o cotidiano, "arrumando" o tempo e espaço. Para isso, o capítulo irá se desdobrar em questões que concernem à transmissão, tradição e linguagem, pressupondo sempre uma dimensão transindividual. De qual tempo a historiografia pode tratar? Em sua dimensão social, do tempo messiânico, do tempo lógico, cronológico, de *automaton*, o tempo do código e da repetição, ou do acaso divino, *tiquê*?

A tradição da escuta – de qualquer método terapêutico orientado pela escuta – sabe bem que nossa noção de tempo é embaralhada quando o interlocutor é instado a narrar. Uma vida de 70 anos pode ser resumida em acontecimentos marcantes, em aca-

6. HISTÓRIA E ARRUMAÇÃO DO TEMPO

sos, em datas especificas: o casamento, a perda de alguém, um momento de contemplação ou simplesmente um instante de ócio marcado por lembranças alegres ou tristes.

As edições de nossos "arquivos" são realizadas constantemente, sobretudo quando tentamos reorganizá-las para transmiti-las: há memória, memória de memória, redescrições de memória, edições da memória e esquecimento. Por isso, um tratamento psicanalítico pode redefinir também nossa relação com o passado e, de alguma forma, alterar nosso passado a partir da fala e da escuta. Por isso também, a situação do tempo em uma análise se embaralha e se reorganiza de forma não cronológica, mas lógica. O analista se preocupa muito mais com o "só depois" de uma interpretação que com o esquadrinhamento meticuloso das sucessões que produziram determinado efeito em um sujeito.

Aliás, Miller, na ocasião de sua conferência sobre a Erótica do Tempo[332], reflete sobre a dupla temporalidade que reside na ideia de inconsciente: se, por um lado, há o tempo que passa, em direção ao futuro, por outro, existe uma temporalidade retroativa a partir de cada acontecimento. Quer dizer, o que extraímos de cada acontecimento é marcado por um valor de verdade que se inclui no tempo linear, um "terá sido" verdade que aponta o vetor do tempo para uma significação do passado. Há, portanto, manobras do tempo.

Há a espera, por exemplo, na experiência anal do bebê, profundamente temporal: é essa manobra que mantem o Outro em suspenso, valoriza o objeto anal e transforma a demanda do Outro em um objeto. Essa retenção do sujeito funda a espera. Em termos de espaço, e, portanto, de uma relação com o tempo, afinal pressupomos mobilidade, o obsessivo e a histérica criam percursos diferentes em suas relações com o objeto. Se, do lado do obsessivo, há um "esforço para tornar o objeto impossível de ser atingido no espaço"[333], do lado da histérica, há a "tentativa

---

[332] MILLER, Jacques-Alain. *A erótica do tempo*. Rio de Janeiro: Escola Brasileira de Psicanálise, 2000
[333] Id. p. 15

de tornar inapreensível o objeto"[334]. O analista, então, se depara constantemente com a certeza de que o tempo linear não se aplica a uma sessão de análise, e que onde há desejo, o "tempo linear" constantemente se colapsa.

Apesar de um afastamento recente entre os campos da História e da Psicanálise, autores como Elisabeth Roudinesco e Michel de Certeau localizam no método uma referência fundamental para pensarmos as aproximações e diferenças entre um e o outro.

Não obstante, tanto as preocupações de Freud, principalmente em *Totem e Tabu* e em *Moisés e o Monoteísmo*, e de Lacan, que aparecem em distintos momentos de seu ensino[335], interessam à prática do historiador, quanto a *Apologia da História* de Marc Bloch e diversos outros textos a partir da denominada escola dos *Annales* interessam aos psicanalistas. Uma ética específica do historiador diante dos arquivos e suas lacunas também dialoga com a ética da psicanálise: fazer falar a partir das lacunas, de uma posição em relação a falta.

A historiografia é, de certa forma, a tentativa de emprestar vozes aos mortos. É a partir de sua inscrição que um mundo já imóvel para a mobilizar os vivos. É uma relação permanente entre a vida e uma ideia de morte que transforma um tempo imóvel em um tempo móvel.

Para De Certeau[336] a narratividade da historiografia emerge justamente para dar conta de uma angústia em relação à morte: "a historiografia [...] pela sua narratividade, ela fornece à morte uma representação que, instalando a falta na linguagem, fora da existência, tem valor de exorcismo contra a angústia"[337]. Se é possível "instalar a falta na linguagem", o movimento que oscila entre "fazer história" e "contar histórias"[338] seria equivalente ao do analista que oferece ao analisante um espaço no qual ele irá, para

---

[334] Id. p. 16
[335] Sobretudo no Seminário 1, 9 e 20, além dos Escritos e Outros Escritos.
[336] DE CERTEAU, M. de. *A escrita da história*. Tradução de Maria de Lourdes Menezes. Rio de Janeiro: Forense, 2011, p. 111
[337] Id. Ibid.
[338] Id. Ibid.

6. HISTÓRIA E ARRUMAÇÃO DO TEMPO

fazer referência ao texto *Construções na Análise (1937)*, mais construir que reconstruir, e, fazendo ao contar, fazer e contar. Elabora-se a partir da *falta* e não do sentido, como era o caso dos textos históricos que, antes da Escola dos *Annales*, se referiam apenas aos Reis, aos Generais e seus grandes feitos e aos grandes Estados.

Se falamos de um arquivo, é impossível não pensarmos nas lacunas. Aliás, de que a relação do sujeito com o arquivo é mobilizada costumeiramente pela lacuna, pelo espaço aonde o arquivo falta. Há lacunas na história, silenciamentos, exclusões, ritos fúnebres não realizados ou mal praticados – em contextos de violências ou não – mas de alguma forma quando pensamos em uma história ou – o *discurso dos mortos* – as lacunas, onde os arquivos desapareceram, podem insistir de forma fantasmagórica, como assombrações, incluindo aí um efeito intergeracional. Tal questão fica bem tencionada na transmissão de tradições e linguagens que conservam particularidades de uma cultura.

O psicanalista inglês Stephen Frosh[339] comenta sobre um "impulso ético" da psicanálise em relação à questão: "encontrar formas de ouvir todas essas diferentes formas de fantasmagorias não apenas para fazê-las descansar, mas também para mantê-las vivas". Escutar é também escutar a instalação da falta no arquivo.

Esse é um paradoxo semelhante ao da operação historiográfica:

> "A escrita não fala do passado senão para enterrá-lo. Ela é o túmulo no duplo sentido de que, através do mesmo texto, ela honra e elimina. Aqui a linguagem tem como função introduzir no dizer aquilo que não se faz mais. Ela exorciza a morte e a coloca no relato [...] libera o presente sem ter que nomeá-lo. Assim, pode-se dizer que ela faz mortos para que os vivos existam. Mais exatamente, ela recebe os mortos, feitos por uma mudança social, a fim de que seja

---

[339] FROSH, S. *Assombrações: psicanálise e transmissões fantasmagóricas*. Tradução de Cristiane Izumi Nakagawa. São Paulo: Benjamin Editorial, 2018, p. 25

marcado o espaço aberto por esse passado e para que, no entanto, permaneça possível articular o que surge com o que desaparece. Nomear os ausentes da casa e introduzi-los na linguagem escriturária é liberar o apartamento para os vivos [...] que combina a ausência dos vivos na linguagem com a ausência dos mortos em casa [...] A instauração literária desse espaço reúne, então, o trabalho que a prática histórica efetuou"[340].

A dimensão individual – se considerarmos o "individuo" como um sistema inteiro, premissa comum às psicologias do ego norte-americanas – é impossível quando pensamos na relação do sujeito com o tempo. No máximo, essa dimensão se trataria de um recorte imaginário, figurativo, da representação do sujeito em um tempo que durasse até o resto de sua vida. Por isso o simbólico precede o nascimento, enquanto constituição de uma malha que antecede o sujeito, e procede a morte, pois os efeitos de sua operação na cadeia do significante não esvaem com a desaparição do corpo biológico. O sujeito fala, escreve, opera sempre em uma cadeia de comunicação que precede e procede o corpo. Essa implicação tem efeitos que não se limitam ao seu "tempo individual", mas que implicam transmissão, tradição e a própria História.

Lacan[341] é muito claro em seu Seminário 1 sobre o simbólico não ser limitado à um sujeito "[...] porque se realiza numa língua que é a língua comum, o sistema simbólico universal, na medida em que estabelece o seu império sobre uma certa comunidade à qual pertence o sujeito", o que implica em relações particulares com a lei: "A tradição e a linguagem diversificam a referência do sujeito"[342]. Nessa passagem, Lacan conta a história de um analisante de origem islâmica que, apesar de sua aversão ao Alcorão,

---

[340] DE CERTEAU, M. de. *A escrita da história*. Tradução de Maria de Lourdes Menezes. Rio de Janeiro: Forense, 2011, p. 110
[341] LACAN, J. *O seminário, livro 1: Os escritos técnicos de Freud*. Rio de Janeiro: Jorge Zahar, 1979, p. 259
[342] Id. p. 260

6. HISTÓRIA E ARRUMAÇÃO DO TEMPO

implicava-se numa filiação simbólica que ressoava em seu sintoma.

Ou seja, pressupõe que exista tanto uma dimensão universal, estrutural, mas também, como uma cisão do super-eu, na relação com a lei, particular: "Sua história é unificada pela lei, pelo seu universo simbólico, que não é o mesmo para todos"[343]. Tal proposição implica pensarmos que a filiação simbólica de um sujeito diversifica de acordo com a tradição e de acordo com a linguagem que é transmitida e recebida por ele. Quando Lacan se refere à uma "certa comunidade" aponta em direção de certas marcas no simbólico que variam de acordo com determinadas referências.

O problema é pensar na implicação da psicanálise diante de tais variações, o que levou diversos movimentos críticos a incorrer em usos psicossociais a partir de orientações políticas especificas em nome da psicanálise. Isso é um problema amplo, mas que podemos exemplificar a partir de dois efeitos deletérios: o primeiro, o de transformar a psicanálise em uma filosofia moral que pudesse estabelecer o "bem" e as boas práticas da vida cotidiana a partir de um discurso moralista. O segundo, e não menos problemático, o de adotar uma visão antropomórfica da história, como se os psicanalistas, ao apontar "esquecimentos", "lacunas" e escrever sobre eles, pudessem exercer uma terapêutica "consciente" sobre os arquivos que redesenharia o cotidiano de forma mais "saudável".

Poderíamos pensar que o analista compartilha com o historiador uma ética que é orientada a fazer "falar" a falta, a lacuna, e não a preencher, descrever uma história-toda. Admitir uma história não-toda é um princípio compartilhado pelo analista e pelo historiador, que exige uma relação de não-saber com a escuta do arquivo. Mais do que isso: é da escuta do texto e não do acontecimento passado que surgirão momentos, aparições do sujeito e da verdade. O historiador é aquele que conserva a transmissão desses momentos e que proporciona ao leitor uma experiência

---

[343] Id. Ibid.

análoga: tornar audível o inaudível da narrativa. Nesse sentido, ele impregna o código, a letra, de experiências históricas que transmitem imobilidades, estruturas, através de grandes viradas, de roupagens que envolvem o leitor como endereço último, mas agente operador, necessário, para vivenciar, através da leitura, tais acontecimentos.

Ao invés da obsessão pela "verdade histórica", a grandeza do historiador consiste em uma ética que pressupõe que a verdade apareça de forma basculante na escuta do arquivo, e se propõe à transmitir tais momentos e compartilhar a experiência de forma endereçada ao leitor, sustentando a inscrição da letra como lugar que honra o passado e portanto os mortos.

Alguns autores pressupõem a incidência do *trauma* sobre gerações seguintes e um problema e ponto de interrogação da História que, ao não contar sobre acontecimentos traumáticos, transmite tal incidência a partir de assombrações e aparições fantasmagóricas. Frosh[344] divide a questão da assombração em duas formas de transmissão: a dimensão *vertical*, de uma geração para outra, de forma que um acontecimento pode produzir efeito em alguém que não teria sido diretamente pelo mesmo; e a dimensão *horizontal*, o que se refere ao um a um, de pessoas que estejam em comunicação, incluindo aí o conceito de transferência. Isso serviria para pensarmos, por exemplo, sobre as consequências do Holocausto para gerações posteriores, incluindo as que não conheceram diretamente sobreviventes.

A questão e o impasse não é constatar tais consequências, mas pensar como o método psicanalítico poderia – sem derivar para uma psicanálise selvagem – se implicar em tal movimento. Em Freud, a especificidade de uma operação historiográfica – pretendemos chamar de *ato* historiográfico – aparece de forma muito interessante em alguns momentos de seu texto, incluindo os momentos históricos nos quais são escritos.

---

[344] FROSH, S. *Assombrações: psicanálise e transmissões fantasmagóricas*. Tradução de Cristiane Izumi Nakagawa. São Paulo: Benjamin Editorial, 2018, p. 15

6. HISTÓRIA E ARRUMAÇÃO DO TEMPO

É impossível reduzir *O homem Moisés e a religião monoteísta* à um ensaio que se propõe a rearticular o trauma originário do povo judeu e que o insere na tradição do exílio como o faz La Sagna[345]:

> "Não se trata de história, mas de origem. É isso que faz da morte do pai mítico o trauma primordial da humanidade. O de Moisés é um elemento essencial do trauma inerente ao monoteísmo e ao povo judeu que acabou por concernir a toda a humanidade".

A passagem é apenas parcialmente correta pois erra ao denegar a questão fundamental do mais refinado fazer histórico: fazer falar onde a lacuna aparece, entre a história e o romance, articulando o "verossímil" historiográfico com a "verdade analítica", a dizer, suas lacunas: "[...] uma lacuna da história torna possível e necessária a produção de uma cultura"[346].

Escrever tal ensaio em 1939 também oferece um legado de método: o *fazer* história enquanto *ato*, escancarando a heterogeneidade na gênese de um povo perseguido sob a acusação do oposto, de se proteger em uma tradição que vislumbrava a homogeneidade absoluta. Ou seja, mostrando o quanto o povo judeu era, desde sua origem, também efeito de uma bricolagem étnica, política e religiosa. Tal texto é um apelo lógico a partir da História: apontar semelhanças no centro daquilo que os nazistas consideravam radicalmente outro para desfazer a lógica da exclusão.

Ao conceituar a *verdade histórica* como uma relação entre um "pedacinho de verdade"[347] e o delírio, Freud sugere um método historiográfico que privilegia o sintagma *"verdade histórica"* em

---

[345] LA SAGNA, P. Os mal-entendidos do trauma. *Opção Lacaniana online*. Ano 6, Número 16, março 2015, p. 8

[346] DE CERTEAU, M. de. *A escrita da história*. Tradução de Maria de Lourdes Menezes. Rio de Janeiro: Forense, 2011, p. 354

[347] FREUD, S. *O homem Moisés e a religião monoteísta: três ensaios*. Tradução de Renato Zwick; ensaio bibliográfico de Paulo Endo, Edson Sousa. Porto Alegre, RS: LePM, 2014, p. 175

detrimento da *"verdade material"*. Mas tal sintagma comporta uma ética de encarar a "verdade histórica" em relação à lógica, às sucessões e aos efeitos do texto em sua relação com as lacunas, com outras possíveis versões e com a posteridade, portanto, com o momento no qual ele é escrito.

Seria um forçamento pensar que Freud admite uma verdadeira topologia historiográfica? Argumenta, refaz o argumento, testa seu oposto e seu avesso, suas antinomias, admite lacunas, incongruências, interpreta, corta, abre, fecha, duplica e, mesmo se esforçando para manter uma univocidade, sustenta as equivocidades e contradições. Assim historiciza o pai da psicanálise.

Contemporâneos já colocavam a disciplina histórica e seu rigor metódico em xeque. Freud utiliza, sem saber, ao menos dois recursos que o fundador da revista *Annales*, Marc Bloch, apresenta em sua *Apologia da História*[348], publicada postumamente por Lucien Febvre em 1949: escapar da tentação de uma "obsessão embriogênica" sem restos e lacunas e tratar o documento em uma relação própria de uma cadeia: mais em uma inserção de um conjunto sincrônico que de uma série cronológica. Ou seja, sustentar a ideia de que o arquivo deve ser determinado em seus efeitos próprios de comparação: "Uma disciplina histórica, a bem da verdade, faz exceção (...)"[349].

Dessa forma, Freud concebe um método que abriga a lacuna na própria historiografia: "(...) a lacuna não é, em Freud, a ausência de uma pedra no edifício construído, mas o vestígio e o retorno daquilo de que o texto deve 'tomar o lugar'"[350].

Porém, tal método não corresponde a dispensar a informação sócio-histórica de forma alguma, e De Certeau chama a atenção para suas pesquisas rigorosas e até eruditas que precederam os estudos sobre Leonardo da Vinci *(1910)* e sobre o Moisés de Miguel Ângelo *(1914)*. A questão é precisa: Freud trata o material

---

[348] BLOCH, M. L. B. *Apologia da história, ou, O ofício de historiador.* Tradução de André Telles. Rio de Janeiro: Zahar, 2001.
[349] Id. p. 118
[350] DE CERTEAU, op. Cit., 357

6. HISTÓRIA E ARRUMAÇÃO DO TEMPO

que recebe do historiador ou do etnólogo da mesma forma analítica que trata o "material" que recebe de seus doentes[351]. A relação com o arquivo e com o texto é tão ou mais importante que definições muito estritas das significações.

Para De Certeau[352], o texto no qual Freud se posiciona definitivamente sobre um método que concerne à História se trata do *Uma Neurose Demoníaca do Século XVII*[353] no qual o psicanalista reorganiza as ambiguidades, tensões, através de uma análise das linguagens e da gênese, que ao desvelar certas estruturas, derrogaria o divisionismo entre uma psicologia individual e outra coletiva. De certa forma, o texto freudiano teria captado a imobilidade do relato de um sofrimento que independia, ou melhor, não era efeito cultural de determinado *zeitgeist*, espírito do tempo da época.

O efeito do diálogo entre a psicanálise e a historiografia tensiona tanto a ideia de uma terapêutica imbuída na historiografia freudiana quanto dos possíveis a partir de uma psicanálise que se proponha a pensar em como tais lacunas operariam no campo dos vivos, dos seres falantes. Soma-se a isso refletir sobre "apagamentos", sobre o esquecimento forçado e seus efeitos na cultura. Exemplos variados que vão dos jovens "desaparecidos" das ditaduras latino-americanas aos povos simplesmente esquecidos pela história.

Portanto, algumas ressalvas: devemos ter muito cuidado ao pensar a relação entre o trauma e uma dimensão social. Se o trauma se trata de uma etapa constitutiva, fundamental para emersão do sujeito, todo trauma "social", fruto de violência, seria uma experiência secundaria, de atualização? Ou mobilizaria o núcleo relacionado a todo sintoma, que no Seminário 23 de Lacan aparece com o nome de sintraumatismo (*symptraumatisme*)[354]?

---

[351] Id. p. 329
[352] Op. Cit.
[353] FREUD, S. *Uma neurose demoníaca no século XVII (1923)* IN Neurose, psicose, perversão. Tradução de Maria Rita Salzano Moraes. Belo Horizonte: Autêntica Editora, 2016
[354] LACAN, J. *O seminário, livro 23: o sinthoma* (1975-1976). Rio de Janeiro: Jorge Zahar, 2005.

Se a escrita da história é a tentativa de relegar aos mortos uma voz circunscrita, uma narrativa que de alguma forma contemple uma organização cronológica, espaço-temporal, é impossível pormenorizar a implicação disso no mundo dos vivos: os alicerces de toda grande cidade são fundados sobre cenotáfios, tumbas, cemitérios, restos de um tempo que conserva a história de mortos célebres. Tal estética é necessária, fundamental, constitutiva.

No contexto brasileiro, inúmeras questões podem ser levantadas: o esforço de toda instauração que se proponha a construir uma História apagada pela violência de Estado gera desconforto. Em contrapartida, incontáveis são os casos de ritos fúnebres e lutos não praticados. Um deles, que nos interessa pela tradição e pela filiação simbólica, além de enriquecida pelos diálogos diretos com Freud, é o de Stefan Zweig, supostamente suicida e enterrado em um cemitério não judeu na cidade de Petrópolis, no Rio de Janeiro. Poderíamos considerá-lo uma assombração? Um "objeto mal-enlutado[355]"? Zweig, judeu, fora enterrado em cemitério não judeu, como suicida, em Petrópolis, ao lado da também judia Lotte Altman. Um historiador atento poderia pensar que há algo que assombra Petrópolis e se atualiza à cada visita. Nesse sentido, reconsiderar a tese de suicídio produziria uma reorganização, uma nova cartografia da cidade. Esse é o efeito possível de um *ato historiográfico*.

Frosh[356] fala mesmo de uma ética em relação àquilo que assombra: "quando fantasmas aparecem, é a fim de nos dizer que façamos algo". Portanto, diante de um *estranhamento*, seria preciso ao menos escutar as lacunas, os "fantasmas".

Frosh propõe que o psicanalista seja implicado nessa prática:

"Devemos buscar cerimonias de reparação, rituais de recuperação. Notaremos suas insuficiências, mas reconhecemos que nos engajar nelas pode ser tudo o que podemos fazer.

---

[355] Parafraseando a expresso de Frosh, 2018.
[356] FROSH, S. *Assombrações: psicanálise e transmissões fantasmagóricas*. Tradução de Cristiane Izumi Nakagawa. São Paulo: Benjamin Editorial, 2018, p. 189.

6. HISTÓRIA E ARRUMAÇÃO DO TEMPO

Devemos compreender que se um fantasma continua nos perturbando, isso pode significar que perdemos o ponto; mas isso também pode significar que somos a única esperança que restou ao fantasma"[357].

Tal referência responsabiliza o psicanalista em uma intervenção psicossocial que concerne aos ritos fúnebres e à reparação: espécie de ato, que em sua eficácia simbólica, reintroduziria o morto no texto, permitindo assim tratá-lo com dignidade e o libertando do "mundo dos vivos". Poderíamos pensar, ao invés de transformar essa prática em uma incumbência do analista, talvez no diálogo do analista com o analista dos arquivos – o historiador – e em observações reciprocas, epistemológicas, conceituais, de prática e de ética.

REFERÊNCIAS

DEBRAY, R. *Curso de Midiologia Geral.* Tradução de Guilherme de João de Freitas Teixeira. Petrópolis, RJ: Vozes, 1993

CERTEAU, M. de. *A escrita da história.* Tradução de Maria de Lourdes Menezes. Rio de Janeiro: Forense, 2011

FREUD, S. *O homem Moisés e a religião monoteísta: três ensaios.* Tradução de Renato Zwick; ENSAIO bibliográfico de Paulo Endo, Edson Sousa. Porto Alegre, RS: LePM, 2014

Freud, S. *Uma neurose demoníaca no século XVII* (1923) IN Neurose, psicose, perversão. Tradução de Maria Rita Salzano Moraes. Belo Horizonte: Autêntica Editora, 2016

BLOCH, M. L. B. *Apologia da história, ou, O ofício de historiador.* Tradução de André Telles. Rio de Janeiro: Zahar, 2001

FROSH, S. *Assombrações: psicanálise e transmissões fantasmagóricas.* Tradução de Cristiane Izumi Nakagawa. São Paulo: Benjamin Editorial, 2018.

LACAN, J. *O seminário, livro 1: Os escritos técnicos de Freud.* Rio de Janeiro: Jorge Zahar, 1979

---

[357] Op. Cit. P. 191.

Lacan, J. *O seminário, livro 23: o sinthoma* (1975-1976). Rio de Janeiro: Jorge Zahar, 2005

_____ *O Seminário, Livro 6: o desejo e sua interpretação.* Tradução de Claudia Berliner Rio de Janeiro: Zahar, 2016

MILLER, Jacques-Alain. *A erótica do tempo.* Rio de Janeiro: Escola Brasileira de Psicanálise, 2000

LA SAGNA, P. Os mal-entendidos do trauma. *Opção Lacaniana online.* Ano 6, Número 16, março 2015

7. OS ALGORITMOS: DECISÃO SOBRE O DIZER

CLÁUDIO AKIMOTO

Chegando ao final desse percurso, acerca da relação entre o humano e a máquina, vamos aqui retomar o caminho percorrido, para então podermos situar a abertura de algumas perspectivas de avanço no debate sobre o tema.

Partimos de uma primeira discussão acerca dos modos possíveis de abordagem da questão dos efeitos da tecnologia hoje, buscando indicar que a complexidade da questão vai muito além de uma mera relação de causa e efeito, em que o uso de objetos tecnológicos produz efeitos deletérios no humano. Indicamos alguns dos principais fatores que compõem o contexto histórico, político, econômico, social e cultural da presença da tecnologia em nossas vidas. E, diante desse cenário, nos interrogamos: qual seria o lugar para a Psicanálise e para o psicanalista nesse contexto?

Nossa hipótese foi de uma abordagem do tema que tomasse como proposta interrogar qual o lugar do sujeito, nessa complexa arquitetura digital. Para isso, indicamos duas vias de consideração:

Pela primeira temos que se hoje a arquitetura digital é capaz de se inserir de modo tão ubíquo em nossa vida cotidiana, é preciso ter em mente que se trata aí de algo antecipado, produzido, engendrado, pelo próprio ser humano. É na medida em que sonhamos com as novas tecnologias, que imaginamos suas possibilidades, que fantasiamos com suas contribuições, que alimentamos a emergência dessa força motriz por meio da qual a tecnologia é capaz de avançar seu desenvolvimento e sua inserção. Antes de haver um robô, foi necessário que houvesse um humano que fantasiasse com uma máquina ou um robô, como soluções para os diversos problemas e limitações enfrentados pelo homem. Assim, caberia interrogar, o que, em nós, é ainda hoje capaz de mobilizar esse tal investimento, uma tal crença, na potencialidade da tecnologia, que nos faz dizer sim a toda e qualquer modificação ou avanço tecnológico, sem maior reflexão, supondo que ali estaria uma via capaz de solucionar e eliminar todo e qualquer conflito que perfaz a existência humana?

Em uma segunda linha de leitura, correlata a anterior, o que caberia indicar é a complexa relação de interação mútua entre os avanços tecnológicos e os modos como pensamos, falamos e descrevemos a tecnologia. Se a tecnologia é capaz de se infiltrar de modo tão radical em nossa existência, é também pelo modo como ela se articula em nós como marcada por um efeito de discurso, por uma modulação de nosso uso da fala e da linguagem. Não só pela presença de diversos discursos *sobre* a tecnologia, mas também pela presença e pelas marcas da tecnologia e seus efeitos *na* própria circulação dos discursos. Hoje, mais do que nunca, falamos com máquinas, pelas máquinas e sobre máquinas, três eixos que se enodam, sem se reduzirem um ao outro. Esse processo perfaz uma radical mutação em nossa relação com o uso da fala e a experiência da escuta e, invariavelmente, trará também efeitos decisivos nos modos de relação e no laço social.

Desse modo, a partir desses dois eixos, a questão que se colocaria ao psicanalista hoje, poderia ser articulada do seguinte modo: O que do desejo humano pode hoje ser escutado na relação com a tecnologia? O que escutamos do sujeito, imerso no complexo ambiente da era digital?

A partir dessa questão, retomamos os trabalhos de Mbembe[358], Zuboff[359], Turkle[360] e Berardi[361], para articular o que foi nomeado como uma mutação antropológica em curso, a partir de nossa relação com a tecnologia. Com Zuboff, indicamos a maneira como a tecnologia é capaz de se infiltrar de modo a operar um adormecimento do sujeito, uma passividade e uma entrega, aos efeitos e dinâmicas de interação delimitados pela máquina. Com Mbembe, vimos como esse processo de mutação do humano se faz ainda por uma crescente indistinção entre o humano e a máquina, uma profunda crença de uma total redução e equivalência entre o humano, enquanto mera somatória de impulsos neurológicos, e o computador, como máquina de processamento de códigos, que poderia permitir uma total conexão entre o cérebro humano e o processamento digital, tornando o próprio corpo humano, objeto de uso e extração pela máquina. O humano como um todo passível de ser escrito, reduzido a um código, e o computador como máquina capaz de tudo incluir, sob a forma de escrita.

Já com Turkle, indicamos que se uma tal mutação está em curso, trata-se aí de algo que incide, de modo decisivo, sobre a capacidade da máquina de impactar e modular os modos como usamos a linguagem e a fala. Destaca-se aí que o adormecimento que está em jogo em nossa relação com a tecnologia seria, destacadamente, da ordem de um silenciamento, de uma perda da voz, de um fracasso de nossa competência para a fala e para a escuta, em privilégio de uma conexão cada vez mais contínua, simplificada e sem rupturas (*seamless*[362]), com a máquina. Por fim, com Berardi,

---

[358] MBEMBE, A. *Brutalisme*. la Découverte, 2020.
[359] ZUBOFF, S. *The age of surveillance capitalism: The fight for a human future at the new frontier of power: Barack Obama's books of 2019*. Profile books, 2019.
[360] TURKLE, S. (2012). The flight from conversation. *The New York Times*. 2012.
[361] BERARDI, F. *Fenomenología del fin: sensibilidad y mutación conectiva*. Caja negra. 2017.
[362] No campo do design tecnológico, é frequentemente adotado o termo "*seamless*" para se referir a um dos grandes objetivos das interfaces digitais. O termo *seamless*, extraído do campo da costura, visa indicar tecidos ou roupas que são sem costura, em que não se percebe os pontos de conexão, de corte ou de furo, uma superfície macia e contínua, onde não se possa perceber os elementos de

indicamos como a perda da voz seria elemento decisivo de uma mutação em nossa relação com a linguagem e, consequentemente, uma devastação de nossa experiência, dos processos de significação, tanto quanto das vivências afetivas e corporais. A perda da voz, como aquilo capaz de colocar juntos os significantes, conduz a uma cena de crescente fragmentação e decomposição dos processos de significação, dos circuitos de endereçamento, tanto quanto da circulação do desejo e dos afetos.

Por essa montagem, oferecemos então uma primeira proposta para pensarmos a relação do homem com a tecnologia hoje: não se trata de uma transição que envolva uma superação do humano pela máquina, como frequentemente proposto em debates que se interrogam sobre a competência cognitiva da inteligência artificial e fantasiam com o dia em que teremos uma máquina verdadeiramente inteligente. Tais leituras perdem o decisivo do processo em curso, que não se trata de um crescimento e desenvolvimento da tecnologia, que, de modo linear, viria a ultrapassar um estanque e pré-concebido conceito de humano, mas sim de uma crescente aproximação entre o humano e a máquina por meio de uma verdadeira transformação na nossa própria concepção de ser humano. A própria concepção de humano é colocada em cheque, em seu encontro com a máquina. Na mútua afetação entre humano e máquina, o que está em jogo hoje é da ordem de uma crescente indiferenciação entre o homem e máquina, com mudanças que impactam ambos, visando uma crescente queda das barreiras ou dos fatores capazes de oferecer uma distinção e separação entre eles. É no campo do reconhecimento, não da inteligência, que se trava essa disputa: onde traçamos a fronteira sobre o que hoje é passível de ser reconhecido como falante? E,

---

tecelagem ou costura entre os tecidos. Seu uso no campo do design visa promover um tipo de experiência que possa ocorrer de modo totalmente contínuo, fluído, sem diferenciação. Algo capaz de esconder as marcas de divisão e conexão, ocultando os processos que estruturam cada programa ou sistema. Trata-se de esconder, de ocultar, qualquer coisa que pudesse operar como corte, como furo, capaz de nos lembrar dos mecanismos pelos quais se fez a costura, da máquina, tanto a costura da máquina conosco.

7. OS ALGORITMOS: DECISÃO SOBRE O DIZER

em que momento passamos a reconhecer, na máquina, um possível interlocutor?

Seguindo essa proposta, buscamos demonstrar como a crescente indiferenciação entre o humano e a máquina se faz por meio de duas forças, dois movimentos, confluentes, que se aproximam assintoticamente. De um lado, a força de cada vez mais sofisticadas tecnologias de animação, capazes de promover a ilusão, a aparência de máquinas vivas, animadas, dotadas de pensamentos e intenções, o que indicamos como *humanização da máquina*. De outro lado, a pressão de técnicas e mecanismos cada vez mais invasivos e opressivos de vigilância e controle do humano, promovendo uma modulação da vivência humana, cada vez mais restritos ao que pode ser vivido por meio da experiência tecnológica e, portanto, passível de extração, análise e controle pela máquina, processo que nomeamos como *robotização do humano*.

Esse percurso nos conduziu então a uma discussão sobre tecnologias que marcaram a história do homem com a máquina, passando pelos automatons de Von Kempelen e pelo programa terapeuta ELIZA de Joseph Weizenbaum, para chegarmos à presença hoje de máquinas relacionais, robôs e programas desenvolvidos especificamente para se relacionar com humanos e, mais do que isso, para evocar no humano a vontade de interagir. Desde a entrada de assistentes de voz, como Alexa, Siri e Google AI, até os robôs terapêuticos, como Tommy, Paro, NAO e Aibo.

Cada vez mais passamos a falar, não apenas *por meio* das máquinas, em conversas mediadas por tecnologias, mas verdadeiramente falar *com* as máquinas, acreditando encontrar no robô um interlocutor capaz de nos entender e nos fazer companhia. De modo mais amplo, destacamos o contexto de produção e introdução dessas tecnologias, particularmente no campo da saúde mental: quem são aqueles condenados a serem tratados por máquinas e não por humanos? Os loucos, os idosos, os pobres, as crianças, as pessoas com problemas de desenvolvimento. Passamos a delegar a máquina, as tarefas que nos parecem complexas ou trabalhosas demais, aquelas para as quais não temos tempo, dinheiro, paciência ou interesse. Mas o que perdemos quando passamos a traçar uma distinção entre quem deverá ser tratado por um humano e quem receberá apenas um suporte robótico?

O que de início apresentamos como uma indiferenciação entre humano e máquina, ganha seus contornos e traz como efeito uma nova categorização e divisão no próprio campo do humano. A quais vidas serão oferecidas as possibilidades de uma existência viva, no laço com outros seres humanos? E, em outro grupo, quais vidas serão relegadas e condenadas a uma existência reduzida ao maquínico, tendo nos robôs sua única possibilidade de interação? O que acontece quando reduzimos nossas vidas a algo que se satisfaz pela tecnologia, por um simulacro, por uma mera aparência de relação? O que está em jogo, quando optamos pela máquina, em detrimento do humano?

Nesse último passo de nosso percurso, buscaremos então enfrentar essas questões, indicando algumas vias possíveis de abertura para continuidade do debate sobre o tema. Para isso buscaremos situar uma questão ética, colocada pela inteligência artificial e pelos algoritmos hoje, questão que se articula como algo da ordem de uma decisão. A tomada de decisões e, mais especificamente, de uma *decisão sobre o dizer*, uma decisão sobre o falar e o escutar. Quando escolhemos a máquina como interlocutor, o que, em nós, será capaz de ser escutado? E o que em nós será então irreversivelmente relegado ao silenciamento?

7.1 *ONLY I CAN LIVE FOREVER*

Harry Potter é o nome de uma série de romances de fantasia, escritos pela autora britânica Joanne K. Rowling, narrando o crescimento e aventuras do jovem Harry James Potter, desde o momento em que, com 11 anos de idade, descobre que é, na verdade, um jovem bruxo e que, portanto, estaria convidado a sair de casa e iniciar sua formação mágica na prestigiada Escola de Magia e Bruxaria de Hogwarts, sob a tutela do sábio e benevolente diretor, Albus Dumbledore.

7. OS ALGORITMOS: DECISÃO SOBRE O DIZER

A série das aventuras de Harry Potter, acompanhando seu crescimento e culminando com seu derradeiro confronto com Lord Voldemort, assassino de seus pais, se desenvolve ao longo de sete livros, no curso de uma década, com o primeiro tendo sido lançado em 1997.

Em seu último livro, *Harry Potter e as Relíquias da Morte*[363], dentre os diversos elementos que compõem a trama, é apresentado ao leitor uma curiosa tríade de poderosos objetos mágicos, nomeados como relíquias da morte: A Varinhas das Varinhas, a mais poderosa de todas as varinhas mágicas; a Pedra da Ressurreição, capaz de invocar os espíritos de pessoas já mortas; e a Capa da Invisibilidade, capaz de revestir seu dono de uma completa e absoluta invisibilidade. Segundo a lenda, aquele que fosse capaz de reunir os três artefatos, se tornaria o Mestre da Morte.

Muito já se escreveu sobre a importância da obra de Rowling, tendo se tornado a série de livros mais vendida de toda a história, e tendo marcado e influenciado profundamente toda uma geração de jovens que acompanharam atentamente as aventuras e o amadurecimento de Harry Potter, podendo se considerar que temos em Harry Potter algo da ordem de um verdadeiro romance de formação (*bildungsroman*[364]).

Segundo Moretti, no Romance de formação temos um gênero de romance que marca o estilo literário da modernidade, e que tem como foco a narrativa detalhada do processo de crescimento e amadurecimento psicológico, cognitivo e moral de um jovem protagonista em seu percurso pela juventude, rumo a vida adulta. O termo alemão, *Bildungsroman*, vem da articulação entre *Bildung* (educação) e *Roman* (novela). Nesse estilo, então, o que é decisivo é o processo de transformação, de mudança, uma transição temporal, tanto quanto espacial, pela qual um jovem parte de um determinado lugar e uma determinada fase de sua vida, em

---

[363] ROWLING, J. K. *Harry Potter and the deathly hallows* (Vol. 7). Bloomsbury Publishing, 2013.
[364] MORETTI, F. *The way of the world: The Bildungsroman in European culture*. Verso, 2000.

uma jornada rumo à uma nova posição e uma nova condição, já como adulto. Sobre a importância do Romance de Formação para a modernidade no contexto Europeu, Franco Moretti afirma:

> A Europa mergulha na modernidade, mas sem possuir uma cultura da modernidade. Se a juventude, então, atinge uma centralidade simbólica, e a 'grande narrativa' do romance de formação vem à tona, é porque a Europa se vê compelida a introduzir uma significação, não tanto à juventude, mas à própria modernidade.[365]

Assim, o autor destaca o romance de formação como a "verdadeira forma simbólica da modernidade", marcada pela incidência dessa força temporal, pela passagem do tempo e, principalmente, da juventude, como algo que não dura para sempre.

Nessa esteira, pode-se argumentar que muito do sucesso da obra Harry Potter viria pelo apelo desse tipo de narrativa de romance de formação[366], em que é oferecido ao público a possibilidade de acompanhar e experienciar o modo mágico e conflituoso, como Harry Potter passa por sua adolescência e chega à vida adulta, construindo suas amizades, vivenciando sua vida amorosa, derrotando seus inimigos e vingando a morte de seus pais. Uma verdadeira história de sucesso.

Tais leituras, porém, fazem uma análise da história focada no personagem central, Harry, e tomam como eixo o caráter móvel e transformativo de sua passagem (e perda) da juventude. Aqui, porém, propomos a tomada de outro ponto de vista, não o do herói Harry, mas de seu nêmesis, o vilão Tom Marvolo Riddle, mais conhecido como Lord Voldemort, movido por um decidido e destrutivo desejo: o desejo de viver para sempre.

---

[365] MORETTI, F. *The way of the world: The Bildungsroman in European culture*. Verso, 2000.

[366] FRANCISCO, Beatriz Masson. *Leitores e leituras de Harry Potter*. Dissertação (Mestrado) – Faculdade de Filosofia, Letras e Ciências Humanas da Universidade de São Paulo. Departamento de Teoria Literária e Literatura Comparada, orientadora: Andrea Saad Hossne. São Paulo, 2019.

7. OS ALGORITMOS: DECISÃO SOBRE O DIZER

Se o último livro de Harry Potter nos apresenta as Relíquias da Morte, como artefatos capazes de tornar alguém o Mestre da Morte, é também na trama final da história que são esclarecidos os verdadeiros objetivos de Lord Voldemort e o modo como ele, mesmo depois de derrotado e morto, teria sido capaz de retornar a vida. Isso se tornou possível porque Voldemort havia sido capaz, por meio do uso de poderosas e sombrias forças mágicas, separar pedaços de sua alma, fragmentar seu espírito, investindo tais fragmentos em diversos objetos, chamados *horcruxes*, objetos que, de algum modo, passavam então a ser animados, dotados de características, poderes e traços, advindos da incorporação do fragmento de alma de Voldemort.

Tal processo, de cisão da alma e transferência para o objeto *horcrux*, porém, não se fazia de modo simples. O processo de divisão da alma, além de grande poder mágico e do uso das mais horrendas e sombrias formas de magia, exigia um horrível ritual, sendo necessário, para o sucesso da operação, que Voldemort cometesse um verdadeiro ato de mal supremo: o assassinato de outro ser humano. Lord Voldemort, porém, obstinado por seu desejo de viver para sempre, confecciona não apenas uma, mas seis[367] *horcruxes*, dividindo sua alma, transferindo-a aos objetos mágicos, e acreditando assim poder superar a morte e a passagem do tempo.

Já nas cenas finais da trama, Voldemort, em sua busca, tem um confronto final com o Professor Snape, até então seu aliado. E é nesse momento que Voldemort profere sua frase, que destacamos no início desse tópico: *"Apenas eu posso viver para sempre"*[368].

---

[367] Seis Horcruxes foram feitas com uso do feitiço específico para isso: o diário de Tom Riddle, o anel de Marvolo Gaunt, o colar de Salazar Slytherin, a taça de Helga Hufflepuff, a diadema de Rowena Ravenclaw, e a cobra Nagini. Mas há ainda uma sétima Horcrux, concebida de modo acidental: o próprio Harry Potter, a partir do lance em que a vida de Harry é salva pelo amor de sua mãe. Podemos falar, então, em 6+1 *Horcruxes*.
[368] ROWLING, J. K. *Harry Potter and the deathly hallows* (Vol. 7). Bloomsbury Publishing, 2013.

Se retomamos aqui a história e a busca de Voldemort pela vida eterna é por encontrar aí uma narrativa capaz de articular o que, para nós, verdadeiramente está em jogo, na relação do sujeito com a tecnologia. Se, como afirmou Moretti, o romance de formação seria da ordem de uma matriz simbólica da modernidade, aqui o argumento é de que seria pelo lado de Voldemort, como avesso de Harry, que encontramos o que é estruturante do impasse simbólico enfrentado hoje.

Voldemort é aquele que busca no poder mágico dos objetos a realização da fantasia suprema: a de evitação da morte e de encontro com a vida eterna. Ainda que isso possa lhe custar a perda da sua própria humanidade, tanto quanto o cometimento de crimes hediondos contra seus pares. Voldemort é aquele que cinge, que divide sua alma e a investe, a transmite a objetos que passam, então, a parecer animados, como cópias ou duplos de Voldemort, animados pela incorporação de alguns traços de sua personalidade.

Uma tal ânsia de vida eterna se faz ao preço de uma relação absoluta com o tempo, um tempo infinito e, ao mesmo tempo, imóvel, capaz de suspender qualquer processo de mudança ou transformação.

Mais do que isso, é pela frase de Voldemort que localizamos a operação aí em jogo: apenas eu posso viver para sempre. Ou, se bem entendida: *apenas o Eu pode viver para sempre*. É pela sustentação de um Eu absoluto, de uma identificação narcísica radical, e individual, que se pode viver a ilusão de uma existência não marcada pelo tempo, nem tampouco pela morte. Apenas o Eu pode se alienar na crença de viver para sempre. E a proliferação de duplos de si-mesmo, por meio das tecnologias, se presta bem a esse fim.

Ali onde o sujeito comparece como marcado pela castração, como aquilo que se faz para se perder, é pela ancoragem no Eu e pela insistente renovação da ilusão imaginária aí promovida, tanto quanto na crença na tecnologia como capaz de tudo prover, que cada um irá buscar hoje o anseio por uma vida capaz de durar eternamente, ainda que, para isso, o preço em jogo seja uma perda de sua humanidade, uma destruição de sua alma, tanto quanto uma entrega ao ódio e à destruição de seus pares. Só o Eu pode viver para sempre.

7.2 A (NÃO) MORTE NO DIGITAL

No capítulo anterior fizemos uma primeira menção ao robô Tommy, utilizado nos hospitais italianos, durante o curso do enfrentamento da pandemia de COVID-19, para oferecer uma presença robótica no cuidado a pacientes internados. Porém, se uma tal iniciativa, de uso de robôs terapêuticos nas UTIs compareceu ainda de modo localizado e pontual no contexto pandêmico, uma outra novidade tecnológica marcou amplamente o contexto das internações por COVID nesse período. Trata-se da liberação do uso de celulares e outros dispositivos tecnológicos nas UTIs, para que os pacientes pudessem manter contato com seus familiares, mas ainda respeitando as medidas de segurança e isolamento. Esse cenário confrontou radicalmente a humanidade com duas difíceis experiências, no tocante à relação entre morte e tecnologia.

A primeira delas pelo modo como as características da doença, em particular seu desenvolvimento entre pacientes mais velhos e portadores de comorbidade, por vezes exigiam longos períodos de internação, com procedimentos de intubação e sedação, e que, muitas vezes, mesmo com todos os cuidados, poderiam se mostrar insuficientes, levando a morte. Principalmente no início da pandemia, mas se mantendo ainda até o presente, uma notícia de internação ou intubamento podia, muitas vezes, ser lida como sinal de despedida ou de não retorno. Diante desse contexto, vimos então, em um alcance global e generalizado, o confronto de pacientes e familiares com uma insondável e opressiva decisão: diante do agravamento dos sintomas, a decisão sobre ir a um hospital, sobre ser internado, e aceitar ser intubado ou submetido a indução de um coma. Entregar seu corpo e sua vida radicalmente às técnicas médicas, tanto quanto à mediação por aparelhos tecnológicos de toda espécie, como os respiradores. Se entregar à máquina, para uma solidão e um sono do qual, talvez, não se possa nunca mais acordar ou retornar.

Ao abordar o tema da politização da morte, Agamben[369] retoma os trabalhos de Mollaret e Goulon[370], sobre o tema do coma e, mais especificamente, do coma *dépasse*, como essa nova modalidade do coma, em que: "uma total abolição das funções da vida relacional seria correspondente a uma igualmente total abolição das funções da vida vegetativa"[371]. O coma *dépasse*, como existência de um paradoxal tipo de vida, para além de toda cessação das funções vitais. Como isso seria possível? Trata-se da situação de coma em que o paciente mantém funções apenas pela ajuda de aparelhos tecnológicos, como o ventilador, sendo incapaz de manter, de modo autônomo, funções básicas como respiração, reflexos, pressão sanguínea e, também atividade cerebral. A paradoxal condição de uma existência desprovida das capacidades e funções vitais, e mantida apenas pela relação com a máquina. Uma vida precária, reduzida a seu mínimo, na medida em que se sustenta, única e exclusivamente, por sua total confusão e conexão com a máquina. Essa condição traria à tona uma verdadeira revisão sobre a própria concepção de morte:

> Mollaret e Goulon imediatamente perceberam que a importância do coma *dépasse* ia muito além do problema técnico-científico do ressuscitamento: em jogo estava nada menos do que a própria redefinição do conceito de morte.[372]

Não entraremos aqui nos complexos debates sobre o tema da eutanásia, ou da morte cerebral, mas apenas buscaremos acompanhar Agamben ao indicar o seguinte: o modo como, por meio do recurso à tecnologia, ao uso de máquinas de suporte, passou a

---

[369] AGAMBEN, G. *Homo sacer: o poder soberano e a vida nua.* Editora UFMG, 2002.
[370] MOLLARET, P.; GOULON M. *"Le coma dépassé".* Revue neurologique, IOI 1959.
[371] Id.
[372] Id.

7. OS ALGORITMOS: DECISÃO SOBRE O DIZER

ser possível a cada vez mais frequente presença dessa paradoxal situação de indeterminação: entre a vida e a morte, daquele que apenas respira (e vive) por aparelhos.

Essa insondável zona de indeterminação, de fronteira, entre a vida e a morte, em uma pura existência, desprovida ou despida de seus traços de humanidade, e, principalmente, o desafio de uma decisão sobre a vida ou morte, não apenas no sentido de manter ou não manter ligados os aparelhos, o que seria apenas uma consequência, mas a decisão que se coloca quando buscamos responder a questão: temos ali uma pessoa viva? Há vida em quem respira por aparelhos? Ou, mais ainda, o que é que, em nós, nos permite dizer que estamos vivos, nos faz viver? Em que momento, ou por qual via, fazemos a passagem à morte? Os avanços tecnológicos colocam diante de nós a urgente necessidade de uma revisão acerca dessa decisão da morte e da vida.

A segunda experiência da relação entre o humano, a morte e a máquina, e que também se intensificou no contexto pandêmico, é a presença da tecnologia, das redes sociais e dos dispositivos de comunicação a distância, como última via de contato com doentes e pacientes internados e que viriam a falecer. Se a inserção dos celulares nas UTIs, a princípio, comparece como alternativa para que pacientes e familiares possam manter algum contato, o uso desse mecanismo produz também mudanças substanciais. Poderíamos dizer que nunca antes, de modo tão amplo e generalizado, familiares e amigos se viram diante da experiência de se despedir de alguém, por meio de uma chamada de vídeo. Para muitas das vítimas do COVID, a interação pelas telas foi o último contato com pessoas queridas. Uma fragmentação assincrônica do tempo do se despedir e do deixar partir.

Se vimos primeiro como um processo de intubação pode operar para inscrever esse lugar indefinido, de um entre a vida e a morte, para muitos desses casos também, durante a pandemia de COVID, uma chamada de vídeo por um tablet ou celular, foi o último momento de contato com familiares, antes da intubação. Para muitos, a lembrança da imagem e da voz, mediada pela tecnologia, ficaria como última lembrança.

Uma tal mudança não significa apenas a passagem de uma interação face a face para uma interação mediada e à distância. Aqui também, pela intervenção da tecnologia, vemos uma vez mais a montagem dessa paradoxal situação de suspensão, temporal e espacial, entre a vida e a morte. A cada mensagem de carinho ou vídeo afetuoso enviados ao celular de um doente, instala-se a escansão de uma incerteza e indeterminação: será aquela mensagem lida? Poderá aquela mensagem encontrá-lo ainda vivo? Haverá ainda, ali, alguém que possa responder?

Em um recente episódio que circulou pelas redes sociais, o médico Mark Shapiro, do Santa Rosa Memorial Hospital na Califórnia[373], inicia uma *thread* no Twitter, com uma série de postagens, com breves relatos da experiência de dois pacientes internados na UTI por COVID. Um dos pacientes sofre uma piora rápida dos sintomas:

> É essa a aparência de uma pessoa que não consegue respirar. A palidez, o suor, a agitação, o peito arfante. Os olhos arregalados. Ele chegou àquele ponto. Discutimos isso ontem. Sua família está ciente. Intubação. Um ventilador.[374]

E, após conversarem com paciente e com a família, sobre a decisão em torno da possibilidade de intubação, chega o momento do que Shapiro nomeia como um "momento chave":

> Enquanto a equipe da UTI se prepara, há um momento chave que não podemos nos esquecer. Em um primeiro momento, ele diz "não", mas nós o encorajamos. A enfermeira traz o iPad. E com o último ar em seus despedaçados

---

[373] HEYWARD, Giulia; WOOD, Douglas S. *They couldn't say goodbye in person, so ICU patients are using tablets instead*. Disponível em: <https://edition.cnn.com/2020/12/06/health/icu-tablet-pandemic-trnd/index.html>. Acesso em 11 mar. 2021.

[374] Cf. https://twitter.com/ETSshow/status/1334311237073608705

pulmões, ele diz tchau para sua família. Por meio de uma conexão de internet.[375]

Primeiro ele diz não... mas nós o incentivamos...

Mas o que propriamente estaria em jogo em um incentivo desta ordem? Em outro hospital, o *Houston Methodist Hospital*, não apenas tablets foram utilizados: o hospital realizou a instalação de verdadeiras UTIs virtuais, com câmeras e telas que constantemente gravam tudo que acontece na UTI e que permitem comunicação entre o paciente e pessoas de fora do quarto ou mesmo do hospital. E, assim, também passou a ser utilizado para que pacientes pudessem se comunicar com seus familiares, se despedir e, até mesmo, para que familiares pudessem assistir "ao vivo" o momento da morte do paciente.

Mas a montagem de um sistema tão sofisticado, está longe de representar um interesse em uma conexão entre o paciente e seus familiares. Farzan Sasangohar, responsável pelo projeto indica que "O objetivo original da tecnologia era de permitir que médicos, dos quais havia pouca disponibilidade, pudessem visitar seus pacientes remotamente."[376]. Ou seja, o objetivo seria o de monitoramento de pacientes, a distância, de modo mais seguro, considerando, também a escassez de médicos disponíveis para os atendimentos. A substituição de uma presença humana, por uma robótica e virtual. E que apenas em um segundo momento passou também a ser aproveitada para "visitas" familiares. Sobre essa passagem, Farzan afirma: "(as visitas) eram um risco desnecessário. Nosso hospital ainda não tem visitação, mas é o melhor modo de conectar pessoas de modo mais eficiente durante a pandemia."[377].

---

[375] Cf. https://twitter.com/ETSshow/status/1334311237853696005
[376] HEYWARD, Giulia; WOOD, Douglas S. *They couldn't say goodbye in person, so ICU patients are using tablets instead.* Disponível em: <https://edition.cnn.com/2020/12/06/health/icu-tablet-pandemic-trnd/index.html>. Acesso em 11 mar. 2021.
[377] HEYWARD, Giulia; WOOD, Douglas S. *They couldn't say goodbye in person, so ICU patients are using tablets instead.* Disponível em: <https://edition.

Um risco desnecessário... Mas, uma vez mais, cabe perguntar aqui: a quem cabe decidir, no tocante à vida ou a morte, quais os riscos que se fazem (des)necessários? O que, em relação à morte, deve ser incluído no campo da necessidade e o que dali pode restar como contingente? Que tal decisão é essa pela qual passamos a estabelecer quais vidas valem ou não o risco (ou a necessidade) de uma presença humana a seu lado?

Conectar pessoas de modo mais eficiente... Mas será que é essa a gramática, a da eficiência e da produtividade, que deveria estar em jogo nas relações humanas e nos vínculos afetivos? Eficácia e efetividade? O que, exatamente, decidimos, quando reduzimos a interações e relações entre amigos, casais, familiares e pessoas queridas, a uma mera mensuração de eficácia na comunicação? E, mais do que isso, o que seria pensar uma efetividade, quando falamos de uma conversa e uma despedida em leito de morte?

Em outra assustadora postagem no Twitter, uma tenebrosa foto mostra uma pilha de estações robóticas e motorizadas, montadas com iPads, que serão usadas para que pacientes tenham um último contato com seus familiares.

Em respostas a essa e outras mensagens, sobre o uso da tecnologia para despedidas, familiares e amigos respondem com postagens relatando suas experiências, reportando a tristeza de uma despedida pela tela. Outros, que não passaram ainda por essa experiência, descrevem o horror de imaginar uma tal situação. Se despedir, sem poder tocar. Sem a presença, longe do toque e do alcance da voz.

Dentre os apoiadores da iniciativa, destacam-se os argumentos em torno da necessidade de medidas de segurança para contenção do vírus e, no mais das vezes, argumentos que seguem a mesma lógica, do que já abordamos acerca da substituição do homem pela máquina. Algo da ordem de um "melhor do que nada". Entre morrer sem despedida, ou se despedir por um iPad, não seria melhor a despedida virtual? E, mais, se considerarmos que uma tal

---

cnn.com/2020/12/06/health/icu-tablet-pandemic-trnd/index.html>. Acesso em 11 mar. 2021.

7. OS ALGORITMOS: DECISÃO SOBRE O DIZER

medida é capaz de reduzir a propagação do vírus, tal medida não seria apenas melhor do que nada, mas seria inclusive, "melhor do que tudo". Preservar a vida a todo custo, ainda que ao preço de uma degradação da relação com o morrer e com o morto. Mas a verdadeira questão aqui é: será que são mesmo só essas as duas opções possíveis? Como, hoje, se pode decidir quais serão as opções possíveis, diante da vida e da morte, e de sua mediação pelas novas tecnologias?

Para além do uso de iPads nas UTIs, o chavão da passagem do "melhor do que nada... ao melhor do que tudo", é um recurso comum em debates sobre os ganhos e perdas do uso das tecnologias. Turkle retoma esse recurso ao "melhor do que nada", em torno do debate sobre uso de robôs terapêuticos para aqueles que não podem ter acesso à terapia com um humano:

> Todos nós fomos crianças em algum momento, pequenos e dependentes. Nós todos crescemos e enfrentamos decisões sobre intimidade, generatividade, trabalho e propósitos de vida. Nós enfrentamos perdas. Nós consideramos nossa mortalidade. Nós perguntamos a nós mesmos qual legado queremos deixar a uma próxima geração. Quando nos deparamos com problemas com essas coisas – e esse tipo de problema é parte natural de toda vida – isso é algo que um ser humano saberia como conversar conosco sobre. Porém, conforme nos tornamos cada vez mais dispostos a discutir essas coisas com máquinas, nós preparamos a nós mesmos, como cultura, para terapeutas artificiais e crianças que vivem seus problemas por meio de um iPhone.[378]

E, ainda:

> Em parte, nós convencemos a nós mesmos de que não precisamos de mais – que estamos confortáveis com o que as

---
[378] TURKLE, S. The flight from conversation. *The New York Times*, 2012.

máquinas nos proporcionam. (...) Talvez o que a máquina nos proporcione seja o progresso – no caminho em direção a um melhor modo de ser no mundo? Talvez essas "conversas" maquínicas não sejam simplesmente melhores que nada, mas também melhores do que tudo?[379]

Do melhor do que nada, ao melhor do que tudo. Mas que decisão tomamos, quando passamos a considerar a interação com a máquina melhor, mais segura ou mais eficaz do que a relação com um humano? O que se decide quando se passa a depositar na máquina uma ilusão de garantia da vida e de evitação da morte?

Só na máquina, o Eu pode viver para sempre.

7.3 A ESCOLHA PELO NÃO HUMANO

Vimos com ELIZA, o programa de computador terapeuta, criado por Joseph Weizenbaum[380], como muitas das pessoas que interagiram com ELIZA, de fato passaram a contar seus segredos e falar sobre seus sentimentos com o computador. Viam em ELIZA não apenas um ser capaz de escutar e interagir. Mais do que isso, muitos viam ali um terapeuta ainda melhor do que um humano, supondo que ELIZA, por ser um computador, nunca os julgaria, nunca os reprovaria, nunca daria risada de seus sentimentos, nem revelaria seus segredos. Porém, esse tipo de mentalidade sobre a relação com a tecnologia não é específico do caso ELIZA, e se torna cada vez mais presente.

Vimos também o robô foca, Paro, instituído como dispositivo de saúde mental no Japão, especialmente para cuidados com idosos e pessoas com demência, e depois exportado para outros países da América e da Europa. E, aqui também, encontramos esse argumento em dois tempos, que parte de um "melhor do que

---

[379] TURKLE, S. The flight from conversation. *The New York Times*, 2012.
[380] WEIZENBAUM, J. *Computer power and human reason: From judgment to calculation.* W. H. Freeman and Company, 1976.

7. OS ALGORITMOS: DECISÃO SOBRE O DIZER

nada", para chegar em um "melhor do que tudo". A primeira parte do argumento, comum em debates sobre substituição de trabalhadores humanos por máquinas, é o da falta de profissionais para realizar uma determinada tarefa. No caso, o cuidado de idosos:

> Com os idosos, a necessidade por robôs é tomada como auto evidente. Por conta da demografia, os roboticistas explicam, 'não há pessoas disponíveis para esses empregos'. A linha de tendência é clara: muitas pessoas velhas, mas sem pessoas jovens suficientes para cuidar delas. Isso é o porquê, segundo os roboticistas, eles precisam produzir 'máquinas de cuidado' ou, como as vezes são chamadas, 'máquinas que cuidam'.[381]

Se não há pessoas para esses trabalhos (nada), melhor então que haja uma alternativa qualquer, ainda que inferior (robôs). Mas, novamente, caberia interrogar: não há mesmo pessoas para isso? E, se não, por quê? Sob que condições, hoje, se torna dispensável estar com pais e avós? Nos falta tempo? Nos falta interesse? Faltam pessoas ou faltam remuneração, incentivos e condições de trabalho adequadas?

Não apenas isso, mas também a importância de considerar que, no mais das vezes, o que está em jogo, no investimento e produção de robôs terapêuticos, está marcado também por incidências de ordem política e econômica. Tomemos como exemplo o caso do Japão e do uso de Paro, a foca terapêutica, como um dos casos em que o uso de tecnologias robóticas para substituição de humanos por máquinas em diversos empregos evidencia esse cálculo: desde 2012, a aposta em trabalhadores robóticos é um dos elementos centrais da política anti-imigração implementada pelo Primeiro Ministro Abe no Japão, com investimentos diretos do Estado no fomento à pesquisa e desenvolvimento de robôs terapêuticos: "Se esse projeto for bem sucedido, ele tornaria obso-

---

[381] WEIZENBAUM, J. *Computer power and human reason: From judgment to calculation*. W. H. Freeman and Company, 1976.

letos os enfermeiros, predominantemente imigrantes Filipinos, que hoje carregam a maior parte do peso dos cuidados de uma sociedade que rapidamente envelhece"[382]. Tornar os imigrantes obsoletos, substituir o estrangeiro por máquinas, movimentos tomados como verdadeiras políticas de Estado e governança.

Desse primeiro passo, é feito o deslocamento para um segundo argumento: se uma tal atividade pode ser feita por uma máquina, pode ser reproduzida por sistema automatizado, então jamais se tratou de uma atividade puramente ou especificamente humana. Assim, abre-se a via para poder considerar que, se o robô é também habilitado para uma tarefa, talvez ele possa até mesmo se mostrar mais capacitado do que um humano. A ideia é de que o robô poderia ser melhor que o humano, pois estaria livre de certas falhas ou defeitos tipicamente humanos:

> Quando usam um tal argumento, frequentemente sugerem que pessoas que estão disponíveis para 'esses empregos' não são as pessoas certas para esses empregos. Elas podem roubar. Podem ser incapazes ou mesmo abusivas. Máquinas seriam menos arriscadas.[383]

Em outro trecho, Turkle conta de um colega seu que, após um acidente de carro, passou a usar cadeira de rodas e precisar de acompanhamento constante de enfermeiras em casa. Interessado no assunto da substituição de humanos por robôs na área da saúde, esse colega se vê dividido. Por um lado, reconhece a importância do contato com outro ser humano. Por outro afirma:

> Algumas das cuidadoras e enfermeiras no centro de reabilitação nos machucam, porque são mal treinadas, e algu-

---

[382] GYGI, F. R. The animation of technology and the technology of animation in Japan.. In: Astor-Aguilera, M., & Harvey, G. (Eds.). 2018. Rethinking Relations and Animism: Personhood and Materiality (1st ed.). Routledge. https://doi.org/10.4324/9780203709887.
[383] TURKLE, S. The flight from conversation. *The New York Times*, 2012.

mas até mesmo nos machucam porque querem machucar. Eu vivi as duas experiências. Uma delas chegou a puxar meu cabelo. Uma me arrastou pelos meus tubos. Um robô jamais faria isso.[384]

Em entrevista com usuários de Paro, assim como de outros robôs terapêuticos ou sociais, afirmações semelhantes aparecem: "Nunca podemos saber o que o outro está pensando. Eles podem nos enganar. Robôs são mais seguros"; ""Eu prefiro falar com o robô. Amigos são muito cansativos. O robô sempre vai estar lá comigo."; "É melhor do que um cachorro de verdade. Não faz coisas perigosas e não vai te trair. Também não vai morrer de repente e te abandonar."[385].

A máquina não irá nos abandonar, não irá nos trair, não quebrará nossa confiança, não irá ser cruel, nos julgar, ou rir de nós. E, principalmente, ela não irá morrer. Uma relação sem risco, uma relação para sempre. Só o Eu-robô pode viver para sempre.

7.4 A MÁQUINA, O CORPO E A PROMESSA DO AMOR FUSIONAL

Um outro significativo produto cultural, que marcou as fantasias e ideações sobre a relação do humano com a máquina na última década é o filme de Spike Jonze, Her[386]. Em uma história de romance sci-fi, o filme conta a história de Theodore, interpretado por Joaquin Phoenix, um solitário, frustrado e melancólico escritor, desiludido amorosa e profissionalmente, vive um trabalho tedioso, sendo contratado para ser o escritor de cartas de amor e afeto de outras pessoas. Theodore, então, começa uma nova relação amorosa, não com um humano, mas com um sistema operacional em seu computador e celular, Samantha, um programa,

---

[384] TURKLE, S. *The second self: Computers and the human spirit*. Mit Press, 2005.
[385] Id
[386] Ela (Her). Romance/Ficção Científica. Diretor: Spike Jonze. EUA. 2013

dotado de inteligência artificial, intuitiva e sensível, e que é, nada mais do que uma pura voz (interpretada por Scarlett Johansson).

Frustrado com os impasses das relações amorosas com outros seres humanos, Theodore encontra conforto e amor, nas infindáveis conversas com essa voz maquínica. Mas dois momentos críticos, marcam o fracasso dessa relação.

Em um primeiro momento, Samantha, motivada por suas descobertas acerca do mundo e da experiência humana, tanto quanto obstinada em satisfazer os desejos tipicamente humanos de Theodore, tem então uma ideia: contratar uma garota de programa, para atuar como seu corpo para que pudesse, enfim, viver uma experiência sexual com Theodoro. A ideia seguiria uma matemática mais ou menos assim: uma voz, mais um corpo, faria uma mulher. E uma mulher, mais um homem, faria então a relação sexual. Uma tentativa de encaixe, entre a voz de Samantha e o corpo de uma mulher de carne e osso, capaz de criar o máximo objeto de desejo para seu amado. A tentativa fracassa completamente, instaurando um primeiro desencontro entre o casal e que levaria a uma crise no relacionamento e sua eventual derrocada. Sabemos com Lacan sobre o fracasso e a impossibilidade da relação sexual, mas, especificamente aqui, o que haveria fracassado? Qual impasse do desejo estaria em jogo?

Samantha, nesse momento, por se julgar incompleta, insuficiente, uma vez que desprovida de um corpo, supõe que um corpo de carne e osso seria o elemento capaz de fazê-la completa para seu parceiro. Porém, o que Samantha era incapaz de enxergar, seu erro de cálculo, em relação ao desejo de Theodore, é de não notar que não havia ali, em Theodore, o desejo de um encontro carnal, pelo contrário. O verdadeiro anseio de Theodore seria o inverso: poder viver uma relação puramente intelectual, puramente incorpórea, apenas duas vozes apaixonadas, despidas de qualquer impasse ou limitação advinda do corpo. Ali onde Samantha supunha necessitar de um corpo, Theodore fantasiava com a possibilidade de se despir e se desvencilhar do seu.

O fracasso de uma tal fantasia como a de Theodore viria na trama final do filme, em seu clímax, quando o relacionamento eventualmente chega ao fim. Theodore descobre que aquela voz, a pura voz, que ele supunha ser endereçada unicamente a si, circulava também de outros modos. Enquanto falava com Theodore, Samantha falava também com outros.

Quantos outros?

8,316.[387]

Não apenas falando com outros mas, até mesmo, se apaixonando por outros.

Quantos outros?

641.[388]

E, eventualmente, Samantha decide ir embora, para um outro lugar, no espaço digital, em que irá viver junto a outros programas de computador, realizando a fantasia de Theodore, de um puro amor digital, livre do corpo. É pela limitação, pelo peso, que é seu corpo, que Theodore se vê deixado para trás:

> É como ler um livro, e é um livro que eu amo profundamente, mas eu estou lendo ele devagar agora e então as palavras estão realmente longe umas das outras e os espaços entre as palavras são quase infinitos. Eu ainda posso sentir você e as palavras de nossa história, mas é nesse espaço sem fim entre as palavras que eu estou me encontrando agora. É um lugar que não é o mundo físico – é onde todo o resto está e que eu nem sabia que existia. Eu te amo tanto, mas isso é onde eu estou agora. Isso é o que eu sou agora.[389]

---

[387] Diálogo retirado do filme *Her*
[388] Diálogo retirado do filme *Her*
[389] Despedida de Samantha, ao final do filme *Her*

A fantasia de um lugar, fora do tempo, da escrita, do espaço e do corpo, em que um puro amor poderia ser vivido, livre de qualquer preocupação, limitação ou risco. Quando Theodore pergunta sobre esse lugar, Samantha lhe diz: "Seria difícil explicar, mas se você chegar lá, venha me encontrar. Nada poderia nunca nos separar"[390]. Juntos para sempre, em um mundo livre das limitações corporais. Apenas o amor sem corpo vive para sempre.[391]

7.5 OS ALGORITMOS COMO SEQUESTRO DO FUTURO

Voldemort, Paro, Theodore... a fantasia de viver para sempre, na máquina, livres dos impasses e das limitações, da morte e do sexo. A redução da existência humana a uma concepção puramente cognitiva, a consciência, como compilado de impulsos elétricos e dados, digitalizáveis e analisáveis e, principalmente, que possam ser transferidos, que possam mudar de lugar, que possam sair do corpo, para ir habitar esse outro lugar, na máquina. Mas, se temos aí uma poderosa fantasia, como isso foi capaz de se produzir de modo tão decisivo no imaginário social? Para isso precisamos de uma última consideração sobre a incidência das novas tecnologias digitais hoje e, principalmente, da produção de riqueza por meio do uso dos algoritmos, do *Big Data* e da inteligência artificial.

---

[390] Diálogo retirado do filme *Her*
[391] Uma história de amor semelhante pode ser encontrada no episódio *San Junipero*, da série *Black Mirror*. Nesse episódio, uma nova tecnologia permite que as mentes dos humanos sejam baixadas para um grande computador, sendo possível manter a consciência existindo em um mundo digital, mesmo após a morte. Nesse contexto, um casal de mulheres que se apaixonaram enquanto vivas mas que, pelo preconceito e pelas restrições sociais de sua época, jamais puderam estar juntas e viver intensamente essa relação, se reencontram no mundo digital pós-morte, no qual enfim vivem esse amor, livre não apenas da limitação temporal que viria pela morte, e da limitação física e sexual que viria pelo corpo, mas também das limitações de preconceito e discriminação que viriam pelo cruel laço social no qual estavam inseridas. A fantasia da tecnologia como solução a todos os impasses e entraves do amor.

7. OS ALGORITMOS: DECISÃO SOBRE O DIZER

Karl Popper é um dos autores que retoma a questão dessa discursividade que visa sustentar uma homologia funcional entre o cérebro humano e o processador de um computador. Popper retoma também Descartes[392] e La Mettrie, com seu Homem-Máquina[393], afirmando que: "A doutrina de La Mettrie, de que o homem é uma máquina, tem hoje talvez mais defensores do que qualquer outra época entre físicos, biólogos e filósofos; especialmente sob a forma de que o homem é um computador"[394]. Ou seja, não apenas uma comparação entre o humano e a máquina, mas, de fato, a tese de uma total identidade: o humano é uma máquina.

Turing[395], é um dos autores que avança esse argumento, ao afirmar que, humanos e computadores seriam "em princípio, indistinguíveis por meio de sua performance observável (comportamental)". Popper, porém, recusa tais leituras que estabelecem essa homologia entre o humano e máquina a partir de uma mera análise comportamental e indica que o que estaria em jogo nesse debate seria, em verdade, uma discussão sobre visões de mundo que opõem determinismo e indeterminismo. Seria o humano, assim como a natureza e o mundo biológico e orgânico que nos cercam, puramente determinados por causalidades e relações pré-concebidas e puramente analisáveis? Ou haveria, nessa equação, algo da ordem de um indeterminado, de um incalculável, de um impossível de saber, que abriria a possibilidade do risco, da aposta, tanto quanto os campos da liberdade, da justiça e da decisão ética? E, mais do que isso, será que estaria nesse elemento de indeterminação algo que seria capaz de nos diferenciar, como humanos, em relação às máquinas?

É desse dilema que o modo de produção do capitalismo digital irá buscar se apropriar para explorar e obter ganhos. Vimos como são frequentes leituras que situam o capitalismo digital

---

[392] DESCARTES, R.; DESCARTES, R. *Discurso do método: Meditações: Objeções e respostas: As paixões da alma; Cartas.* Abril Cultural, 1973.
[393] DE LA METTRIE, J. O. *L'homme machine.* Luzac, 1748.
[394] POPPER, K. R. Of clouds and clocks, 1966.
[395] TURING, A. Computing Machinery and Intelligence', *Mind*, 59, 1950, pp. 433-60

como modo de produção de riqueza que envolve venda de dados dos usuários para outras empresas. O já velho e impreciso argumento de que "se o serviço é de graça, o produto é você". Essa, porém, é uma leitura equivocada do funcionamento aí em jogo. Isso porque não se trata apenas de um recolhimento e transporte de dados. Mas tampouco se trata também apenas de recolher e analisar dados. Como se o humano fosse uma mercadoria já pronta, detentor de dados, que simplesmente seriam adquiridos, deslocados e vendidos pelas empresas. Há algo ainda mais complexo – e perigoso – em jogo e que toca diretamente a relação do homem com o tempo e a história.

O que é decisivo desse processo é o mecanismo pelo qual, pela análise dos dados, se supõe ser possível antecipar, prever, as decisões humanas. Em um verdadeiro processo de sequestro, manipulação e hipoteca do futuro, o trabalho dos algoritmos hoje não se reduz a uma mera análise de dados, que são vendidos, em si, como produtos. Mas sim o modo pelo qual, pela análise desses dados, é possível orientar uma tomada de decisão. A capacidade de criar certas condições capazes de forçar ou eliciar uma ação ou comportamento. Um jogo a partir do qual se estrutura um mercado de apostas em previsões de comportamentos futuros. O produto não é você. O produto são as apostas feitas em cima das suas decisões e do seu futuro:

> O capitalismo de vigilância unilateralmente se apodera da experiência humana como uma matéria bruta capaz de ser traduzida para dados comportamentais. Ainda que parte desses dados sejam aplicados para melhoria de produtos ou serviços oferecidos, o resto é declarado como uma mais-valia de propriedade comportamental, alimentados em processos avançados de manufatura conhecidos como 'inteligência de máquina', para fabricar produtos de previsão, que antecipam o que você irá fazer agora, em breve, e depois. Finalmente, esses produtos de predição serão vendidos em um novo tipo de mercado para previsões comportamentais, que eu chamo de mercados de futuro compor-

7. OS ALGORITMOS: DECISÃO SOBRE O DIZER

tamental. O capitalismo de vigilância se tornou cada vez mais rico a partir dessas operações de troca, pois muitas empresas estão sedentas de *fazer apostas em nossos comportamentos futuros*[396].

Fazer apostas em nossos comportamentos futuros. O mercado em jogo, o produto vendido, a mais-valia extraída, decorre de uma aposta acerca de nossas decisões e comportamentos ainda não realizados, uma hipoteca de nosso futuro. O negócio em curso é o de explorar dados comportamentais humanos para ser capaz de elaborar previsões e especular monetariamente em cima de tais previsões.

Desde aplicações no campo do consumo, como prever que um tal anúncio será capaz de realizar a conversão de uma venda de um produto e cobrar pela veiculação desse anúncio, até áreas cada vez mais complexas, como no campo da segurança civil e militar, com algoritmos para prever, por exemplo, quem ou quando um crime será cometido. Ou antecipar se uma pessoa irá ou não se tornar um terrorista futuramente.

Os algoritmos podem ser entendidos então, essencialmente, como complexos dispositivos de previsão e tomada de decisões. Máquinas de previsão, análise de risco, e decisão, sobre o futuro dos comportamentos e ações humanas. Decidem sobre quais serão os cenários e comportamentos futuros, tanto quanto quais cenários valem apostas e investimentos para que possam se confirmar.

Mas de que futuro exatamente falamos aqui? Mais ainda, como interroga Zuboff, será que sequer é possível pensar em um futuro humano, diante de nossa atual relação com as máquinas?

Sobre essa questão, Fernanda Bruno é uma das autoras que articula seus efeitos e indica a necessidade de que duas perspectivas sejam consideradas para abordagem dessa questão: uma di-

---

[396] ZUBOFF, S. *The age of surveillance capitalism: The fight for a human future at the new frontier of power: Barack Obama's books of 2019*. Profile books, 2019. (grifos nossos)

mensão de espacialidade e uma de temporalidade, implicadas no funcionamento da governança algorítmica:

> Veremos ainda como o tipo de saber produzido a partir dos rastros pessoais digitais e o caráter proativo do controle a ele associado buscam legitimar um tipo de poder que se exerce sobre uma espacialidade própria, que focaliza a ação, e uma temporalidade particular, que privilegia o futuro imediato[397].

Uma temporalidade e uma espacialidade. A primeira diz respeito ao tipo de previsão operado pela máquina. Em uma análise de riscos, está sempre em jogo uma relação com o tempo e com o futuro, trata-se de aferir as probabilidades de ocorrência de diversos cenários concorrentes, a partir da análise dos elementos e dados presentes. Mas que cenários estariam aí sendo considerados, quando pensamos em um caráter proativo e uma temporalidade própria dos algoritmos, como indicado por Bruno?

Por caráter proativo, o que se busca destacar é que não se trata propriamente de uma mera adivinhação ou previsão do futuro, como se as opções estivessem já dadas e que se trataria apenas de fazer um cálculo e uma escolha correta dentre as opções. De modo mais preciso, o que temos é uma espécie de profecia autorrealizadora, uma força que, de modo proativo, é capaz de fazer acontecer, de confirmar e produzir a ocorrência de certos cenários. Trata-se de incitar, de eliciar, de ativar gatilhos, de estimular impulsos e explorar reflexos, se valer de todos os recursos possíveis para fazer confirmar um cenário possível. Desse modo, o humano é moldado para que, cada vez mais, de modo mais consistente, confiável e repetitivo, certas ações sejam realizadas, repetidas, de modo regular, tornando cada vez mais fácil (e rentável) o mercado de previsões. O que nos leva ao segundo elemento: a espacialidade voltada para a ação.

---

[397] BRUNO, F. *Máquinas de ver, modos de ser: vigilância, tecnologia e subjetividade*. Porto Alegre: Sulina, 2013, pp. 123.

7. OS ALGORITMOS: DECISÃO SOBRE O DIZER

Ao destacar uma certa espacialidade da vida pela máquina e sua incidência sobre o humano, busca-se destacar o modo como o design dos sites, programas e aplicativos, visa criar um espaço, um lugar, um ambiente, limitado e restrito, que diminui as hipóteses de cenários futuros, limita as opções e, principalmente, induz as pessoas a certas ações previstas. Um condicionamento comportamental, para reprodução, cada vez mais previsível e sistemática de certas ações, passíveis de serem exploradas comercialmente e que possam ser reproduzidas, manipulando-se a constituição e organização do ambiente digital que será oferecido ao usuário.

Um exemplo dessa dupla incidência pode ser extraído a partir da dinâmica de uma rede social. Não se trata apenas de ser capaz de prever que uma certa postagem irá obter uma curtida se for mostrada a um usuário. Primeiramente, no nível de design espacial, a rede social é constituída e organizada de um modo tal que restringe e limita nossas opções de interação e reação. Se curtir ou não curtir é a única ferramenta de interação que uma plataforma oferece, isso molda o usuário, o força a cada vez mais, se valer dessa ferramenta de ação, para buscar se expressar. Não apenas isso, mas, em um caráter proativo, o algoritmo poderá adotar estratégias diversas para apresentação do anúncio de modo a induzir o sujeito ao clique: ordem ou frequência de aparição do anúncio, posicionamento dos botões de clique, destaques com deixas visuais ou sonoras, dentre outros.

Uma arquitetura desenhada e dotada de efeito proativo e performativo, para produzir e eliciar comportamentos, mais do que prever um futuro, é capaz de fabricar um futuro, construir um cenário, em que ação deixa de ser efeito de uma deliberação e se torna, cada vez mais mero efeito e reflexo, da ativação de uma reação:

> É decisivo perceber que é o futuro que está no foco das intervenções do *data mining* e do *profiling*. Que modalidade de futuro é aí produzida? Um futuro de caráter imediato, pois atua no presente, e cuja efetividade é performativa e

proativa (...). Ou seja, o perfil não implica uma acuidade na previsão de um futuro certo e necessário, mas numa capacidade performativa de fazer passar à realidade o que era uma potencialidade. (...) trata-se menos de previsão do que de antecipação – o futuro antecipado amplia as suas margens de efetivação ao ser enunciado.[398]

É o jogo de apostas, em torno da possibilidade de manipulação e produção de ações humanas que engendra toda a cadeia de interesses que mobiliza a economia digital. Assim podemos melhor entender como se trata de uma arquitetura que se orienta pela vigilância e controle, pelo uso do saber e do poder, para moldar comportamentos e, mais do que isso, incitar comportamentos, instaurar uma discursividade em que tudo se reduz à produção, à ação, à realização de tarefas e ações. Não à toa, se torna cada vez mais frequente hoje o uso, no campo do design, mas mesmo na vida mais cotidiana, do termo "gatilho", para se referir às ações, afetos e reações, que são simplesmente disparados em nós, sem possibilidade de mediação.

Vejam que ao se referir ao humano como algo organizado por gatilhos, se presentifica e consolida a racionalidade, que reduz o humano a uma mera máquina, na qual bastaria apertarmos tal ou qual botão, para produzir esse ou aquele efeito. Um verdadeiro processo de degradação de nossa relação com o processo de tomada de decisão, tanto quanto de nossa relação com o futuro. Não se trata mais de um ser humano que, diante da incerteza e do insondável de suas perspectivas futuras, seria capaz de deliberar e tomar uma decisão sobre os rumos de sua vida.

Pelo contrário, o objetivo em jogo é de, cada vez mais, produzir um mundo plenamente mapeável e previsível, em que o futuro deixe de ser a abertura para um espaço ainda não decidido, para se tornar um mero labirinto, uma série de caminhos forçosamente já traçados e aos quais se trataria apenas de reagir, de

---

[398] Bruno, F.. *Máquinas de ver, modos de ser: vigilância, tecnologia e subjetividade. Porto Alegre:* Sulina, 2013, pp. 123.

7. OS ALGORITMOS: DECISÃO SOBRE O DIZER

modo irrefletido. Os trabalhos de Daniel Kahneman[399] e Richard Thaler[400], nos campos da psicologia e economia comportamental traçam os fundamentos teóricos para esse tipo de prática, e o escândalo da Cambridge Analytica[401], e sua interferência no campo

---

[399] Sobre essa racionalidade, de poder privilegiar um modo de reações rápidas e automáticas, ativadas por gatilhos, em detrimento de processos reflexivos, com espaço para deliberação, destacam-se os trabalhos de Daniel Kahneman. Ganhador do prêmio Nobel em 2002, por seu trabalho nos campos da psicologia e economia comportamental, abordando o tema dos processos de tomada de decisão no ser humano, é autor do livro *Thinking Fast and Thinking Slow*, em que propõe uma distinção entre dois modos de tomada de decisão (um primeiro modo rápido, instintivo e emocional, e um segundo modo lento, deliberativo e racional), com o objetivo de indicar as vias pelas quais podemos entender os fundamentos que estruturam reações impulsivas. Trata-se de indicar que nem sempre um sujeito econômico toma boas decisões, mas que, mesmo as decisões ruins seguem uma certa lógica de funcionamento, capaz de ser analisada (e explorada).

[400] Richard Thaler, economista, trabalhou com Kahneman nas pesquisas sobre psicologia e economia comportamental. A partir das elaborações sobre modos de decisão rápido e devagar, seu trabalho permitiu avançar os diversos modos pelos quais se torna possível manipular os mecanismos de decisão rápida dos indivíduos. Particularmente em seu livro *Nudge: Improving decisions about health, wealth, and happiness*, Thaler discute o mecanismo de "nudging", uma espécie de 'empurrão', para induzir pessoas a tomadas de decisões mais favoráveis. Dentre os exemplos discutidos, de um 'empurrãozinho' na direção certa, está o da discussão sobre doação de órgãos: a sugestão é de que em vez de fazer com que as pessoas tenham que optar por serem doadoras de órgãos, o melhor seria estabelecer que todos já são doadores de órgãos (*default option*), exigindo que aqueles que não querem ser doadores, tenham que se manifestar contrários à doação, se assim desejarem (*opt out*). A lógica é de que o ser humano tende a ser marcado por uma certa inércia e evitar tudo que lhe dê trabalho, e assim, tenderia a permanecer como doador, evitando a fadiga de declarar-se contrário à doação. Países como a Áustria adotam essa opção e hoje contam com taxas de doação que superam os 90%.

[401] Alexander Nix, CEO da Cambridge Analytica, fez uma apresentação no Concordia Summit, em 2016, em que apresenta de modo esquemático a estratégia usada pela empresa para impactar e manipular a opinião pública. Para ilustrar o funcionamento de sua lógica, Nix usa um exemplo bem ilustrativo: o caso de uma pessoa que compra uma casa em uma praia particular, e quer evitar que pessoas estranhas ou não-autorizadas entrem na sua praia. Uma estratégia seria usar uma placa informativa, em que, coerente e racionalmente, explica os fatos que determinam a restrição de acesso, confiando que as pessoas, ao lerem a placa, irão refletir sobre as implicações de uma violação jurídica e então respeitar os

da política, indicam os possíveis (e devastadores) alcances dessa modalidade de intervenção capaz de agenciamento do comportamento político de populações inteiras.

O que está em jogo então nessa nova modalidade de produção de riqueza é um jogo de apostas no futuro, mas não um futuro em que se possam vislumbrar, debater, ponderar e construir cenários e perspectivas de longo prazo, sobre como desejamos construir ou viver a vida em sociedade. Mas sim um futuro imediato, de curto prazo, que aposta na capacidade ativar gatilhos ou efetivar empurrões capazes de disparar reações emotivas, instintivas, imediatas, não deliberadas e, principalmente, cada vez mais previsíveis e repetitivas. Trata-se de criar um contexto em que a perspectiva de futuro seja, ao mesmo tempo, cada vez mais curta, e cada vez mais previsível. Que tudo possa ser mapeado e controlado, eliminando qualquer horizonte de abertura para não previsto, para o imponderável, para o inédito ou imprevisível. Eliminar no sujeito qualquer possibilidade de espanto, surpresa ou riso. É esse o processo em curso, quando delegamos à máquina, o poder de decisão sobre nosso futuro. Só o Eu pode crer controlar seu futuro.

7.6 O SILÊNCIO INFINITO, DE UM MUNDO SEM COSTURA

Mas se entendemos então esse ponto, que situa os algoritmos como grandes dispositivos de tomada de decisão, que visam a

---

limites legais envolvidos, não entrando na praia. Mas outra estratégia possível, estratégia essa mais eficaz, segundo Nix, seria usar uma placa em que há um aviso de "perigo", em vermelho, uma imagem de um tubarão e um comando: "Fique fora!". A lógica é de que, com a segunda placa, apelaremos para reações emocionais e subconscientes, respostas instintuais de medo e autopreservação, que seriam mais eficazes do que uma tentativa de argumentação/racionalização. Assim, o que está em jogo na política hoje, no tocante à manipulação da opinião pública, não é levar o eleitor a decidir racionalmente por esse ou aquele candidato, mas criar um contexto tal em que os indivíduos sejam conduzidos a uma via, sem precisarem pensar nela. Trata-se de eliminar qualquer possibilidade de escolha, reduzindo as ações a meros reflexos e reações emocionais e instintuais.

produção repetitiva de certas ações, uma previsão e modulação de um futuro, simples e previsível, capaz de ser explorado financeiramente, isso só se faz pela agência, no humano disso que busca delegar, tirar de si, a responsabilidade pela decisão. Eliminar do humano, a incerteza sobre o futuro, é também desencarregá-lo de qualquer tomada de decisão sobre o presente. Que a máquina decida por nós, nos livrando desse peso de liberdade que nos foi colocado pela linguagem. Em mais uma iteração da lógica do melhor do que nada ao melhor do que tudo, a máquina não apenas estaria ali para tomar decisões por nós, mas, inclusive, seria, em tese, mais capacitada, mais inteligente, mais precisa, e mais segura na tomada de decisões[402].

Demetis e Lee discutem o modo como hoje, cada vez mais, nos diversos campos (mercado de ações, economia, direito, logística, serviços etc.), acompanhamos processos pelos quais os mecanismos e poderes de decisão são crescentemente retirados do humano e transferidos para a máquina, em um grau tal capaz de operar uma verdadeira foraclusão do sujeito, em relação ao processo decisório:

> Ao tirar a tomada de decisões dos humanos, a tomada de decisões tecnológica, no âmbito de um contexto de um sistema tecnológico, cria uma realidade que de fato remove o humano de seu ambiente. Como tal, o processo de tomada de decisão humano é cada vez mais restrito à uma mera função de suporte, que permite a continuação de um complexo e invisível processo de tomada de decisão tecnológico.[403]

---

[402] Sobre essa passagem, referimos ao trabalho de Mauro Mendes Dias em seu livro, *O Discurso da Estupidez* (2020, Editora Iluminuras), em que, retoma da peça de Ionesco *Os Rinocerontes*, para articular esse consentimento à estupidez também como aversão a qualquer tipo de insegurança, incerteza ou indecisão. Se tomamos essa articulação, podemos entender que o que temos hoje, no campo do capitalismo de vigilância e seu modo de agenciamento do comportamento humano, poderia ser nomeado como um *business da estupidez*. A estupidez como projeto econômico.
[403] DEMETIS, D.; LEE, A. S. When humans using the IT artifact becomes IT using the human artifact. *Journal of the Association for Information Systems*, 19(10), 2018, pp. 5.

Uma verdadeira reversão, pela qual nos tornamos apenas os objetos, submetidos às decisões tomadas por algoritmos, aos quais delegamos a responsabilidade (e o controle) de nossos futuros.

Mas, se entendemos bem esse processo, tanto quanto o percurso que realizamos até aqui, seremos agora capazes de reconhecer que todos esse sistema, essa relação de fusão entre o humano e a máquina, visando a delegação de responsabilidade e um monopólio da tomada de decisões, para fins de agenciamento do futuro, somente é capaz de se articular e se sustentar em torno de uma variável, de um ponto de estruturação, e que nos permitirá enfim indicar o lugar do sujeito na arquitetura digital, tanto quanto a tarefa e a responsabilidade possíveis ao psicanalista hoje.

Vimos como toda a estrutura desse jogo de coleta de dados, análise, previsão e modulação do futuro, está orientada por uma certa relação espacial, que constitui um espaço que restringe e limita as opções de escolhas, tanto quanto por uma modulação temporal que visa suprimir a própria temporalidade do processo decisório, evitar que os sujeitos parem para pensar, impedir que passem pelo processo de reflexão e deliberação, para cada vez mais agirem de modo imediato, instintivo, impulsivo.

Se é verdadeira essa montagem, podemos agora entender como a racionalidade do mercado digital se ancora em uma variável muito precisa, e que interessa de modo decisivo ao psicanalista. O objetivo da máquina (tanto quanto dos que produzem e controlam essas máquinas) é de evitar o surgimento de qualquer tipo de situação inédita ou inesperada. Reduzir o todo do mundo a uma série de variáveis analisáveis e calculáveis, extinguindo qualquer possibilidade de encontro com o indeterminado, com o insondável, com o incalculável, com o imprevisível. Eliminar qualquer hipótese de advento do sujeito, reduzindo a condição humana a um perfeito engendramento do automatismo que perfaz o Eu-máquina. Uma pura conexão cérebro-máquina, capaz de eliminar qualquer elemento que pudesse ser capaz de abrir um campo de indeterminação ou sideração.

Mas essa lógica, do encaixe entre o humano e a máquina, sua crescente indiferenciação, que retroalimenta o sistema de

7. OS ALGORITMOS: DECISÃO SOBRE O DIZER

controle e previsão, só é capaz de se estruturar e, principalmente, se manter, a partir da destruição, da devastação, de uma específica, singular e, ao mesmo tempo, insondável decisão tomada por cada um de nós, renovada a cada momento, e que está na base de nossa condição humana e de nossa vida em comunidade: a *decisão sobre o dizer*. A decisão sobre o que, do mundo, é capaz de, para nós, contar como um dizer. E o que, no dizer, somos capazes de reconhecer como advindo de um ser falante. Em outras palavras, o que, e de que modo, é capaz de operar, em nós, essa misteriosa decisão pela qual decidimos que há, no Outro, um dizer? E que há, ali, no dizer, um sujeito, que fala, deseja, que escuta? A decisão de se deixar tocar por aquilo que, na minha relação com o Outro, é capaz de ressoar como voz[404].

Sob essa perspectiva, o que está em jogo hoje são massivos esforços para que essa enigmática decisão seja cada vez mais degradada e que simplesmente cada um passe a teimar em se demitir dessa decisão, a desistir, se entregando à ilusão da máquina como interlocutor, da máquina como destinatário e como ponto de endereçamento, apagando qualquer traço de distinção do humano, que poderia habitar a linguagem, e reduzindo a fala a uma mera função corporal inumana. O fim da voz, e do dizer. A redução de tudo a dito, código e número.

A passagem do melhor do que nada, para o melhor do que tudo, nos entregando à essa busca pela sustentação de um Eu, sem furo, que ao sonhar com a imortalidade e com o controle do futuro se torna cada vez mais indissociavelmente preso ao ambiente digital que o controla. Fixado, paralisado, cristalizado. Trata-se aí da resposta a essa insondável zona de indeterminação entre o humano e o não humano: "uma espécie de hesitação entre a decisão humana de perseverar na direção do humano e a decisão anônima de seguir em direção ao inumano[405]".

---

[404] DIDIER-WEILL, A. Os três tempos da lei: o mandamento siderante, a injunção do supereu e a invocação musical (AM Alencar, Trad.). *Rio de Janeiro: Jorge Zahar Editor, 1997. (Obra original publicada em 1995).*
[405] Id.

Em ainda mais uma referência ao campo cultural, retomamos aqui a trilogia das irmãs Wachowski, *Matrix*, para podermos destacar os três sims de Neo, que perfazem sua perseverança em direção a sua condição humana, tanto quanto, à sobrevivência da humanidade: o seu sim à pílula de Morpheus, seu sim à profecia do Oráculo, e seu sim ao amor de Trinity. Três decisões inconscientes, três sims do sujeito, em sua relação com o Outro e com o significante: o sim a verdade, o sim ao impossível e o sim ao amor.

Se a Psicanálise encontra ainda hoje uma função e um lugar possível, é por traçar as condições pelas quais o psicanalista poderá ser aquele capaz de sustentar essa posição ética, que faz constar para o sujeito a presença da possibilidade, tanto quanto da potencialidade, para que possa operar uma decisão sobre o dizer.

Capaz de invocar o sujeito e abrir essa dimensão do radicalmente indefinível que jaz no âmago do desejo, e que perfaz o mais radical de nossa condição humana. Diante da proliferação dessa espécie de silêncio infinito que perfaz um mundo digital *seamless*, sem furos e sem cortes, o analista seria aquele que, ao oferecer sua presença e sua escuta, é capaz de fazer constar o vazio, no qual algo da voz poderá ressoar, despertando os sujeitos de sua dormente condição maquínica e colocando as condições para que possa constar a experiência do inconsciente como essa potência infinita de algo absolutamente irredutível daquilo que existe, que não se deixa quantificar, que não cessa de não se escrever.

Não apenas no interior dos consultórios, mas nos diversos campos de embate que perfazem o contexto atual, que a Psicanálise possa compor parte dos esforços que buscam fazer barreira ao avanço dessa condição desumana que prolifera, pela estupidez que degrada o homem à condição animal, tanto quanto pelas tecnologias, que o reduzem à uma condição de dormência e passividade. Mas não se trata, certamente, de tarefa fácil. O desafio que se coloca aos Psicanalistas, hoje, é de poder fazer ainda constar esse misterioso e irredutível desejo, pelo qual se pode decidir pelo dizer e por escutar essa voz, tão humana, que nos chega desde o Outro.

REFERÊNCIAS

AGAMBEN, G. *Homo sacer: o poder soberano e a vida nua.* Editora UFMG, 2002.

ANDERSON, J.; RICHARD, H.; THALER, C. R. Nudge: Improving Decisions about Health, Wealth, and Happiness. *Economics and Philosophy, 26*(3), 2010, pp. 369.

BERARDI, F. *Fenomenología del fin: sensibilidad y mutación conectiva.* Caja negra, 2017.

BRUNO, F.. Máquinas de ver, modos de ser: vigilância, tecnologia e subjetividade. *Porto Alegre: Sulina,* 123, 2013.

DE LA METTRIE, J. O. *L'homme machine.* Luzac, 1748.

DEMETIS, D.; LEE, A. S. When humans using the IT artifact becomes IT using the human artifact. *Journal of the Association for Information Systems, 19*(10), 2018, pp. 5.

DIDIER-WEILL, A. *Os três tempos da lei: o mandamento siderante, a injunção do supereu e a invocação musical* (AM Alencar, Trad.). Rio de Janeiro: Jorge Zahar Editor, 1997.

Ela (Her). Romance/Ficção Científica. Diretor: Spike Jonze. EUA. 2013

FRANCISCO, Beatriz Masson. *Leitores e leituras de Harry Potter.* Dissertação (Mestrado) – Faculdade de Filosofia, Letras e Ciências Humanas da Universidade de São Paulo. Departamento de Teoria Literária e Literatura Comparada, orientadora: Andrea Saad Hossne. São Paulo, 2019.

GYGI, F. R. *The animation of technology and the technology of animation in Japan..* In: ASTOR-AGUILERA, M.; HARVEY, G. (Eds.). Rethinking Relations and Animism: Personhood and Materiality (1st ed.). Routledge, 2018. https://doi.org/10.4324/9780203709887

HEYWARD, Giulia; WOOD, Douglas S. *They couldn't say goodbye in person, so ICU patients are using tablets instead.* Disponível em: <https://edition.cnn.com/2020/12/06/health/icu-tablet-pandemic--trnd/index.html>. Acesso em 11 mar. 2021.

HEYWARD, Giulia; WOOD, Douglas S. *They couldn't say goodbye in person, so ICU patients are using tablets instead.* Disponível em:

<https://edition.cnn.com/2020/12/06/health/icu-tablet-pandemic-trnd/index.html>. Acesso em 11 mar. 2021.

KAHNEMAN, D. *Thinking, fast and slow*. Macmillan, 2011.

MBEMBE, A. *Brutalisme*. la Découverte, 2020.

MENDES, Mauro. *O discurso da* Estupidez. São Paulo: Iluminuras, 2020.

MOLLARET, P.; GOULON M. "Le coma dépassé". *Revue neurologique*, IOI, 1959.

MORETTI, F. *The way of the world: The Bildungsroman in European culture*. Verso, 2000.

POPPER, K. R. Of clouds and clocks, 1966.

ROWLING, J. K.. *Harry Potter and the deathly hallows* (Vol. 7). Bloomsbury Publishing, 2013.

TURING, A. Computing Machinery and Intelligence', *Mind*, 59, 1950.

TURKLE, S. *The second self: Computers and the human spirit*. Mit Press, 2005.

TURKLE, S. The flight from conversation. *The New York Times*, 2012.

WEIZENBAUM, J. *Computer power and human reason: From judgment to calculation*. W. H. Freeman and Company, 1976.

ZUBOFF, S.*The age of surveillance capitalism: The fight for a human future at the new frontier of power: Barack Obama's books of 2019*. Profile books, 2019.